老舗の伝統と〈近代〉

家業経営のエスノグラフィー

塚原伸治［著］

吉川弘文館

目次

第一章　伝統的商慣行と富豪たちの近代

第二章　新たな「経営」の芽生えと葛藤

老舗の伝統と揺れる商人たち―プロローグ

昔のように古い暖簾さえ掲げておれば、安易に手堅く商いできた時代は去った。現代の暖簾の価値は、これを活用する人間の力によるものだ。徐々に、復活して来た顧客の暖簾の懐古に、安易にもたれてしまう者は、そのまま没落してしまう。暖簾の信用と重みによって、人のできない苦労も出来、人の出来ないりっぱなことも出来た人間だけが、暖簾を生かせて行けるのだった。孝平は、単に老舗の暖簾のおかげだと云われるのは、不服であった。

〔山崎　一九五七、二〇六頁〕

一　現在を生きる老舗

本書は、老舗とその伝統をめぐる実践を、人びとの生きる世界という視点にもとづき、近現代の文脈において理解することをめざすものである。

これまでも、大規模な経済危機や災害などに際して、老舗がたびたび再評価されてきた[1]。たとえば未曽有の危機を乗り越えるための秘訣を、幾多の危機を乗り越えてきたであろう老舗から学ぼうというのがその動機である。

だが一方で、いったん老舗が不祥事を起こせば、老舗であるがゆえの保守性や経営の不透明さが糾弾の的となり、「老舗の伝統」のネガティブな面がクローズアップされる。そのようなニュースや新聞記事を目にすることは珍しいことではない。

このように、老舗というのは現代的な文脈において、アンビバレントな存在である。

本書の目的は二つある。それは、老舗の経営実践から企業永続のための「秘訣」を学ぼうとすることでも、老舗を伝統にがんじがらめにされた悪しきものであるとして糾弾することでもない。本書は、このようにアンビバレントな評価を外部から与え続けられてきた老舗の実践を、「人びとの視点」から理解することを、第一の目標としている。

細かい対象の設定や議論の枠組みについては後段にゆずるとして、老舗を人びとの視点から理解するということは、どのようなことなのだろうか。後段で詳述するように、もっとも重要なことは、老舗が、一定の価値を与えられた過去、すなわち「伝統」を避けて存在することができないということである。

しばしばカッコ付きで語られる伝統は、人びとの戦略的な活用のもとにある。人びとはそれをツールのようにして利用することができる。だが、もうひとつの働きとして、人びとが伝統に縛られていくような側面をもつことは否めない。両方の働きをもってこそ、伝統は伝統たりうるのである。このような視点にたてば、老舗はその両面を引き受けてなお、伝統とともに生きることを選んだ存在だといえる。そこに本書の最大の関心は根ざしている。

もうひとつの目標は、より普遍的な広がりをもったものである。繰り返しとなるが、老舗の人びと（老舗の経営者や老舗の経営に携わる人びとを、ゆるやかに「老舗の人びと」と名指しておきたい）は、価値を含んだものであるのと同時に束縛でもあるような伝統を選び、ともに生きている。その点からいえば、老舗という存在は、人びとが伝統とともに生きる姿の一端を表わしたものだといえよう。

私たちの日常を伝統と無縁なものとして想像することは難しい。経済的な領域に限ってみても、おのずと以下のような連想が働くだろう。たとえば、日本の輸出入貿易の窓口となっている総合商社は、軒並み江戸時代に端を発する老舗企業である。また、私たちが日々購買する商品が手元に届くまでのプロセスが、極めて多様な伝統的な商慣習に彩られているということは紛れもない事実であるし、土産を買う和菓子屋の看板に屋号とともに「創業〇〇年」の文字が掲げられているといったことなど、日常的なレベルにおいても伝統の浸潤を認めないわけにはいかない。伝統の価値についての判断は棚上げにするにしても、少なくとも伝統は私たちのすぐそばに、無視すべからざるものとしてあるのである。

本書が直接扱うのは、老舗の伝統をめぐる実践に限られているが、それは人びとがいかに伝統を生きるのかという問いへと拡張されていく。すなわち、人びとと伝統の関係はいかなるものであるか、あるいは、人びとが「伝統とともに生きる」ということがどのようなことなのかということについて、おもに経済の領域において理解しようとすることが、本書の第二の目標である。

以下では、本書が扱う老舗とはなにかを問いなおしたうえで、本書の議論の枠組みについて概略を振り返りたい。

二　老舗の社会史

1　老舗とはなにか

老舗を端的に定義することはとても困難である。しかし、本書はあえて「老舗とはなにか」という問いから始めたい。以下で述べるように、「老舗とはなにか」について問うことは、この語の中身がコンテクストの中で理解すべきものだと自覚することを要請する。まずはその作業から始めてみよう。

あえて通俗的な理解の上にたってみれば、アジアやヨーロッパの諸国との国際的な比較において、日本には「老舗」が多いといわれている。例えば、日本最大の企業データベースをもつ帝国データバンク（以下「ＴＤＢ」）の調べによると、日本には創業一〇〇年を超える企業が、最低でも一万九五一八社以上ある。しかもこれはＴＤＢが確保できる一定以上の規模の企業に限ったものであり、個人営業の零細企業を含めれば、創業一〇〇年を超える企業は五万社以上、二〇〇年を超える企業も約三〇〇〇社あるといわれている。ＴＤＢは国際的な比較の結果として、日本に「老舗大国」という表現を与えている〔帝国データバンク史料館・産業調査部編　二〇〇九〕。

日本に老舗が多い理由について、古典的な解釈からは、日本の「家」が経営に対して合理化されたシステムであることを指摘することができる。親族関係を基礎に置きつつも、非親族の構成員を取り入れ、次代の相続者を非血縁者から選択することも可能な仕組みになっていることが、企業の安定的な長期存続を可能にしてきたという理解である。[2]

老舗を定義するためにＴＤＢがしたことは、創業以降一〇〇年という数値を条件にして標本化することであった。事業継続年数を条件とした標本化は、近年に至るまで経営学を中心としたアカデミックな老舗研究においても、未だもっとも影響力をもち続けている。[3]これを「百年企業＝老舗」説と呼ぼう。統一の基準によるサンプリングによることで、全国的な概数の把握や統計的な処理が容易になるというメリットがある。「百年企業＝老舗」説にのっとることで、全企業に対する老舗企業の出現率が京都・島根・新潟の順に高く、沖縄において極端に低いというようなデータを導くことができ、大雑把ながら地域的な特性や業種との相関について検討がなされている。[4]

このような事業継続年数にもとづいた老舗の定義は、特に経営学において好まれてきた。経営学が得意としてきたアンケート調査やデータベースにもとづく統計処理などの方法に対して、統一的な基準によるサンプリングは親和性が高かったのである。

だが、近年では、業種や地域を問わずに一律の指標でサンプリングをおこなうことの問題が指摘されつつある。[5]より細かい視点で老舗について理解しようと考えたときに、統一的な基準で理解しつくすことができないのはもちろんである。しかし、「百年企業＝老舗」説を批判する立場においても、多くの場合は、老舗が「実在する」という立場については放棄していない。批判的な立場においてなされる、「業種」ごとにあるいは「地域ごとに」「異なる」のだという表明は、裏を返せば、老舗にはなにかしらの条件があり、それを外在的・客観的な視点から明らかにすることができるのだという前提にたっているといえる。すなわち、業種や地域によって偏差はあれども、それらの偏差をふまえて詳細にみていけば、どの企業が老舗であり、どの企業が老舗ではないのかを、（多くの場合は創業以来の年数によって）指定することができるという前提である。(6)

しかし、本書は、このような前提をいちど棚上げするところから始めたい。老舗とよばれる企業や店に携わる人びとの視点に立つ場合、老舗を外在的な視点から名指すことはいちどあきらめざるをえない。あくまでも本書にとって重要なのは、彼らの世界において、彼らがいかにして老舗であるのか、いかにして老舗になろうとしているのか、あるいは彼らがいかに周囲との関係において老舗と評価されているのか、ということである。このような構築主義的な視点から老舗を改めて位置づけなければならない。

2　伝統の意識化と老舗の「誕生」

以上のような前提に立ったうえで、本書はどのように老舗を理解するべきだろうか。

ここでは試みに、「老舗」という語が示すものがどのように変化してきたのかということについて理解してみたい。「老舗」という語に着目して、その「語源」について検討することはすでにおこなわれている［宮本　一九八一、森　一九九一］。しかし、そのような試みは、概してその語のさかのぼれる限り古い用法を同定し、それを「本来の」用法あるいは「定義」として、現代的な状況と直接結びつけて理解してしまう傾向にある。しかし、ここではむしろ、「しにせ＝老舗」という言葉の起源を探るのではなく、その言葉が示しているものが、どのような変遷を辿ってきたのかについて、理解することを目指したい。

ひとまず文字通り辞書的な解釈を加えるならば、日本語の権威的な辞書である『日本国語大辞典』には四つの用法があげられている。(7)

①父祖の家業を守り継ぐこと。

②商売、経営をして信用を得ること。また、商売、経営がうまくいっていること。商売以外の物のやり方などにもいう。

③伝統、格式、信用があり、繁昌している店。

④守りつづけている方針や主義。また、その人の持ち前や得意としていること。

そのうち、「老舗」と書いて「しにせ」と読ませる用法は③のみである。現在の私たちの日常語の範囲では、ほぼ③の意味に「しにせ」は固定されているといえるだろう。

語源をたどれば、「しにせ」は、「仕似せる」という動詞の連用形が名詞化したもので、「仕似せる」は、文字どおり「まねをする」という意味をもつ単語である。とはいえ、商売の文脈だけに限っても、近世の段階ではすでに元来の「まねをする」という意義に留まらない多様な意味で使われていた。

ここでは、近世都市を舞台とした文学の代表的な作家である井原西鶴（一六四二―一六九三）の例から、当時の「しにせ」の多様な用法をあげておきたい。(8)

最初に確認しておきたいのは、西鶴が執筆をおこなった一七世紀後半の段階では、「しにせ」は具体的な対象を示す名詞ではなく、動詞的な用法に限られているということである。「真似をする」という語源にもっとも近い用法は、『西鶴置土産』（一六九三年）巻四の三に「わづかの身体にて、親よりしにせの商ひ」とみえるもので、「親から引き継いだ商い」というような意味で使用されている。

興味深いのはそれ以外にも西鶴が多様な意味合いで「しにせ」を使っていることである。『日本永代蔵』（一六八八年）巻五の二「世渡りには淀鯉のはたらき」では、「淀の釈迦次郎」の異名をとったある魚の商人のエピソードが語られる。この商人は身ひとつで商売を興しているから、「真似」をしたのでも、当然「継承」したのでもない。しかし、毎日休むことなく商売を続けたことで信用を得て成功した。「商人は、只しにせが大事ぞかし」と述べられている。ここでいう「しにせ」は、超世代的な継承とは関係なく、「信用を得る」という意味において使われたものである。また、『本朝桜陰比事』（一六八九年）巻一「太鼓の中はしらぬが因果」には「是にて数年のしにせをやむる事あるべきか」とあって、これも当然「数年の」であるから、数代の長きにわたって継承された商売ということではなく、主人公自身の商業経営という短いスパンにおいて「続ける」というニュアンスで使われたものである。

西鶴の記述に絞ってみるだけでも、「しにせ」には「引き継ぐこと」「信用を得ること」「続けること」という多様な用法があること、「～すること」という動詞的な用法に限られていることを確認することができる。すなわち、特定の店そのものを表わす言葉ではなかったのである。

現在のように店そのものを指す言葉として「しにせ」が使われるようになったのは、概ね明治以降のことのようである。先述の『日本国語大辞典』でも、①②④の用例は近世のものがあげられているが、③の用例は、明治以降のものに限られている。[9]

もうひとつ傍証として、大槻文彦の編纂による、日本で初めての近代的国語辞典である『言海』の改訂版である

『大言海』（一八九〇年）の「しにせ」の項目には、

①父祖の業を守り、継ぎゆくこと。守成。

②数代、承継ぎ来れる商業。老鋪。

とあり、近世的な用法に近い、「父祖の業を守り、継ぎゆくこと」という語義が第一にあげられている。そして、特定の店のことを指す用法は二番目に登場している。ここに語義変化の萌芽をみることができるが、「しにせ＝老鋪」の宛て字はまだ使われていない。これは、近代における過渡的な状況を表わしているといえよう。

以上を簡単にまとめるならば、以下のようになる。一般的にいわれる「老舗」は、近代において登場する。近世的な用法としての「しにせ」は、超世代的な歴史・継続性とはほとんど関係のないもので、「引き継ぐこと」「信用を得ること」「続けること」という多様な意味合いをもっていた。一般的に「伝統」の語がイメージさせるような長い時間ではなく、「(親の商売を)継承する」という一回性のプロセスや、数年間にわたって「続ける」ことなど、より短いタイムスパンで生じたことを示すものだった。それが、近代になって「しにせ＝老舗＝伝統、格式、信用があり、繁昌している店」として固定されていったのである。

ここで述べているのは、近世に現在のような意味で「しにせ」が使われていなかったということではないが[10]、ここでは少なくとも、明治以降に明らかに「しにせ」が多様な意味を失い、単一の用法に収斂していったことを重視しておきたい[11]。

すなわち、「老舗」という言葉づかい自体が、明治以降に固定された、近代的なものだったのである。

もうひとつ重要なことに触れておきたい。それは、特定の店や企業を表現する言葉として「老舗」が使われるようになるのと同時に生じた変化である。「老舗」には、ただ商売を継承していくということだけではなく、「伝統」「信用」といったものを根拠とした価値判断が含まれていったのである。つまり、現在いうところの老舗は、伝統という価値と結びついたところにあることは確実である。それは同時に、文法のレベルにおいても、「しにせ」が動詞に近い用法で「継承すること」「続けること」「真似ること」というプロセスを意味する言葉から、客体としての「老舗」へと転換していったということでもある。

近代日本において、伝統が意識化され再帰的なものになっていくのと同時に「老舗」が生み出されるというのは、いかにも近代的状況のもとでの伝統をめぐる多くのストーリーをなぞっているようにみえ、興味深い[12]。本書において重要なのは、老舗の「誕生」の時点を同定することそのものではないが、これを、老舗を「近代」という文脈において論じることの重要性の一端は、ここに根ざしている。

三　伝統をいかに語るか

さて、「百年企業＝老舗」説を採用せずに、人びとの実践レベルから老舗を理解するならば、とりわけ店や企業の伝統が当事者によって、あるいは周囲から意識化されるということを老舗の要件にするならば、当然考えなければならないのは、「老舗の伝統」をいかに理解するのか、ということである。

前段にて述べたように、近代において伝統が自覚化され、新たな文脈におかれるようになったというのは重要なことであるが、老舗の誕生の経緯を明らかにすることは、本書にとって目的ではなく前提の確認にすぎない。

ここでは本書の課題をより広いレベルで文脈化するために、日本とアメリカの民俗学を中心におきつつ、「伝統」をめぐる議論を補助線として召喚しておきたい。

1　主体性・実践・フォークロリズム—民俗学の伝統論—

改めて述べるまでもなく、民俗学が当初より伝統的なものについて扱うことを得意としてきたことは間違いない。とはいえ、民俗学が扱ってきた対象が大きく変貌してしまったという状況が自覚化され、民俗学の自己内省が現代的な事象への着目を要求するようになったのに従って、民俗学の議論も変化しつつある。現在でも、通俗的な民俗学のイメージは、「現代に残っている前近代的なもの＝伝統」について考える分野であるという見方に偏っているといわざるをえないが、民俗学の内部では、徐々に変化が起こりつつあることを指摘しておかなければならない(13)。

そのような動向の結果として、民俗や伝統といわれるものがしばしば「つくられる」という主張については、日本の民俗学においても真新しいものではなくなったといってよい［金　二〇一三ほか］。きっかけは、歴史家のホブズボウムとレンジャーの編による『創られた伝統』［ホブズボウム・レンジャー編　一九八三（一九九二）］が、文化／社会人類学を経由して民俗学にも影響を与えたことであり、一方では、ドイツ民俗学由来のフォークロリズムに関する議論が、日本の民俗学に対して刺激を与えたのも影響しているといえるだろう(14)。

いずれにせよ、「手付かずで純粋なもの」としての民俗や伝統を、無邪気に前提とすべきではないという考え方は、民俗学においてもある程度共有されている。近年の民俗学がフォークロリズムの概念を使って明らかにしてきたような成果は、むしろ「民俗」や伝統的なものを主体的に活用しようとする人々に関心をもってきたといえる(15)。

加えて重要なのは、客体としての「民俗」や「伝承」(16)にのみ関心をもち、それらを人間に外在するモノであるかのように扱ってきた民俗学を批判し、「現在」という時制において、人びとの実践を捉えるという視点へと展開する議論がみられるようになったことである。

たとえば小林康正は、ジーン・レイヴとエティエンヌ・ウェンガー［レイブ・ウェンガー　一九九一（一九九三）］を嚆矢とする正統的周辺参加論や、実践コミュニティの議論[17]を参照しながら、「伝承」から「技能、知識の単なる反復」［小林　一九九五、二四〇頁］という見方を削除し、「変化しつつ構造化していく動態」［小林　一九九五、二五七頁］という見方へと転換させていくことを提起している[18]。

少なくともいえることは、不変のモノ・コトが伝えられていくというナイーヴな伝承観の否定であり、人びとの不断の実践によってのみ立ち現れる「伝承」への転換である。これを、民俗学における人間中心主義的な視点への転換であると考えたい。

不変のモノが継承されるのでもなく、また「近代化」によって消失するのでもなく、むしろ人々が主体的に、選択的に、あるいは創造的な方法で伝統を活用し創出するという考え方が共有されるようになったことは、二〇世紀末以降の民俗学の大きな前進であったといえる。

このような視点は、日本の民俗学に限ったものではなく、一九七〇年代以降の人文学全体の流行であった[19]。人々の主体性や主観的なものの見方に重点を置く視点の流行は、アメリカ民俗学の近業においても見いだすことができる。ダン・ベン＝アモスが「アメリカ民俗学において「伝統」は、それでものを考える（think with）というようなタームであったが、それについて考える（think about）というようなタームではなかった」［Ben-Amos 1984, p. 97］と指摘したように、アメリカ民俗学においても、かつては「伝統」について反省的に検討するような機会は少なかった[20]。しかし、ベン＝アモスの議論が嚆矢となって、その後は「伝統」の系譜学的考察が進められている[21]［Ben-Amos 1984, Glassie 1995（2003）, Noyes 2009, Bronner 2011, Oring 2012］。

そのような動向においてエリオット・オーリングは、（アメリカ）民俗学の主要概念を再検討するなかで、「伝統

tradition」の語についても詳細な検討をしている［Oring 2012, pp. 220–239］。近年の研究動向に触れつつオーリングは、民俗学者が、当事者による主観的なものの見方に立脚した視点を好むようになっていること、すなわち、「実践者によって伝統的だと考えられている実践」［Oring 2012, p. 227］を伝統として理解しようとする傾向があることを指摘している。そして、そのような視点で伝統を語るために、「革新 innovation」「即興 improvisation」「創造性 creativity」という表現が好まれているという［Oring 2012, pp. 224–226］。

伝統がそもそも変化を含み込んだ「創造的」なものであり、その創造性が伝統に活力を与えているという見方は、先述のベン＝アモスやヘンリー・グラッシーの魅力ある議論にも支えられて［Ben-Amos 1984, Glassie 1995（2003）］、近年の民俗学においてはもっとも影響力をもったものだということができる［Noyes 2009, Oring 2012］。前掲のような日本民俗学の近年の動向とも同期しているとみることができよう。このような視点が、伝統的なものについて多くの議論を蓄積してきた民俗学の当面の到達点だと述べておきたい。

2　伝統論の課題

しかし、このような視点において、若干の不満が残される。たとえば前掲のオーリングはさらに議論を進めて、「ダイナミックで、革新的で、オリジナルで、創造的である」という民衆の伝統に対するまなざしが、ロマン主義以降の西洋における、芸術を評価する枠組みに引きずられたものであると批判する［Oring 2012］。

そのうえでオーリングは、伝統とはなにかということを考えるうえで、人びとが意識し、自覚していることだけに注目するべきではないと主張する。当事者の主観的な視点から伝統について理解することは「我々が過去を活用する方法の考究を可能にするだけ」であり、「過去が我々を活用する方法を理解することは可能にはならないのである」

と述べ、「人びとが自らの過去について想像する方法」［Oring 2012, p. 229］や人びとが伝統を主体的に創出し活用していく実践は重要であるが、伝統が、個人や集団の理解を超えた力、あるいは思考やふるまいに影響を与える力でもあるという点を見逃してはならないという。

当事者の視点に立った視点の有効性や、人びとによる「創造的」な伝統の活用(22)を最大限評価しつつも、過大評価がもたらす落とし穴を指摘しているのである(23)。

3 老舗の伝統

さて、以上のように近年までの伝統論をたどったうえで、いま一度老舗の問題に立ち返りたい。老舗の伝統をいかに理解するべきか。

これまでの伝統論をふまえたうえで重要だと考えられるのは、老舗における歴史性・連続性の柔軟性である。李英珠によれば、複数ある連続性の根拠から、適切な連続性を選択的に語るレトリックのようなものがあることで、老舗は老舗になることができている、ということができる［李 二〇〇六］。すなわち、老舗を老舗たらしめている連続性は、「途絶えることなく連続している」という「事実」とは別の次元で戦略的に語られたものなのである(24)。

ここからは、老舗は「事実」として連続性をもつ企業であるということ以上に、連続性を語り、主張している企業のことであるという理解を導き出すことができる。つまり、老舗の要件は、実際に企業が何年事業を継続しているかということではなく、現在において過去からの連続性を語り、正統性を主張するということのほうにあるといえる。すなわち、何らかの確からしさをもったものとして客体化を経て、現在語られる歴史や連続性こそが重要な要素なのである。

近年提示されつつある、人びとの主体的な実践や創造性から伝統を捉える視点にたって老舗を見ることで、老舗を静的なものとしてではなく、持続と生成のダイナミズムから理解することができるのである。

ところが、ここには若干の課題が残されている。伝統を活用・創出しようとする人びとがおり、彼ら／彼女らの不断の実践によって老舗の伝統が構築されているという理解には、人びとが伝統を自由にすることができるという前提が埋め込まれている。しかし、それは本当だろうか。

伝統が人びとにとって改変可能なものであることと、人びとの思いどおりになるものであるということは、必ずしも同一のことではないだろう。ここですでに述べた伝統論の課題に立ち返るならば、伝統が、思考やふるまいに影響を与える力でもあるという点、人びとが伝統を自由にすることができないような側面を含めて理解する必要があるのではないだろうか。

4　伝統と社会的拘束性

そのような課題をふまえて、伝統について考えた場合、人びとがどのように伝統を創り、活用しようとしているのかということに加えて、伝統の拘束性について理解することが本書の課題となる。

この視点は、伝統論に限らないより大きな文脈で理解すれば、近年の民俗学の動向とも同期している。それらの研究は、個人と社会がどのようにつながりうるのか、もしくは、個人の行為や思考が社会とどのように関連しているのかという課題として括ることができる。

たとえば柏木亨介は、和歌森太郎の議論を検討し［柏木　二〇〇九］、和歌森が提示している「倫理的規範性」の概念で、「個人の思考や感覚が集団のそれとして共有されていく仕組み」［柏木　二〇〇八、一二六頁］を理解することを提起している。柏木によると、「倫理的規範性」もしくは「倫理的規範」とは、「伝承的なしきたりに背くと、あの人間は変人だとか、つきあいにくいとかいわれて、暗黙の反感を買ったり、制裁を蒙ったりする」〔和歌森 一九四八（一九八一）、一三一―一四頁〕ような、あるいは「他者からの評価を受けて各自の行動を自制していくような」社会規範のことで、「社会集団内の人間関係を維持していくための生活態度」〔柏木 二〇〇九、四一頁〕のことである。

また、室井康成は、柳田国男が「〝現在〟を生きる人々の生活様式を規定する前代的な思考や感覚」〔室井 二〇一〇、九九頁〕として、ときには「旧弊」〔室井 二〇一〇、九八頁〕のような意味合いで「民俗」を捉えていたことを指摘し、柳田が研究を通して追究したのは、そのような状況を成立させる力（power）であったとする。さらに、室井は、「時流に身を任せ、あるいは大勢に盲従するだけで、自らは言挙げせず、すべてを現状追認でやり過ごし、自身の安息を図ろうとする」「自律性・主体性」に欠ける人間の姿勢を「事大主義」として分析している〔室井 二〇一一、八二頁〕。そのように否定的な形で民俗を捉えたうえで、そのようなものとしての民俗を克服していく可能性を探ろうとするのである。

このような動向において興味深いのは、「事大主義」「倫理的規範」のように、個人の意識が社会の意識へとつながっていく仕組みを検討し、あるいは、人びとを拘束する否定的な力としての「民俗」をいったん措定しつつも、そこを克服して個人を確立していく回路について具体的に検討している点である。近年、有賀喜左衛門の「生活論」が再評価を受けていることからも明らかなように(25)、個人と社会（あるいは「全体」）の関係への配慮は、重要な論点となっている。これは、方法論的個人主義に至るまでの大きな課題であった「極端な二分法」をいったん棚上げし、両極を射程にいれたうえで社会なり生活なりを理解していこうとする方向性だといえる。

さらに、いわゆる「民俗」を、人びとの主体的な管理・活用のもとにあるものとして捉えるのではなく、場合によっては、人びとの意識・管理の外側にあるものとして捉えるというのも、共通する視点である。室井が「人々に、明確な動機がなくとも実行を促す「民俗」の力にこそ、私たちは思いを致すべきではなかろうか」〔室井 二〇一一、九三頁〕と述べるように、個としての人びとに対して働きかける拘束性に着目する点に、特徴があるといえる。

ただし、注意すべき点は、このような立場を採用することは、慎重な記述のもとになされなければ、場合によっては先祖返りとなってしまう可能性があることである。たとえば、室井の議論の魅力的な点は、ときに否定的なものとして立ち現れる「民俗」の力に対して、それを打破するための試みが、歴史のなかにありえたことを明らかにしたところであって、(たとえ現状においてそれにがんじがらめになっていたとしても)「民俗」が「本質的」に存在していることを前提としてはいない。室井のように民俗を否定的な立場から捉える場合にも、そこを抜け出す回路をいかに構想しうるかという点が、重要となるのである。

本書ではそのような視点を引き受けた上で、伝統の力について、「社会的拘束性」という言葉を用いて理解したい。「社会的拘束性」といえば、デュルケムの古典的な議論を思い起こさせる〔デュルケム 一八九五(一九七八)〕。本書は、「社会的事実」を諸個人のうえに外部的な拘束を及ぼすものとして理解するデュルケムの議論と、前提の一部を共有している(26)。しかし、本書でいう社会的拘束性は、多くの部分でデュルケムの想定した社会的拘束と異なっている。

デュルケムは、「社会的事実」を、当該社会全体をおおう一個の硬直したものとして想定しており、人びとがそれを変形していくことはほとんど考慮に入れられていない。しかし、本書が想定する伝統は、人びとが手を加えて改変していくことが可能なものである。そのため、「社会的拘束性」もおのずと静的なものではなく、よりダイナミックなものとして想定しなければならないものである。

すなわち、本書では、個人の主体的なあり方を意識しつつ、反面で人びとの意志や管理を超えて働く拘束性を射程

に入れることで老舗の人びととの実践について理解していくことを目指すものである。(27)

四　揺れる商人たち

以上が、本書が採用する「伝統」の見方である。さらに論を進めて、老舗の人びとについてより具体的な文脈で理解する枠組みを設定しておきたい。

1　もう一つの極

老舗の人びとにとって伝統と同様に、あるいは場合によってはそれ以上に重要なのは、彼ら／彼女らが、それぞれにひとつの企業の経営をしているということである。

これまでも述べてきたように、老舗の人びとにとって伝統とともに生きることは、とても重要である。しかし、もう一方で想定しておかなければならないのは、伝統を意識しそれを活用していくことが、経営にとって最適な道筋ではないような場合も大いにありうるということである。当然、老舗の商売や経営も、より大きな市場に接続されており、市場にかかわるあらゆる要素の影響を受ける。そのようななかで、伝統のみを意識していては、経営を継続することはできないだろう。かつて伝統のみに寄り添って企業が経営を遂行できた時代があったわけではないし、さらには、伝統以外の要素が経営にとって重要になるという状況が、近年加速していることは想像に難くない。(28)

加えて、以降の記述のなかで若干触れることとなるが、とりわけ若い世代では、大学で経済学や経営学、商学などを専攻したような老舗経営者も少なくない。彼らは伝統とは異なる、数字や計算に裏づけられるような知識の力強さについても、よく知っているのである。必然的に、老舗の人びとにも、利益を最大化していくような志向性があるとみなければならない。

そのような人びとの姿を、あえて単純化して理解するならば、市場経済と親しみ、経済合理性と利益を追求しながら、経営の遂行を目指すような人間像となる。このような人間像を仮に「経済合理的な人びと」として名づけておきたい。(29)

当然、民俗学のみならず、ローカルな文脈を重視してきた研究領域においては、利益優先ではなく社会との調和をめざした経済活動のありかたを重視するのだ、といってしまうこともできるだろう。少なくともこれまでの民俗学が得意としてきたのは、際限なく利益を追求するようなホモ・エコノミクスとしての人間像に対するオルタナティブを示すことであった。

だが一方で、過度に伝統の社会的拘束性のみを強調することによって、それが商いであることの特質を見落とすことにもなることには自覚的でなければならない。商業の論理や資本主義の論理といったものだけで描かれる社会は、あまりに無慈悲で非人格的なものであるが、一方で、伝統に寄り添いながら、その社会的拘束性に従順なまま商売をするのみでは、生計を成り立たせることができないはずである。人びとの行為に損得勘定が入るのは、当然のことである。彼らが「それで食っている」というごく単純な事実を見落としてはならないだろう。

いずれにせよ、伝統は万能ではないのである。すなわち、老舗の人びとは伝統と経済合理性という両極のあいだにいるということになる。

2　揺れる老舗

すなわち、老舗の人びとを、伝統に沿い、伝統を活用して生きていく人びととして理解する場合も、「経済合理的な人びと」として理解する場合も、一長一短であり、いずれにおいても問題を孕んでいるということが明らかになった。(30)

ここで断っておかなければいけないのは、これらの二つは研究者がいずれを強調してきたかという問題であって、現実の社会においては、二つは選択的に選び分けられているわけではないということである。むしろ、二つの立場が現実的には二者択一的に存在しているというよりは、その両者が複合的な様相を呈していることを考慮に入れなければならない。

ただし、この姿勢は、これまで検討してきた経済および商売に関する二分法的な視点が無意味であるということを意味しない。もちろん、現実の商売に携わる人びとが合理的な選択のもとに判断し、適宜どちらか片方を選択しているとはいえないが、かといって両者が混交している状況を、混沌としたものとして理解するのではあまりに無策すぎる。上で提示した二つの方向を分析的に活用するならば、両者の間を揺れ動くものとして商業者を理解することができる。この視点を獲得することによって、経済と対峙し、またそこに飲み込まれていく人びとの姿勢を静的なものとして前提してしまうのではなく、絶え間なく揺れるダイナミックなものとして理解することができるだろう。

以上で、本書が採用すべき人間観を導き出した。改めて述べると、伝統とそれがもたらす社会的拘束性のみを重視するのでもなく、「経済合理的な人びと」を所与の人間像として設定するのでもなく、その両者の間を絶えず揺れ動くものとして人びとの思考や行為を理解しようとするものである。このような人間観にたって、本書は記述される。

五　老舗のエスノグラフィー

プロローグの最後に、記述と分析のスタイルについて述べておきたい。

本書では具体的な老舗の実践を、社会関係や地域の文脈において記述し、さらには歴史的なプロセスも追うことで理解することをめざす。これは民俗学や人類学のような、フィールドワークを伴う分野のもっとも基本的な方法であるのと同時に、学際的な老舗研究における近年の要請でもある。本書が民俗学に軸足を置きつつ、あえて民俗学が好んで使ってきた「民俗誌」[31]ではなく「エスノグラフィー」という表現を採用しているのは、本書が老舗研究の次のような課題と並走する課題に取り組んでいるためである。

1　老舗の経営戦略論とエスノグラフィーの可能性

エスノグラフィーは、人類学に由来をもつ方法論[32]ではあるが、すでに学問分野を問わずあらゆる分野において質的研究のために採用されている。[33]老舗研究や中小企業の研究において、もっとも多くの蓄積がある経営学やマーケティング研究の分野でも、次々とエスノグラフィーが生み出されている。[34]かつては比較的規模の大きい企業や工場のエスノグラフィーが主流ではあったが、[35]近年では、日本の家族経営的な中小企業に関するエスノグラフィーも書かれるようになっている［石井　一九九六、坂田　二〇〇六］。

そのような動向を受けて、老舗企業の経営学的な研究のなかからも、わずかではあるが個別具体的な老舗企業へのインタビュー調査にもとづいた質的研究が蓄積されつつある［本谷　二〇〇三、加藤　二〇〇九、曽根　二〇一〇］。

加藤敬太は、近年関心が高まりつつある老舗企業研究の論点を整理して、既存の研究の理論的前提が、機能主義的組織シンボリズム論[36]に依拠しており、老舗企業の平均的姿を静的に示すことに主眼が置かれてきたことを明らかにした〔加藤　二〇〇八〕。その批判のうえで加藤は、老舗企業の内外の、あらゆるコンテクストを読み解きながら長期存続のメカニズムを解明すべきだと主張する。老舗企業が単独で存在しているのではなく、環境との絶え間ない交渉のなかにあること、そして、静的なものではなく、常に変化し続けるダイナミックな存在であることを重視すべきだというのである。それはすなわち、「社会的・歴史的コンテクストに埋め込まれた実践的行為に着目したアプローチ」〔加藤　二〇〇九、六一頁〕である。[37]

老舗研究において質的な研究に重点が移動しつつ、理論的な枠組みとしては社会的・歴史的な文脈が重視されつつあるのである。民俗学的なエスノグラフィーの視点や方法が、学際的な老舗研究に対して寄与できる可能性を感じずにはいられない。まさに機は熟したといえよう。

2　三つの舞台

さて、「老舗」「伝統」「社会的拘束性」「経済」「エスノグラフィー」というキーワードに沿って、本書の課題と対象について文脈化した。そのうえであらためて、本書が目指すものについて確認しておきたい。

本書は、老舗とその伝統をめぐる実践を、当事者たちの生きる世界という視点にもとづき、近現代の文脈において理解することをめざすものである。第一の目標は、老舗の実践を「彼らの視点」から理解し描くという、ドキュメンテーションとしての目標である。第二の目標は、より抽象的なレベルの議論となる。それは、人びとと伝統の関係はいかなるものであるか、あるいは、人びとが「伝統とともに生きる」ということがどのようなことなのかということとについて、おもに経済の領域において理解することである。

そのような課題に応えるために、本書では三つのフィールドを舞台として用意した。千葉県香取市、滋賀県近江八幡市、福岡県柳川市という三つのフィールドにおける現地調査をおこない、事例分析の形で議論を展開する。多様性をもった日本列島の各地域から三つのフィールドを取り上げる。それぞれのフィールドの特徴は以下の通りである。[38]

①千葉県香取市佐原

佐原は、各々の家(店)の多様性や一定の流動性を前提としているが、「ダンナ衆」と呼ばれる社会集団が「町の政治」を動かしてきたという歴史をもっている。また、「売る―買う」関係(後述)が超世代性をもって社会生活の全体に影響を及ぼしてきた。地縁組織である「町内」も重要な位置を占めている。

②滋賀県近江八幡市八幡

八幡は、近世以来現在まで、江戸(東京)、京都、大坂(大阪)の三都や全国の地方都市、北海道など広域な範囲で家業を展開する「近江商人」を多数輩出してきており、全国規模に広がる移動性とネットワークをもつ彼らは、家(店)ごとの独立性が非常に強い。経営の規模も、全国でも有数な豪商から中小零細の商家までと広く、おのずと個々の家(店)ごとの特徴が目につく。

③福岡県柳川市柳川

柳川は、「伝統」的な町が売りとされつつ、実際には、比較的流動性の激しい町である。個々の家の来歴をたずねてみると、予想外に新しい歴史しかもっていないことが明らかになる。そのような事情を背景として、超世代的な長時間にわたる歴史の蓄積に比して、日々積み重ねられる実践とそれに伴う地位の上昇下降が重要なものとなる。

本書の構成は以下の通りである。

第一章では、千葉県香取市佐原の事例について検討する。「売る―買う」関係、ダンナ衆、祭礼時の商取引という三つのトピックにおいて、特に近現代の文脈における大きな変化を扱う。

第二章では、滋賀県近江八幡市八幡における個々の商家に焦点を絞り、それぞれの商家の家業継承や家例の重要性、家訓・年中行事のあり方を理解した上で、商家の企業化および、事業継承における葛藤などについて記述・分析する。

第三章では、福岡県柳川市柳川の事例から、地位上昇のための諸行為、経営戦略としての伝統的商慣行、店の歴史／物語を「語る」行為について検討する。

エピローグでは、本書の議論を総括し、老舗の伝統をめぐる実践について検討する。その上で、人びとが伝統とともに生きるということについて理解するための枠組みを提示する。

注

（1）著書に限ってみても、近年、老舗関連書籍の出版が相次いでいる。平成二一年（二〇〇九）以降に出版されたものの多くが同年九月のいわゆる「リーマンショック」に始まる世界的な金融危機を大いに意識しており［帝国データバンク史料館・産業調査部編 二〇〇九、日本経済新聞社編 二〇一〇、朝日新聞編 二〇一一］、平成二三年三月以降はそこに東日本大震災が追加されている。たとえば、平成二四年に改訂新版が出版された横澤利昌編『老舗企業の研究』に追加された「まえがき」では以下のように述べられる。「一〇〇年以上存続してきた企業は、戦争や体制改革、自然災害、不況など多くの困難を克服してきている。今日のわれわれも、少子高齢化、グローバルな構造変化、大規模自然災害など諸課題に見舞われている。しかし、初版をよんでみるとこれらにも応えており、老舗企業の経験や知恵に学ぶことが未だに多い事実に改めて驚かされる」［横澤編 二〇一二、ⅱ頁］。

(2) このような理解の背景には、日本の企業の多くが家業経営としての形態をもち、「家」と結びついたものであるという前提がある。中野卓による商家同族団の研究［中野 一九六四］を嚆矢として、そのような指摘はたびたび繰り返されてきた［松本 一九七七・一九七九、松本・山本 一九七八］。

(3) 足立政男の先駆的な研究［足立 一九七四］から近年のもの［松岡編 二〇一三］まで、「創業以降一〇〇年を経過した企業を「老舗」とする」という宣言は繰り返されてきた［足立 一九七四、岩崎・神田 一九九六、神田・岩崎 一九九六、松岡編 二〇一三、松本 一九七七・一九七九、松本・山本 一九七八、本谷 二〇〇四・二〇〇五、森 一九九〇・一九九一、横澤 二〇〇八、横澤編 二〇一二、Iwasaki and Kanda 1996 ほか］。このような視点は、学術的な分析にとどまらず、ビジネス書や新聞連載に至るまで、概ね踏襲されているといってよい［朝日新聞編 二〇一一、日本経済新聞社編 二〇一〇］。一般的には老舗研究の端緒といわれている『老舗と家訓』［京都府 一九七〇］が「百年企業＝老舗」説を採用していることから、「百年企業＝老舗」説の起源については、老舗研究の系譜と同程度に古いものと理解してよい。

(4) 前掲の帝国データバンクの調べによれば、京都・島根・新潟の全企業数に対する「老舗率」は、それぞれ三・六五パーセント、三・五〇パーセント、三・三七パーセントであり、沖縄は〇・〇八パーセントである［帝国データバンク史料館・産業調査部編 二〇〇九］。特に京都については、最高の「老舗率」を誇る都道府県として、特に着目されてきた［松岡編 二〇一三］。

(5) ［本谷 二〇〇五］など。

(6) それに対して加藤敬太は、さまざまなタイプの老舗企業が存続することを率直に認め、経時的かつ個性記述的分析の方法論を検討すべきことを主張している［加藤 二〇〇八］。

(7) 『日本国語大辞典第二版』第六巻（小学館、二〇〇一年）。

(8) 『新編西鶴全集』（勉誠出版、二〇〇四年）の本文および索引を使用した。

(9) 用例の年代は、一八七二年（「ヨキ shinise（シニセ）ノ カブ」『和英語林集成（再版）』）、一八八五～一八八六年（「むかしは下谷辺に店を張りて、いと時めきたる剣刀商（かたなや）の老肆（シニセ）なりしが」坪内逍遙『当世書生気質』八）、一九〇九年（「時になほ街はづれなる老舗（シニセ）の戸 少し明りて火は路へひとすぢ射しぬ」北原白秋『邪宗門』）

である。

（10）言葉の変化について実年代で分けることについては、ほとんど意味がないことかもしれない。明治の初頭にはすでに現在の用法に近い形での「しにせ」が使われていることから、江戸時代の終わり頃にはすでにこの用法が使用されていたことは想像に難くない。

（11）各種の新聞資料などからも、明治初頭において「しにせ」が多様な使われ方をしていたこと、それがのちにひとつの用法に収斂していったことが明らかになる。たとえば、朝日新聞の「しにせ」の初出は創刊の年である明治一二年（一八七九）六月一四日である。ここでは「長く老舗し商法」とあって、「しにせ」に「老舗」の宛て字がふられているのにもかかわらず、特定の店を示す「老舗」ではなく、動詞の連用形の「しにせ」という使い方がされている。しかも、この「長く老舗し商法」は「十年斗り以前より」とのことで、現在の一般的な用法による「しにせ」の時間よりもだいぶ短い時間を表現している。

（12）たとえば、社会学者のアンソニー・ギデンズは、「ハイ・モダニティ」あるいは「後期近代」の文脈において「ポスト伝統社会」を論じているが、初期近代の段階から徐々に「伝統」がそれまでとは異なる文脈におかれるようになったことを示している［ギデンズ　一九九四（一九九七）］。後に言及するホブズボウムとレンジャーによる『創られた伝統』からも理解できるとおり、一九世紀から二〇世紀にかけての時期において、伝統が人為的なものとして創出されうるものへと変わっていったことは、今更述べるまでもないであろう［ホブズボウム・レンジャー編　一九八三（一九九二）］。日本の文脈においても、明治以降、それまで意識化されてこなかったような文化事象の自覚的活用や、より積極的な創出が進んだことがすでに指摘されている。たとえば岩本通弥は、二〇世紀初頭の民力涵養運動期に、国家的なプロジェクトとして門松や注連縄などの視覚的な統一がはかられ、儀礼においても初詣や初宮参り、七五三、神前結婚式などの全国的な普及が意図されたと述べる。それらはいずれも現在においては「国民儀礼」化し、日本の「伝統」とみなされている［岩本　二〇〇八］。

（13）このような変化についてひとつひとつの業績をあげて紹介することはできないが、民俗学の研究の関心が歴史民俗学から現在学としての民俗学に移行しつつあることは、すでに指摘されている［篠原　二〇一〇］。

（14）フォークロリズムについては、『日本民俗学』第二三六号の「フォークロリズム」特集および、［河野　二〇一二］を参照。

「フォークロリズム」の術語は、一九六〇年代にドイツの民俗学者ハンス・モーザーによって提唱され、ヘルマン・バウジンガーとモーザーの両名によって深められたものである。フォークロリズムとは、「民俗事象が、本来の意味と機能においてではなく、新しい状況のなかで新しい意味を帯び、新しい機能を果たしていること」を指す［河野　二〇一二、二七四頁］。

（15）このような議論は太田好信による「文化の客体化」論の日本への紹介以降、活性化されたものである［太田　一九九三］。

（16）日本の民俗学においては、研究の対象についても「伝統」ではなく、「伝承」を使用してきたという経緯がある。すでに指摘されているとおり［菅　二〇〇八］、柳田がフランス語の「tradition populaire」に「民間伝承」の語を宛てたことを考えれば、さらに、「伝統」の語の射程の広さを考えれば、あえて「伝承」の語を用いる必要はないという立場をとっている。しかし、これは「伝承」という語そのものを破棄するというわけではなく、行為や実践としての「伝承」（たとえば、「伝承する」など）の使用については、一定の意義があるといえる。

（17）実践コミュニティに関する議論については、［ウェンガーほか　二〇〇二］を参照。

（18）なお、小林の論考が収められた『身体の構築学』［福島編　一九九五］では、レイブとウェンガーの影響を受けつつ、それぞれの論者が、身体が「社会化」していく過程を理解しようとしており、人間中心的な「伝承」観への展開において、エポックとなったものだと位置づけることができる。

（19）たとえばロイ・ワグナーの『文化のインベンション』などを参照［ワグナー　一九七五（二〇〇〇）］。

（20）同様の指摘は後述するエリオット・オーリングによってもなされている。オーリングによれば、民俗学においては、伝統とはなにかということを理解するのではなく、特定の伝統的な実践について事例研究を積み重ねるだけだった［Oring 2012, pp. 220–239］。

（21）アメリカ民俗学において「伝統」が直接的な考察の対象となった背景として、ドロシー・ノイズは、二〇世紀後半の脱植民地化の流れと、いわゆる「六八世代」の民俗学者の台頭、『創られた伝統』の出版という刺激など、多種の事柄の複合的な影響を指摘している［Noyes 2009］。

（22）主体性や戦略性の過度な強調に関する批判は足立重和によっても展開されている［足立　二〇一〇］。近年注目されている、いわゆる「生き方の方法・技法」には、「どことなく理知的かつ戦略的なニュアンスが強い」と指摘し、それと重なりつつも「もっと不器用で、〝美醜〟あるいは〝清濁〟併せもった価値」［足立　二〇一〇、二九〇頁］を含むものとしての「生きざま」という視点を提示する。

(23) ドロシー・ノイズも、「伝統」を重視する立場から人びとの生活を理解する際に、「伝統」の自由な活用の可能性と同時に、意識せざる力が人びとに働きかけるという事実を重視する。ノイズは、アメリカ民俗学の基本的な立場について述べるなかで、以下のように述べている。「たとえ教養があろうと、裕福であろうとも、誰ひとりとして完全に自主的な決定を下し、かつそれを完璧な明確さで伝え得る完全に自覚的な合理的行為者ではありえない。我々は皆、継承した言語によって語り、限られた物的資源によって活動している。社会的世界の内部で、どのように振る舞い、社会的影響や圧力にどのように応じるべきかを学んでいる。（中略）我々は、皆伝統的なのである」［ノイズ　二〇一一、五頁］。

(24) このような連続性について、李は「系譜性」の概念を用いて理解している。「系譜性」は、複数の根拠から柔軟に選択される連続性を理解するために李が設定した用語であり、この語はそれが選択的なものであろうとなかろうと、持続する何かを想起させるものである。ところが、本書の具体的な事例を持ち出すまでもなく、現在の人びとと過去の関係は、時に断絶を含みこみ、場合によっては突発的に過去が現在に働きかけるようなことも起こりうるものである。このように人びとに外在して働きかけてくるようなものも含めて理解していくために、ここでは「系譜性」からではなく、より広範な含意をもった「伝統」をキーワードとして考えたい。

(25) たとえば松田素二は、中野卓と鳥越皓之の影響を受けながら、有賀の「生活論」について、「現代世界のなかで生を営む私たちは、有賀生活論によって、一つの貴重な示唆を得ることができる。それは、諸個人と社会のあいだに生活という補助線を引くことで、個人の自律的自由と社会的連帯を両立させるヒントを得ることができるという、たいへんシンプルでクリアな示唆である」［松田　二〇〇九、四頁］と述べ、「諸個人」と「社会」のあいだに「生活」をおくことで、個人の創発性と共同体の規制力の間を理解する可能性を拓いている。

(26) デュルケムは、社会的事実とは、「個人のうえに外部的な拘束をおよぼすことができ、さらにいえば、固有の存在をもちながら所与の社会の範囲内に一般的にひろがり、その個人的な表現物からは独立している」ものだと述べる［デュルケム一八九五（一九七八）、六九頁〕。

(27) このような態度は、フーコーやその他のポスト構造主義的な議論において一般化した、近代的な「主体」に対する批判からみれば当然といえる〔フーコー　一九七五（一九七七）〕。価値の「内面化」や「主体化」などといっているものが、いかに権力やまなざしと結びついているのかについても、考慮すべきであろう。特に本書が扱っているような道徳・規範・倫理などといったものについて考える場合、「規範を活用し、その習得や遵守を強制し、違反を罰する」権力機構の存在を無視することはできない〔内田　一九九〇、二〇一頁〕。本書における伝統は規範や道徳といったものと強く関連しており、「社会的拘束性」との関連で規定されているものである。それが人びとに対して暴力的な力を発揮することがしばしばあることについては、注意しなければならないだろう。民俗学においてこのような視点はいまだ一般的とはいえないが、川村邦光が、フーコーの議論の影響下で、近代日本の「権力」について議論している〔川村　二〇〇六〕。

(28) たとえば、ショッピングモールへの出店や、インターネット経由の通信販売が、地方の老舗にとっても重要な販路となりつつあることなどの影響は、計り知れないものがある。

(29) タンザニアの路上商人マチンガのエスノグラフィーを書いた小川さやかは、既存の研究潮流を整理するなかで、それぞれの潮流が生み出す人間像に「『道徳的』な人びと」「『孤独』な人びと」「『戦略的』な人びと」などと魅力的な名前をつけている〔小川　二〇一一〕。本書は既存研究の整理の上で「経済合理的な人びと」という人間像を提示しているのではないが、小川のアイデアの影響下にあるものである。

(30) このような二分法的理解は、経済人類学において古典的な部類に入る、実体主義／形式主義をめぐる論争や、いわゆるモラルエコノミー論争を彷彿とさせる。さらに、その対立が「決定的に時代遅れ」〔Graeber 2001, p. 12〕といわれつつも、いまだに尾を引いていることをみれば、両者の和解がそう単純なものではないことも、また意識せざるを得ないだろう。

(31) 柳田国男が「民俗誌・民俗学という語をこのエスノグラフィー及びエスノロジーのために宛てたのであります」〔柳田　一九二九（一九九〇）、五〇二頁〕と述べることからもわかるように、「エスノグラフィー」あるいは「民族誌」と「民俗誌」のあいだには大きな違いはなく、単純に訳語もしくは表現の違いにすぎないとみることもできる。その一方で、「民俗誌」という表現が、「民俗資料集」あるいは「民俗標本集」というニュアンスをもっていることから、「民俗誌」という表現があえて避けられる場合もある［菅　一九九二、門田　二〇一三］。

（32）「エスノグラフィー」といえば、完成した作品のみを指すという印象があり、実際、作品（プロダクト）のみを指してエスノグラフィーと呼ぶ場合もある。しかし、現在では、現場において問いを立ち上げるという姿勢や考え方、フィールドワークのスタイルも含めた「方法論」としてエスノグラフィーを捉えるのが一般的になりつつある［小田　二〇一〇］。

（33）小田博志は、エスノグラフィーが採用されている分野として、人類学や社会学のほかに、教育学、看護学、心理学、経営学、歴史学などをあげている［小田　二〇一〇］。

（34）経営学におけるエスノグラフィーの歴史は長い。マリノフスキーの『西太平洋の遠洋航海者』出版のわずか五年後、一九二七年にはすでに、ハーバード大学ビジネススクール関係者によって、イリノイ州シカゴ市のウェスタン・エレクトリック社「ホーソン工場」を舞台に最初のエスノグラフィーが試みられている［佐藤　二〇一〇］。

（35）たとえば、ギデオン・クンダの*Engineering Culture*（邦訳『洗脳するマネジメント』）は、エンジニアの会社「テック社」における長期間の参与観察にもとづくエスノグラフィーとして、高い評価を受けている［クンダ　一九九二（二〇〇五）］。

（36）暖簾、家訓、屋号、伝統的商品、創業者一族と相続関係など、シンボリックな諸側面を、因果論的、機能主義的に長期存続という実績に結びつけた議論などを指す［加藤　二〇〇八］。

（37）このような社会的・歴史的な文脈の重視という傾向は、近年の経営戦略論の動向そのものでもある。近年、経営戦略論で着目されているのが、「実践としての戦略（strategy as practice）」に着目したアプローチである［Whittington 1996］。これは、加藤によれば「戦略が実行され実体化したものとして捉えるのではなく、刻々と変化する社会的コンテクストに埋め込まれた経営現場において、いわば即興ともいえるミクロな諸実践、つまり実践的行為を捉えること」である［加藤　二〇〇九、五八頁］。

（38）本書においては、プライヴァシーその他の倫理的な事情に配慮し、インフォーマントの氏名や店名などを、仮名とした。一部、文献等の記述との兼ね合いでやむを得ない場合や、仮名にしても匿名性を保つことができないような場合は、本人に確認の上で、実名で記述している。

第一章　伝統的商慣行と富豪たちの近代

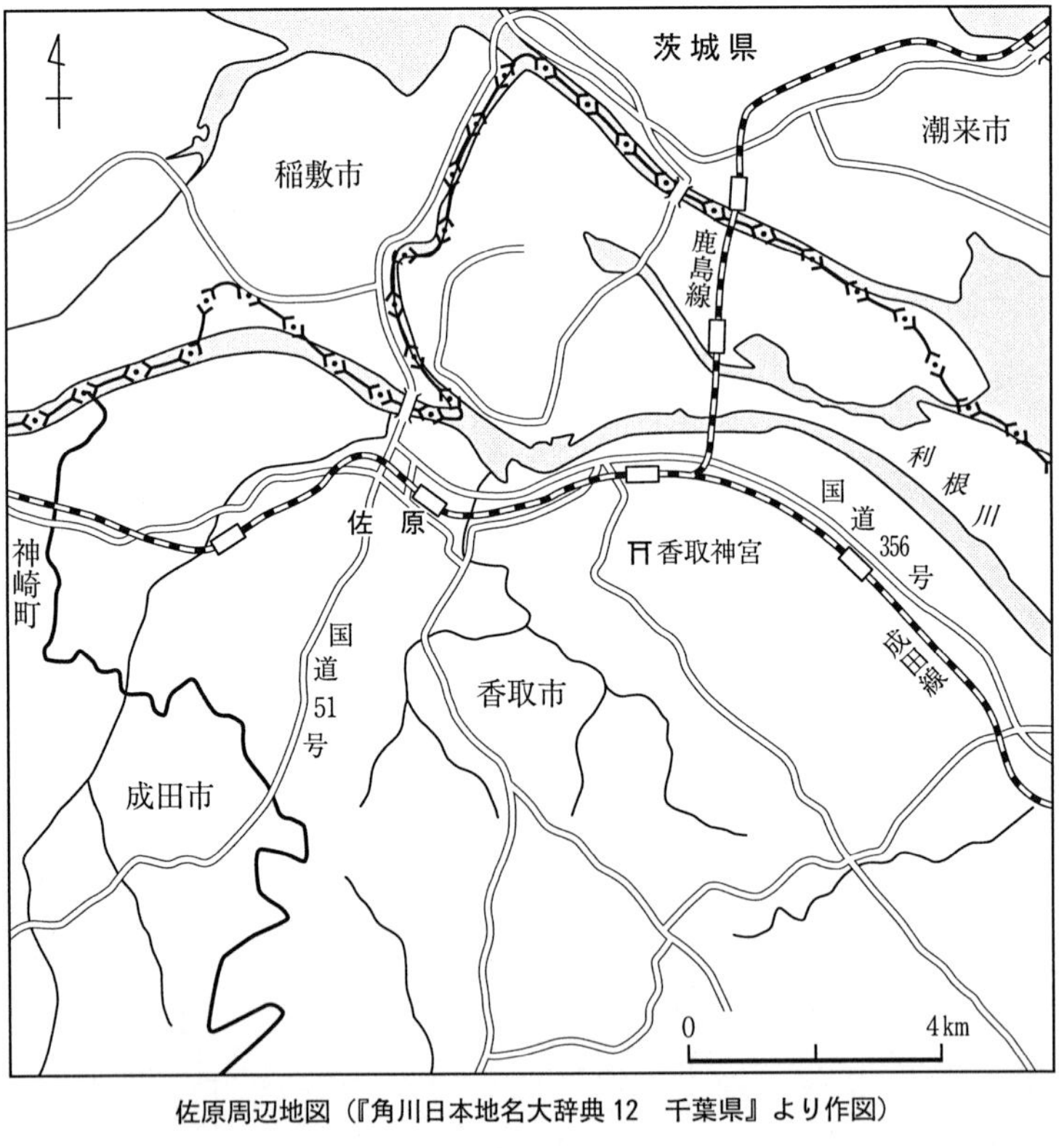

佐原周辺地図（『角川日本地名大辞典 12　千葉県』より作図）

はじめに

プロローグで述べたとおり、佐原は、[1]各々の家（店）の多様性や一定の流動性を前提としているが、「ダンナ衆」と呼ばれる社会集団が「町の政治」を動かしてきたという歴史をもっている。また、売り手と買い手の密接な関係が超世代性をもって社会生活の全体に影響を及ぼしてきた。地縁組織である「町内」も重要な位置を占めている。

そのような前提をふまえ、本章では、佐原における老舗とその伝統について、伝統的商慣行の近現代における展開や、ダンナ衆とよばれる富豪たちのおかれた状況の動態に着目しつつ記述していきたい。

一　利根川下流域の経済

1　現在の佐原

本章は、千葉県香取市の商家を中心とした家業経営者に対する調査をもとに書かれたものである。調査期間は、平成一六年（二〇〇四）八月から平成二三年（二〇一一）三月の計一〇ヵ月である。「佐原」という地域は、現在の行政区域としては千葉県香取市に属する。香取市は平成二二年（二〇一〇）現在、八万四八一七人、世帯数二万九三九〇戸の地方都市である。[2]

香取市のうち、現地の人びとが「佐原」と呼ぶ区域が本章のフィールドで、場合によっては、「マチ」「マチウチ」

などと呼ばれることもある。佐原は、現在の香取市の中心市街地でもある。明治二二年（一八八九）から香取郡佐原町の一部、昭和二六年（一九五一）に佐原市の一部となり、平成一八年（二〇〇六）には香取市に統合されている。佐原はさらに細かく数十の町内（チョウナイ）という単位に分かれている。

佐原の中心近くには、小野川が流れている。小野川は佐原をほぼふたつに分け、その東岸が本宿、西岸が新宿である。本宿には八坂神社、新宿には諏訪神社というように、それぞれが異なる神社の氏子となっており、祭祀の体系も異なっている。それでも、新宿と本宿の両方で「佐原」であり、当地に住む人びともまとまりをもって認識している。町内は、行政単位であるのと同時に、八坂神社・諏訪神社それぞれの氏子としての単位である。一〇戸に満たないようなものから数百戸を数えるものまで幅広い。新宿は総戸数が多いのにもかかわらず、総じてそれぞれの町内の戸数が少ないため、町内の数は多い。

住民の意識では、佐原には現在、特徴とすべき産業があまりない。後述するとおり、近世期から昭和初期にかけて利根川下流域の中心的都市として栄えた佐原であるが、現在では商業分野で他地域と競争可能な産業はほぼ皆無である。現在の佐原は、産業文化都市として栄えた過去を活用して、観光を中心に町おこしを図っている最中である。その活動の甲斐もあって、香取市は年間五〇〇万人を超える観光客を集めている。

佐原の観光開発は、一九九〇年代以降特に、おもに「祭礼」「町並み」の二つを軸に進められている。祭礼とは後述の「佐原の大祭」のことで、佐原の大祭は平成一六年（二〇〇四）に「佐原の山車行事」として重要無形民俗文化財の指定を受けている。町並み観光に関しては、老舗の古い店舗が多く残されているほかに、小野川沿いの商家が所有しているダシと呼ばれる船着き場が文化資源として活用されている。小野川やダシまで含めた町並みが平成八年（一九九六）に重要伝統的建造物群保存地区（重伝建地区）に選定されている。

以上のような資源を活用して、産業活性化のための努力が様々に繰り広げられている状況ではあるが、都市としての佐原の活力不足は住民の悩みの種ともなっている。人口はここ数年は減少し続けている。佐原という町は、現在、他の地方小都市と同じように、産業の面で苦境に立たされているといってよいだろう。以下ではこの佐原がどのように繁栄を迎え、どのようにして衰退していったのか、各種の史料等をもとに振り返りたい。

2　佐原町の成立

現在利根川の本流がある近辺は中世の頃までは「香取の海」とよばれる内海であった。香取の海の周辺には海夫という漁業や水上交通に従事する人びとの居住する津が七〇以上あったが、佐原もそのひとつであったという。そのような背景から農村とは異なる性格をもっており、応永三二年（一四二五）には本宿を中心として各種の座も結成されていた［千葉県佐原市教育委員会編　二〇〇一］。新宿の集落形成はそれに遅れたが、天正八年（一五八〇）に六斎市が開かれるようになった［清宮　二〇〇三］。この時期の佐原は、すでに商業の盛んな地域であったといえる。しかし、常設の店舗商売がおこなわれていたのではなく、市を中心とした経済活動の場であった。ただし、近世期に入ると、別の理由で佐原は急激な展開をみせる。

徳川家康が関東に入国して幕府の支配体制が確立していったのにともない、幕府の直轄となった佐原村は、代官によって五つの組に分けられ、分割統治されることになる［千葉県佐原市教育委員会編　二〇〇一］。そして、幕府開府にともなっておこなわれた「利根川東遷」事業は、佐原にとって大きな事件であった。この史上最大の大土木事業は、それまで東京湾に注いでいた利根川を鬼怒川に継ぎ換え、太平洋に注ぐように変えた事業である。それまで「香取の海」といわれてきたあたりは、利根川の東遷に伴い陸地になった。そして、土砂の堆積に加えて新田開発が活発となった影響もあって、利根川下流域は一大穀倉地帯となったのである。

利根川東遷のもうひとつの影響は、小野川が利根川に注ぎ、江戸に直通したことである。近世期の支配体制は石高制であり、米の現物納であったため、物資を流通させる必要があった。水運は効率のよい輸送方法であったため、江戸に直通する利根川は交通の要であった。

利根川流域の町場でいえば、東廻り航路の要地として繁栄した銚子の次に栄えたのが佐原だった。利根川流域における新たな穀倉地帯の創出と水運の発達によって、佐原は急激に都市的な様相を呈しはじめる。

近世初期の佐原は、利根川流域における交通の要所として、海洋船から高瀬舟に積み替えをする場であった。そのため、物資の集散地としての機能が第一となっていた。元禄二年（一六八九）には佐原河岸が幕府から公認され、そのころにはすでに商品流通機構が整備されていたと考えられる［酒井　二〇〇〇］。商品流通機構が整備されるようになると、都市民の定住が始まった。小野川沿いに、廻船問屋をはじめとして、種々の業者が常設店舗を構えるようになったのである。

廻船問屋の他に、醸造業が興ったのも一七世紀の終わりであった。佐原は物資の集散地であったため、酒や醬油の原料となる穀物が大量に集まってきていた。それに付加価値を付けて売り出そうというのが醸造であって、佐原という土地は穀倉地帯を後背地としていたから、醸造には都合がよかったのである。

佐原村の醸造は、寛文年間（一六六一〜一六七二）に伊能三郎右衛門によって始められた［佐原市　一九六六］。享保一一年（一七二六）には酒造仲間が結成され、明和期（一七六四〜一七七一）には醬油屋仲間が結成されている［酒井二〇〇〇］。このことから、醸造家は一八世紀の半ばまでにある程度の数に達していたと考えられる。

佐原は醸造家を中心として、関連業種が栄えたのであるが、佐原の醸造家は、同じ下総国の野田や銚子における醸造家とは異なる企業経営をおこなっていた。伊能茂左衛門家の家業経営を読み解いた鈴木ゆり子によると、当初江戸売りを中心としていた伊能家の醬油が、次第に地回り消費中心に変わっていった様子を見て取ることができるという。そして、家業の経営は、廻船問屋や地主経営などと複合しておこなわれるようになっている〔鈴木　一九九二〕。その時期に銚子や野田の醸造家（のちのヤマサ、ヒゲタ、キッコーマン）が醬油醸造に特化し、江戸出荷の量を急激に伸ばしていったのとは正反対の動きである。これは、伊能家に限ったことではなく、佐原の醸造家のほとんどが醸造をしつつ地主経営や回漕業、米穀商売などを複合的におこなっていたようである〔佐原市　一九六六〕。

いずれにせよ、近世をとおして佐原は商業都市としての繁栄をみせた。醸造家などの富裕商人を中心に栄え、それに伴って様々な関連業種が栄えるという形で人口も集中していったのである。一八世紀中頃には人口五〇〇〇人、戸数一三〇〇戸を超える都市となっており〔小島　一九八五〕、それは近世末まで維持された〔佐原市　一九六六〕。その賑わいの証左として、安政五年（一八五八）に赤松宗旦によって書かれた『利根川図志』に次のような文章がある。

佐原は下利根第一繁昌の地なり。村の中程に川有りて、新宿本宿の間に橋を架す（大橋と云ふ）。米穀諸荷物の揚下げ、旅人の船、川口より此所まで、先をあらそひ両岸の狭きをうらみ、誠に水陸往来の群集、昼夜止む時なし〔赤松　一九三八〕。

商人が富を蓄えると階層分化が進み、特に富裕な商人たちの発言権が強まる。すると、商人の間で自治的状況が生まれ、自治的組織として「町内」が成立する〔佐原市　一九六六〕。これらの町内は、住民の生活単位であった。その生活単位としてのありかたは、祭礼のための組織として史料にみえる。

佐原の祭りにおいて山車がみられるようになるのは享保五年（一七二〇）のことであるから〔千葉県佐原市教育委員会編　二〇〇一〕、ちょうど生活単位としての町内が成立してくるのと同時に、それまでの御輿中心の祭りから、山車を中心とする祭礼に変わっていったといえる。町内は組と異なり上から押さえつけられる形ではなくて、生活上の要請に基づき機能していたものである。それは、組という単位が明治期以降霧消してしまったのにもかかわらず町内の単位が現在でも根強く残っていることからもうかがうことができる［林　一九九八］。

3　明治期以降の佐原

明治期に入っても、当面は佐原の商業は高い水準で維持された。商業の繁栄に支えられて、明治になってからも佐原の人口は増加を続け、大正期のデータによると、千葉県で第三位の人口に達した。

佐原の繁栄は人口のデータに表れるのみならず、各種の番付の上位に佐原の商家が名を連ねていることからも理解できる。たとえば、山形信雄所蔵の「千葉県金満家一覧鑑」という長者番付（明治四五年発行）を見ると、九〇人中三五人が佐原の経営者で、特に与倉屋の菅井與左衛門は、野田の高梨兵左衛門（現・キッコーマン）をおさえて大関になっている（資産一一〇万円）。

明治から大正にかけては、米穀商人の成長が著しかった。利根川流域の穀倉地帯から集まる米穀を東京方面に大量出荷したからである。大正七年（一九一八）の『千葉県物産販路要覧』［千葉県内務部編　一九一八］によると、県下の主な米穀商人として、取扱高第一位に佐原の山村新次郎、第三位に田辺永次郎、七位に栗原友吉、第一一位に宮本和三郎があげられている［千葉県房総のむら編　一九九二］。

だが、明治の終わり頃から佐原の繁栄に陰りがみえる。それにはいくつか理由があるが、ひとつは、それまでの水上交通中心の交通網から次第に陸上交通中心の交通網へと移っていったためである。

明治三一年（一八九八）には総武鉄道および成田鉄道によって佐倉—佐原間の鉄道が開通し、佐原に駅ができた。

その当時は佐原が終着駅であったため、急激に水運が減退することはなかった。ところが、道路整備が始まると鉄道利用量が少しずつ減少した。佐原と茨城県の諸村をつなぐ水郷大橋が昭和一一年（一九三六）に架かると、佐原はもはや物資の集散地としての機能を失った。

また、同時期に各都市の醸造家が近代工場制を採用し、急激に生産量を増加させたのに伴って、[3]佐原の醸造家の間でも淘汰が進んだ。たとえば酒・味醂の醸造家の数をみてみると、明治七年（一八七四）に三九人を数えたものが、昭和元年（一九二六）にはわずか七人となっている［林　一九九八］。

4　戦後の佐原

昭和二六年（一九五一）に、佐原町は香取町・香西町・東大戸村と合併し、佐原市が誕生している。佐原単独のデータがないため佐原の人口動態に関して詳細なことは不明だが、平成一八年（二〇〇六）の香取市誕生まで、佐原市の人口はほぼ五万人で横ばいであった。

昭和四六年（一九七一）には、佐原の市街地にあった清宮呉服店が駅前に移動して「清見屋」として五階建てのデパートになり、ほぼ同時に、「十字屋」というやはり五階建てのデパートが駅前に出店される。それに伴い駅前商店街が賑わうようになった。佐原の商業は小野川沿いや香取街道沿いから、駅前商店街に中心を移した。それと同時に、駅の北側の人口が増加するようになる。昭和初期までは農家を中心とした比較的小さな町内であった西関戸が、現在ではもっとも戸数の多い町内となった。このような商業の中心地の移動は、店舗の大型化に伴って生じたものと考えられる。

小野川沿いの店舗は戦後になって廃業してしまったものが多い。ただし、職住が同じ建物で営まれてきた商家においては、家業を廃業しても住居として建物を残すことが多いため、小野川沿いの人口は極端に減ってはいない。ただ、人が住んでいても商家として営業をしている店は、最盛期と比べるとだいぶ減少してしまっている。商家の跡取りは、佐原に住みつつ近隣都市の企業に通勤サラリーマンとして通うことも多くなった。

これが、現在の佐原にいたる略史である。この状況も平成一二年（二〇〇〇）前後から変化してきている。これはデータ上ではわかりにくいことではあるが、しばらく横ばいを保っていた佐原の人口は、一九九〇年代後半から減少してきているのである。空き店舗・空き家が目立つようになってきてもいる。駅前商店街の中心となっていた二つのデパートも平成一五年（二〇〇三）に相次いで閉店し、駅前は閑散としている。佐原はここに来て新たな苦難に直面しているともいえる。

二　売り手と買い手のつながり

町場としての佐原の社会関係を考えた場合に、売り手と買い手の長期的な関係が非常に重要である。この関係は、場合によっては地縁・血縁など以上に町場の社会関係に影響を及ぼしている。

1　人びとの家業と各組織

家業と町内

佐原における家業のあり方は多様で、個別単独で扱うのにはあまりに種類が多すぎるが、大まかな性質から三種の家業に分けることができる。

まず、「ダンナ」というカテゴリーを設定することができる。後に詳述するが、醸造・米穀商・質・廻船問屋などを複合的に家業としつつ、不在地主として土地を大量に所有しているような富裕層の人びとである。次のカテゴリーは、「中小商家・職商人」である。これは、小売や卸に携わる人びとで、家業は専門に特化している。最後は「職人」のカテゴリーである。これは、手間請けでモノを作る人びとで、建築関係の諸職が中心となる。

ただし、これは大まかな分類であって、特に「中小商家・職商人」と「職人」には、似通った部分が多い。また、何をもって「ダンナ」とするかは、様々な評価基準に基づいており、確定が困難である。

また、一般に暖簾や信用よりも個人的な技術が優先されるため、「家業」意識が弱いとされることも多い職人であるが［間　一九六三］、たとえばダンナ衆に出入りする権利は特定の家において代々継承されるなど、当主や職人との関係であるというよりは家との関係で仕事がおこなわれているのであり、その場合はまぎれもなく「家業」の範疇に含まれる。

佐原の人びとは町内という単位をもっている。(4) 町内の構成員は、そこに在住している者はもちろんのこと、他出した者なども含まれる。実際にそこに住んでいないのにもかかわらず町内の役員になるということも珍しくない。この町内という単位においては、後に述べる「佐原の大祭」がもっとも重要な行事となっている。

町内には数十軒の家があるが、第二次世界大戦中の隣組以前にも、町内の内部が「組」という単位に分かれていた。組はおもに葬式の互助組織となった。しかし、中規模以上の店の葬式になるとほとんどの人足は出入りの職人で賄われたため、組内で集まる人足はあまり重要ではなく「付録」でしかなかったという。

佐原の各町内はその立地条件などからある程度家業ごとの棲み分けがおこなわれていたという指摘がある［千葉県立房総のむら編　一九九二］。石屋や材木屋などは川沿いにしか店舗を持たなかったし、廻船業者が川沿いに住んでいたのはもちろんである。だが、棲み分けがあるとはいっても、町内が同業者連合となっていたのではない。やはりそれぞれの町内の内部には多様性が見られた。

同業者組織

商人と職人の集住地である佐原には、町内という地縁組織以外の組織も重要である。ここでは同業者組織を中心に述べたい。佐原における同業者組織の形成は、前節にて述べたように江戸中期に遡るが、近代以降も明確な活動をしていた組織をあげたい。

たとえば菓子屋の組合は、戦前に砂糖が配給制になる前後まで、それぞれの菓子の売価を決めていた。たとえば、きんつばは一匁で二銭となっていた。この制度は砂糖が配給制になる昭和一四年（一九三九）まで続き、戦後に砂糖が自由化してからは自然消滅してしまったというが、存続している間は、極めて強い規制力をもった制度であった。現在でもこの組織は全国組織（全国菓子工業組合）の中に位置づけられて存続しているが、佐原の菓子組合が単独で何かをすることはほとんどなくなっている。

昭和初期頃に最も強固な組織として存続していたのが、大工の組合である。大工の組合は平成に入るまで存続し、一九九〇年代に解散した。大工の組合は、まず佐原の組織として始まり、昭和後半から合併を始めて県の組織の支部として位置づけられていった。

この組合におけるもっとも重要な行事は、毎年正月二二日におこなわれる太子講であった。太子講は組合の総会を兼ねており、様々な取り決めはすべてこの日におこなわれた。昭和三〇年代までの太子講は、二部に分かれていた。前半は役員のみの集会であり、後半は組合員全体の親睦会であった。前半部に参加する役員の多くはトウリョウガタと呼ばれる世襲の特権的な大工である。

前半部の議題の最も重要なものは、その年の大工の手間を決定することであった。大工の手間は一日当たりの賃金として算出される。組合への加入も太子講の前半部におこなわれた。多くの場合酒を持って挨拶をしに行き、加入を認められた。組合に加入するということは佐原で大工の棟梁をすることが認められたということであり、それは同時に手間賃などの決まりを守らなければいけないということを意味していたが、自由に仕事ができるということを意味してはいなかった。昭和四〇年（一九六五）前後までは確固たる出入り制度が敷かれており、新しく顧客を獲得するのは容易なことではなかった。

戦後間もなくまでは佐原の商人や職人のうち、土地と店舗の両方を自前で持っていた者は少なかった。「店持ちである」ということがダンナであるための重要な要素であったことからもうかがえるように、ダンナに建ててもらった店舗に店借りとして住んでいるのが通常であった。トウリョウガタはダンナを相手にしている大工であったため、佐原の建築のほとんどはトウリョウガタの縄張りとなっていたのである。トウリョウガタではない大工は、農村部の仕事をしたり、トウリョウガタの下請けをしたりした。トウリョウガタはダンナをダンナ場としていたため、特権的な階層として仕事を続けられたのである。

昭和四〇年（一九六五）前後から、出入り制度が崩壊を始め、トウリョウガタの特権はなくなった。それとほぼ同時に大工の仕事は手間ではなく、一軒トータルの価格で請け負うようになったため、手間賃の決定という重要な議題がなくなり、太子講の重要性は著しく低下した。その為、後年になると太子講は「総会」の名のもとに解消され、親睦会としての機能しか残さなくなった。昭和五〇年（一九七五）に組合が県の組織として合併して以降は、会員が次々と減っていったため存続が困難になり、平成五年（一九九三）頃、佐原の大工組合は解散してしまった。昭和半ば頃までの諸職の組合は概ね大工の組合と同様であった。ダンナ衆を相手としていた職人は発言力などの面でその他の職人に優越する傾向があったようである。

2　伝統的都市における「売る—買う」関係

「売る—買う」関係

以降で扱う「売る—買う」関係は、モノやサービスを「売る」人びとと、それらを「買う」人びとの関係である。それは商人や職人の個人的な関係であるのと同時に、商家や職人の家という、家どうしの関係でもある。また、商家と諸職は別個に関係をつくるのではなく、その流通の過程で両者は複雑にからみあっている。佐原の事例をみる限り近年でも商工の分離の曖昧さを見て取ることができるのである。

その関係は、第一義的には仕事をするその場における関係であるが、仕事の場のみならず、日常生活や儀礼など様々な機会に関わり、商人や職人の生活にとっては、なくてはならないものである。こうした関係を本書では「売る—買う」関係とする。

もちろん、都市の生業は多様で、それぞれ独特な関係をつくっているととらえることもできるだろう。しかし、まったく異なる関係を展開しているということではなく、二つの傾向を示す。

佐原に限らず、商工業に携わる人びとが頻繁に使用する言葉のなかに、その二つの傾向を端的に表す語彙が存在する。ここではその語彙をもとに抽象化し、「得意関係」「出入り—ダンナ場関係」という二つを用意する。「売る—買う」関係は「得意関係」と「出入り—ダンナ場関係」を包括するものとして位置づけられる。本節ではこれらの言葉をもちい、町の社会関係を把握することを試みる。

「得意関係」というのは、おもに商家や職商人において一般的にみられる関係である。得意関係において売り手は一時的に顧客を得ることよりも、多くの得意を持つことを希求する。売り手から客を「得意」「お得意さん」などと呼ぶため、「得意関係」とする。

「出入り―ダンナ場関係」は、おもに職人にみられ、かつては船持ち船頭・回漕業などにもみられた顧客との関係である。これは得意関係に比して強固な結びつきをみせる。業者から客を「ダンナ場」と呼び、客の側から業者を「出入り」と呼び習わしているため、「出入り―ダンナ場関係」とする。

なお、これらの関係は基本的には維持されることを前提としているが、これらの関係は決して固定的なものではない。様々な要因にもとづいて変化することもあるということを確認しておきたい。

得意関係

得意関係にあたるのは、たとえば、小売菓子屋と客、桶屋の小物師と荒物屋、醬油屋と問屋、鋸屋と大工などの関係である。得意の範囲、すなわち商圏は業種や業態、経営規模などによってまちまちであるが、酒・味醂・醬油などの醸造業者や米穀問屋をはじめとする大規模な経営者になると、東京をはじめとして遠隔地に多くの得意を持っていた。日用品などを扱う業者の多くはマチウチの得意がほとんどであった。

店と得意の間でおこなわれる慣行がいくつかあるが、もっとも一般的なのは年に二回の進物である。たとえば、醬油醸造をしていた佐原屋の店主佐藤（昭和一〇年〈一九三五〉生まれ）は、

江戸からずっとうちは醬油屋だったもんですから、いろんな醬油が作れるわけですよ。だから、代表的なのはだいたい五種類くらいの醬油があるわけね。……おいしい素材の佃煮だとかそういうのをだいぶ持ってたんで、暮れと夏に進物用としてね、盆暮れにお得意さんに差し上げてたの。

という。昭和四二年（一九六七）に醬油醸造の廃業を余儀なくされたときに進物用の佃煮からヒントを得て佐原屋は

佃煮屋として再出発することになったのだが、盆と暮れの年に二回、得意に対して自家製の佃煮を進呈していた。これは、醤油の味を評価してもらうという目的もあっただろうが、それ以上に、進物で得意との関係を維持するというねらいがあったのである。この得意に対する進物の慣行は、佐原屋に限らず多くの店舗でおこなっていた。

進物の種類で最も多かったのは、手ぬぐいである。乾物屋の当主（昭和六年〈一九三一〉生まれ）は、昭和五〇年（一九七五）前後までは家紋が入った手ぬぐいを作って得意先に配っていたという。そのほか、食器などに名入りのものを作って配る店もあった。佐原屋の佃煮を除けば、概ね日用品に店の名前や家紋を入れて配ることが多かったようである。進物の機会は、盆と暮れの二回が通常であり、店によっては暮れの一度のみということもあった。なお、佐原には数店、毎年趣向を凝らした進物を得意に配る店があった。ある呉服屋では昭和三〇年代まで、年末に売り物の反物を使った小物を作り、得意に配っていたという。得意の側でも、「今年は何を持ってくるかね」といいつつ心待ちにしたという。得意にとってもこの慣行は季節の風物詩として受け入れられていたのである。手ぬぐいはタオルや小物に変わったが、進物をする慣行を現在まで続けている店舗も多い。シルシモノ（印半纏）を着て得意先を回るということもしている。ある造り酒屋では一月二日の初荷の際に、半纏を着て得意先を回っている。

得意との取引の決済は、現金即決ということはまずなかった。これは大きな商売をする店から小さな商売をする店まで同様である。支払いは月末払いと年末払いの場合が多く、稀に盆暮れの二回払いということがあった。また、ダンナのような大店だと、いわゆる「ある時払いの催促無し」というのも多かったという。たとえば、ダンナさんのひとりだった佐原屋の店主は、昭和二五年（一九五〇）頃のことを振り返って、

ドンブリ勘定なんですよ。この地方ってのは。ですから、いつ行ったらお金が貰えるってことじゃなく、「ある時払いの催促無し」っていうようなことで昔からずっときてましたんで、わずかね、今の金額で三万円の残金が

残ってたりすると、それを五回か六回行かないと綺麗になんないわけよ。で、次また製品が行っちゃうわけですよね。

という。この慣行に対して肯定的な意見を持っている者が佐原には多い。昭和五年（一九三〇）生まれのある人はこのように述べる。

ほら、うちなんかもそうだけど、そうやっていくらかでも残しておくとよ、お得意さんとの関係がつながんでしょ。少しだけ残しておけば。もちろん、いっぱいだったら商売になんねぇけっどよ。

この店は毎月末に「晦日払い」といって集金をして回るのを昭和二〇年代の終わりまで続けていた。それは、どの業種も概ね同じで、毎月末、特に年末には得意の側でも金を工面して家で待っていたという。佐原の人びとのあいだでは、この月末・年末にまとめて決済をする制度は、得意との関係を持続するための手段であるととらえられていたのである。現在ではその場で現金のやりとりをする決済も増えたが、いまだに月末や年末のつけ払いは一般的で、毎月末はどの店も忙しく、大晦日ともなると深夜まで帳簿を付けるのが終わらないということすらある。

店のあいだでも、得意の関係は暗黙の了解となっており、他店の得意を取ることなどはモラルに欠けることとして嫌われた。店と得意の関係は維持していくものであるという意識があってこそ、多くの同業者がいる町で商売が可能だったのである。

得意関係は、基本的に維持されることを前提とはしていたが、負債さえ残さなければ得意の側から一方的に解消可能なものであった。そのため、店の側からの強い働きかけでそれを維持するようにしていったのである。顧客との関係は一方向のものではなく、店の主人が得意から食事に招待されることなどもあった。得意の側が店の丁稚に対して着物を贈ることなどもあった。

このような得意関係に関して、昭和五年（一九三〇）生まれのある人はこう語る。

なんていいますかね、友達っていうか、兄弟っていうか、そういう感じなんですよね、お得意さんとの関係ってのは。だから、互いにいろいろやってましたよ。

たとえば呉服屋などは「お得意さん」との関係を、先方の家族が迎える人生儀礼の節々で感じる。たとえば、客に娘が生まれた時に着物を仕立て、オビトキ（七五三）の時に着物を仕立て、成人の時に着物を仕立てるというように、呉服屋は人生儀礼の節々に客との関係を確認する。店先に多くの品物を陳列することがなかったというのも、得意関係という持続的な関係を前提としていたといえよう。

「出入り―ダンナ場関係」

もう一方の関係である出入り―ダンナ場関係は、得意関係と比較すると強力な関係である。建築関係の諸職や桶屋の大物師、回漕業、船持ち船頭などが顧客や問屋との間でつくる関係がこれにあたる。この関係が強固だったのは、およそ昭和三〇年代までであるため、おもに昭和三〇年代のことについて記述したい。

出入り―ダンナ場関係の場合は、佐原で関係が完結している場合が多く、得意関係のように東京などに顧客を持つことはほとんどなかった。建築関係の業種の場合、昭和三〇年代末頃までは、小商家が店舗を持っていることは珍しかったため、ダンナ場となるのは多くの場合大規模な経営者であった。小規模の経営者のほとんどは店借りであったからだという。それは、防火に優れた土蔵造の店舗をもつのには大工のみならず七職以上の職人に手間を払わなければならず、相当の資産が必要とされたためである。

回漕業者がダンナ場としたのも、大規模な経営者が多かった。それは、回漕業者を必要とするのは江戸東京との取引をする醸造家や米穀商など、限られた業種であったからである。佐原の大店の多くは、米穀商か醸造家、もしくはその兼業であった。

大店に限らず商家では、家紋および店名が入った半纏を作っていた。それをシルシモノと呼んだ。これは第一に店の奉公人が着るためのものであったが、それと同時に出入りの業者に配られたものであった。年始の一回、もしくは年始と盆の二回、出入りはダンナ場を回りながら挨拶をする。すると、ダンナ場のほうではすでに染めておいたシルシモノを出入りに渡すのである。

正月にお年始に行くとか。お得意さん回りをするとかね。それで、「去年中もご苦労様でした。今年もやってくださいよ」と。「じゃあ、うちのシルシモノを新しく染めましたからどうぞお持ちください」というような感じでやってたんだよね。……自前の無印じゃなくて、なんとか商店とか、なんとか酒造とかっていうものを看板のごとく着てたわけだよ。それじゃ、今年のシルシモノだからと（昭和一二年〈一九三七〉生まれ・大工）。

出入りは、ダンナ場で仕事をする際には必ずこのシルシモノを着ていった。通行証のようなもので、これを着ていれば自由にダンナ場に出入りすることができたのである。このような形でシルシモノと顧客は結びついていたから、出入りはシルシモノの数と質で評価された。シルシモノの数の多さはダンナ場の数を示したし、それがどこのシルシモノであるかも重要な評価基準になった。特に大きな施設を持つ醸造家や旅館などのシルシモノを持っていることは極めて高い評価につながった。

これは、ダンナ場と出入りの信頼関係を象徴的にあらわしているのがシルシモノであったからだろう。ダンナ場でもシルシモノは大切なものだと考えられており、許しがたい過ちがあったときなどに出入りとの関係を断絶することを「シルシモノを取り上げる」という表現をする。すなわち、シルシモノを取り上げるということはダンナ場と出入りの関係を完全に断ち切ることを示しているのである。実際に、シルシモノを取り上げられてしまった業者はダンナ場の敷居を跨ぐことすら許されなかったのだという。

そのような信頼の象徴であるシルシモノは、質草にもなった。佐原には質屋が多数あって大きな資本を持っていたのであるが、金も土地も持たない職人などが金を借りに来た場合、最終的な手段としてシルシモノを預かったのだという。もちろん転売が可能なものではないが、ダンナ場と出入り関係を結んでいる業者にとっては、シルシモノがないと仕事にならない。質草として取るのには都合がよかったのである。シルシモノは「先祖の位牌より大切にした」（大正生まれ・大工）という声さえ聞かれる。

先述のとおり出入りの業者は、仕事があるときには必ずダンナ場のシルシモノを着ていったのであるが、それ以外にも度々出入りはシルシモノを着てダンナ場を訪れた。ひとつには先述の年末と盆のダンナ場回りである。これは新しいシルシモノをもらう機会であったが、古いものを着て挨拶しにいくのだという。建築関係の職人などダンナ場を多く持つ業者はシルシモノを何枚も重ね着し、向かうダンナ場のシルシモノを表にして着て入っていった。

そのほかにも、出入りは年中行事の際には度々ダンナ場を訪れた。年中行事もそれぞれに家業が異なるため、家ごと、店ごとに異なっている。一例でいうと、醬油醸造業の佐原屋における現在の年中行事は、正月、七草（一月）、節分、お稲荷さん（二月）、祭礼、七夕（七月）、盆（八月）、エビス講（一〇月）、五ヵ所参り（一二月）である。酒の醸造をしているある蔵元では、そのような行事の他に、一年間の仕込みの終わりにコシキジマイ（もしくはコシキダオシ）（三月）などをおこなった。これらの年中行事は祭礼以外すべて家の中でおこなわれる。そのほかには、たとえば小売の商家は一二月のエビス講に大売り出しをしたが、その際には人手が足りなくなる。その手伝いなども出入り職人に声がかかるのである。まず始めに大工の棟梁に声がかかり、「職人の手配お願いします」、「できるだけたくさん集めてくださいよ」などといって仕事師、左官など関係の職人から必要なだけの人数を手配してもらった。また、エビス講の日に催される宴会や酒屋のコシキダオシの際などには、出入りが招待されたという。

佐原では夏と秋に大規模な山車祭りがおこなわれるが、その際にダンナ場の町内の山車の引き回しに、出入りの者が参加することがあった。現在ではあまりみられなくなったことであるが、昭和初期頃まではそれぞれの町内の大店のシルシモノを着た職人たちが、町内半纏を着用した町内の人びとのなかに混じっている様子がみられたという。

出入りはダンナ場の主人や家族の人生儀礼にも携わった。ダンナ場に子供が生まれれば訪ねて祝いの言葉を述べ、オビトキ（七五三）の祝いにも訪れた。特に重要だったのが婚姻と葬式である。これらもすべてシルシモノを着て手伝いをした。特に葬式の場合は、急いで駆けつけることが出入りとしての誠実さをあらわすといわれ、出入りは取りかかっている仕事を放り投げて駆けつけたという。

佐原は第二次世界大戦以前から火葬が普通であった。火葬場は現在隣町の神崎町にある施設を利用しているが、昭和四〇年（一九六五）頃までは、佐原にあった火葬場を利用していた。参列者はそこまで行列を作って歩いて行くのだが、出入り業者は半纏を着て花を持つなどしてそれに参列した。昭和四〇年頃までは葬儀の際に組などの近隣にはほとんどたよらず、ほぼ出入りの職人の手伝いのみによって執行されるのが普通であった。

出入り―ダンナ場関係をつくる業者には、大工、左官、仕事師、建具屋、石屋などダンナ場をたくさん持っている者と、桶屋の大物師や回漕業者（船持ち船頭）などダンナ場を一軒しか持たない者があった。ダンナ場がたくさんあると本業以外の仕事が多く、容易ではなかったが、これによってダンナ場との関係を維持しているという認識があり、ある大工などは「これも大切な仕事だから」と表現している。

特定の業者のみがダンナ場に対してする仕事もあった。たとえば、大工は葬儀の際に一番に駆けつけてお悔やみをした後に、また仕事場に戻って葬式道具一式を揃えた。葬式道具は前もって用意しておいてはいけないという規範があったから、すべてオーダーメイドであった。

棺桶（棺箱のことか）から、墓標から、塔婆から、あれ、正式にやれば、十何種類ってあんのよ。今みたいに出来合いってのはないから。常にオーダーで作ったわけよ。

「葬式道具っつうのは身上見て作れ」というように、ダンナ場の経済状態を考えて、それに見合った道具を作ったという。日常的な関係を続けている出入りとダンナ場であるからこそ、ダンナ場の経済状態も手に取るようにわかったのだという。石屋も葬儀に際してすぐに駆けつけて仕事をした。そのほか、毎年末には仕事師によって門松が製作された。

以上で確認したように、出入り―ダンナ場関係も維持されることを前提としたものであって、その点は得意関係と共通している。ただし、出入り―ダンナ場関係は得意関係と比較すると極めて密接なつながりをもっているといえる。見方によっては一方的な奉公の関係であるという認識もできよう。

しかし、出入りはダンナ場に完全に従属してはいなかったということも指摘できる。たとえば、出入りとダンナ場の恒常的な関係が脅かされたときなどである。ダンナ場の側から一方的に出入り業者が変えられてしまった場合に、出入りが職人をすべて連れてダンナ場を襲撃するということが、戦前頃まではあったという。やはり出入り―ダンナ場関係も双方向の関係を前提としているものであったといえよう。

二つの関係の動態的分析と現在

商いがつくる町場の社会関係を二つに分けて述べてきた。これらの関係は、町の人びとにとって生活全般において重要なものであり、維持されることを願われているものである。ところが、様々な要因によって関係が変化せざるをえないことがある。そういったケースに関して、事例を提示したい。

【内的要因による関係の変化―経営者の機転と転業・廃業】

二つの関係が、商いのもつ性格の影響を受けていることはいわずもがなである。それゆえ、商いの上で必要とあらば、両者の関係がつなぎ変えられることもある。あくまでも、商いありきの関係であることを忘れてはならない。佐原で調査をすると、「三代五〇年は、もう老舗」という定型化された語りに遭遇する。一〇〇年以上続いている家は少なく、商工業で身を立てることの困難を知ることができる。

たとえばね、（造り）酒屋が潰れるでしょ。そうすんと、桶屋が潰れて、そのほか、大工、シャカン（左官）、みんな潰れっちゃったりね。おっきい商売潰れっと、おおごとだよ。みんなダメんなっちゃあから（昭和一八年〈一九四三〉生まれ）。

このように、それぞれの職業が密接に関係しているからこそ、一業者の廃業が他の業者に影響を及ぼすこともある。たくさんの業者が連鎖的に廃業してしまうことも、容易に起こりうるのである。特に、桶屋の大物師や回漕業者のような特定の家との関係に依存している家においては顕著である。それを見越して、早めに出入り―ダンナ場関係を打ち切って別の業者に取り入ることや、それを機に他の業種に切り替えることも多い。そこは、経営者としての手腕と機転によるのである。

家としての連続性を保ちつつ、転業をすることもある。次に示すのは、岩田屋という屋号を持つ商家と山本氏という建具屋の例である。

［事例1　岩田屋（住宅リフォーム）］

岩田屋の初代は、明治の中頃愛知から佐原にやってきて三州瓦を売った。背中に瓦を背負い売って歩いたが、その行き帰りが暇だったため、山林を見ながら歩いていたら、木の値段を値踏みする癖がついた。試しに山林地主から一本買って転売してみたら思いのほか高く売れたため、副業として材木問屋を始めた。材木商の仕事のほうが「おもしろい」と感じた二代目は、瓦をやめて造船材専門の材木店にしてしまう。しかし、三代目のときにはすでに木造船の時代が終わり、造船材が売れなくなってしまった。そのため、扱う材木の種類を変えて建築材を専門とすることにした。ところが、大手のハウスメーカーがシェアを伸ばすと建築材も売れなくなったため、住宅リフォームの元請けを始めた。現在、店の名称は「材木店」のままだが、住宅リフォームの仕事が売り上げの主たるものとなっている。業種を変えるたびに新しい得意を開拓する必要があったため、家を潰すような覚悟であった。

［事例2　山本建具屋］

山本家は代々、ある醬油屋のデフネ（出入りの回漕業者）であった。大正八年（一九一九）生まれの四代目も、幼少の頃から船頭になるべく教育を受け、船の仕事を覚えた。しかし、昭和初期には醸造業もふるわなくなり、水郷大橋が架橋されたために水運は壊滅的な状況になった（昭和一一年〈一九三六〉）。しばらくはそのまま続けていたが、このままでは一家の生計を成り立たせることができなくなった。四代目は工作所で働き、技術を身につけて建具屋を始めた。一からのスタートであったが、工作所時代の親方が出入り先を分けてくれたため、それなりに忙しい日々を過ごすことができた。

職人への転業は特殊技能の習得に時間を要するため、山本のようなケースは珍しいが、特殊技能よりも一般的な商才が求められる商家への転業は珍しくない。むしろ、老舗とよばれるような店のなかには、家名を保ちつつも業種を変えてきた店が多い。「売る—買う」関係が張り巡らされたなかで新たな顧客を一から探すのは困難であるという考えもあるが、先述のように廃業する店も多いため、上手にタイミングをつかむことさえできれば、新たな関係を取り結ぶことが可能なのである。一部の商売のあり方が変わると、連鎖するようにして「売る―買う」関係は変化せざるをえない。この関係が変化するタイミングの見極めが商才の一部とされていることからも、「売る―買う」関係が持続的であることを願われつつ、変化することをも前提としていることがわかる。

【外的要因による関係の変化―社会的大状況への対応】

もちろん、社会関係の変化の原因を、経営者の機転や転業のみに求め、自律的なものとしてしまうことはできない。商いという行為の性質上、大状況としての政治経済のありかたの影響を考慮する必要がある。町場としての佐原の成立と展開は、江戸地回り経済圏としてのありかたと密接な関係をもっている。近代を待つまでもなく全国的な流通の状況を意識しつつ商圏の範囲を変えてきたのが、佐原の商工業者なのである。

明治期に政治経済的状況の変化が加速して以降、ほとんど人口変動はなかったにもかかわらず、佐原における商いのありかたは目まぐるしく変化した。すでに確認したとおり明治末の鉄道開通から昭和一一年（一九三六）の水郷大橋架橋にかけて佐原の陸上交通網は整備され、流通は水運から陸運へと完全にシフトした。これによって、東京をはじめとした遠隔地との得意関係はゆっくりと縮小し、年のほとんどを東京で過ごしたと比喩されるような醸造業者を中心とする大規模経営者も減少していった。終戦以降、それまで広い商圏をもっていた業者も東京などのような遠隔地との取引をやめ、市内や近在との取引を中心とするようになった。

扱う商品の既製品化も「売る―買う」関係の変化を引き起こす要因となった。佐原においては戦後には既製品の流通が加速した。たとえば、小売の酒屋では得意先に合わせて水や焼酎などの混ぜものをしてから配達するのが普通であったが、昭和三〇年（一九五五）頃になって次々とやめてしまったという。石屋でも、かつては石工が鑿をふるっていたものが、加工済みの商品を取り寄せるスタイルに変わっていった。仕入れ・販売ルートの地域依存の度合いが弱まったのであるから、「売る—買う」関係は変化せざるをえなかった。

【現在の「売る—買う」関係】

これまで述べたとおり、「売る—買う」関係は、常に変動のなかにありつづけており、そういった意味では、本来的に「変化」という性質が備わったものであるといえよう。ところが、昭和以降の大きな変化は、「売る—買う」関係に大きな変質を与えるものであった。スーパーマーケットやデパートの存在は、商家の経営に少なからず影響を与え、ハウスメーカーの参入は、建築関係の諸職の仕事にとって無視できないものになっている。

少なくとも、「出入り—ダンナ場」関係は急激に弱まり、形式化した面が強い。現在でも、葬儀などの際にシルシモノを着て手伝う出入りの業者をみることができるが、近隣には声をかけずにすべて出入りの業者で執行されるかつてのような葬儀はなくなった。しかし、次のような私の経験を考えたい。

西田という大工の家で聞き取りをおこなっていたときに、火災発生の市内放送が流れた。その家から五キロほど離れた場所での火災であったが、「ちょっとまってくれ、あそこの近くにうちのダンナ場があるから」と言って、ゴム長靴をはき、自転車に乗って出て行ってしまった。(5) 一時間ほどして完全に火が消し止められてから、西田は帰ってきて、聞き取りが再開された。また別の日に全く別の場所で火事があったが、そこに私がたまたま通りかかると、西田がいて、水を運ぶ作業を手伝っていた。やはり近所にダンナ場があるのだという。西田はダンナ場の近くで火事があると、必ず濡れてもよいように長靴を履いて駆けつけることにしている。

得意関係も、大きな変容を被っているが、「出入り—ダンナ場」関係にみられる以上に、見えやすい状況にある。たとえば、季節の進物の慣行はいまだに根強い。名入れのタオルや小物を贈る習慣は多くの店で見ることができるし、年末に名入れの暦を配布することも多い。新築の家に鏡を贈ることなどもある。また、決済の方法も、その度に決済をする方法からつけ払いまで選択できるようにしているところが多い。また、小売の業者は店頭販売よりも配達を主にしている場合もある。得意との関係を持続するために、経営的には苦しいながらも大らかな取引をしている店も多い。

【「売る―買う」関係の希薄化と地縁組織化していく町内】

このようななかで、大きく生じた変化がある。それは、これまで「売る―買う」関係が担ってきたようなものを、別のものが代替するようになったことである。たとえば現在、佐原で葬儀がある場合、真っ先に声がかかるのは出入りの職人ではなく、近隣組織である組である。また、すべてのケースにおいて見られることではないが、現在でも印の入った半纏を着用して葬儀に臨むことがある。しかし、その場合の半纏は、もはや出入り先のシルシモノではなく、町内の紋が染められた町内半纏へと変化している。

ここで重要なのは、「売る―買う」関係の変化が、ダンナと呼ばれる人びとの没落の影響で加速度的に進んだことである。上でとりあげた「おっきい商売潰れっと、おおごとだよ。みんなダメんなっちゃあから」という発言はそれを示している。大規模な経営の場合、そこと「売る―買う」関係にある業者の依存度はおのずと高くなる。であるがゆえに、そのひとつが没落した場合の影響は小さくないのである。

さらに、「何かあった場合にはダンナが処理してくれる」というのが、「売る―買う」関係という大らかな取引関係を成り立たせていたことも間違いない。実際に、すべて済まないままになってしまった債務を、ダンナが肩代わりするということもあったという。

なお、現在のことを考えた場合、「売る―買う」関係がもはや商売上有利なわけではないというのも紛れもない事実である。いくら「友達のような」と言われるような公私にわたる付き合いや季節ごとの贈答をしたところで、かつてのようにすべての生活必需品を町場の商家でまかなうような時代でもない。町場としての佐原は、全体に収縮傾向にあるといえる。「売る—買う」関係という地域における社会関係は、家業という経済的な要素に従属して成立しているものに他ならない。そのため、経済的な変化の影響をダイレクトに受けて変化してきたのである。

【望まれる「売る—買う」関係】

さて、経営的には苦しいながらも大らかな取引をする例をあげた。これは、考えてみれば奇妙なことである。かつての「売る—買う」関係が過去のものになったことについて、佐原の人びとはすでに理解している。それにもかかわらず、形式的なものであっても「売る—買う」関係的なものが、継続されているのである。

それは、「商売の形はかつてと変わってしまったが、商売とは関係なく客との親密な付き合いを続けている」というのが、評価の対象となると考えられているからである。客の側が家業経営で営まれるような店を選ぶ場合、このような「売る—買う」関係に似た親密さを今でも求めているから、それを見込んで、店の側でもそのニーズに合わせようとするのである。

ある店では、あえて商売とは関係のない機会に家を訪れ、進物を手渡し、商売の話をせずに帰ってくる。また、店の名前と連絡先の書かれた名入れのタオルはあまり喜ばれないという理由で、無地や柄物のタオルへと変えた。そのような形でビジネス上の都合から進物をしているのではないことを強調するのだという。「商売っ気を表に出すべきではない」と考えている。それはすでに商売上の効果はほとんどないか、あっても微々たるものだという。

経済の成り行きからすれば、「売る—買う」関係の希薄化は当然の帰結であるが、それは顧客離れを招くことにもなる。客は「売る—買う」関係が希薄化してきていることは知っているが、自分がつきあう店はそうであってほしくないのである。店は、その要求に応えるように、ビジネスライクではない商売を強調するのである。

商人たちにとって彼らを取り巻く社会と結ぶ関係は、本来、家業というビジネスの部分と切り離せないものである。しかし、客を含んだ世間の欲求は、商家が市場経済の動きに左右されないことを求めるため、そのニーズに合わせて、「売る—買う」関係は、次第に商売とは結びつかないものへと変わっていってしまうのである。

このような商人たちに対する世間の要求は、「元ダンナ」に対してはよりシビアなものとして働く。次節以降では、ダンナの経済の動態がもたらした社会関係の変化を中心に論じる。

三　年齢組織の成立—ダンナ衆の動態と没落をめぐって—

本節では、富裕層であるダンナ衆の動態によって、町場の社会関係が受けた変化を、おもに祭礼時に重要となる年齢組織の成立を中心に跡づける。以下、煩雑を避けるために、断りがない場合は本宿を中心に述べる。

1　町内と年齢制度

現在の町内は、先述のとおり、行政単位であるのと同時に、神社祭祀の単位である。行政単位としてみた場合、町内でひとつの町内会を作る場合と、町内に複数の町内会がある場合がある。しかし、町内に複数の町内会がある場合でも、それぞれの町内会が独立して機能をもつことはほとんどない。

一方、前節で述べたように、佐原では、村落生活において地縁が重要な要素となるような様々な機会において、地縁と代替する社会関係が機能してきたこと、(6)また、町内の会計の出納のうちほとんどが大祭および神社の年中行事にかかわるものであることから、町内のもっとも重要な機能は、祭祀組織としての機能であり、行政と祭事は分離されていないともいえる。戦後たびたび「祭事区長と行政区長を分けるべき」という動きがありつつ、それが失敗し続けてきたことからもうかがえる。

町内と神社の関係としては、本宿の八坂神社、新宿の諏訪神社ともに、佐原の人びとは町内を単位として氏子になっている。そのため、氏子会を構成するのはあくまでも町内であり、何かしらの意思表明も町内としてなされるのである。各神社ともおよそ年間三〇〇万円程度の奉賛金が必要となるが、それも町内の規模を基準に各町ごとに負担割合が定められている。惣町会議（氏子会議）も各町内の三役（区長・区長代理・会計）によって執りおこなわれる。(7)

佐原の人びとは、七月に開催される夏祭りと一〇月に開催される秋祭りを総称して「佐原の大祭」と呼んでいる。これは、ほぼ同型の山車祭りであり、夏祭りは本宿の各町内が山車を曳き回す八坂神社の祭りで、秋祭りは新宿の各町内が山車を曳き回す諏訪神社の祭礼である。どちらの祭礼も町内を単位とした年番制度をもっており、本宿の場合、惣町となっている一二町内のうち一〇町内が一年交代で惣町年番の任にあたる。御輿の渡御を含めて、諸行事のすべて、神社の歳入・歳出を統括することになっており、氏子会会長には、惣町年番区長があたる。それとは別に、山車年番があり、山車を所有する一〇町内が交代で当番を務め、山車行事一切の取り仕切りをおこなう。こちらは三年交代となっている。(8)

現在の祭礼は、町内ごとにそれぞれ、年齢階梯的な諸集団によって担われる。それらの組織には、若いほうから、「若連」「当役」「古役」という名称がつけられている。これは現在のところかなり厳密な制度となっており、佐原の山車行事の特徴ともされている。たとえば、佐原の祭礼が文化庁によって重要無形民俗文化財の指定を受けた際の答申においても、年齢にもとづく運営組織の強固さが強調されている［文化庁文化財部　二〇〇四］。

若連(9)というのは、「ワカイシ」「ワケェシ」などとも呼ばれ、名前のとおり二〇歳前後から四〇歳前後までの若者たちからなる。祭礼の際には、股引、前掛け、地下足袋という衣装で参加する。若連は、実際に山車に取り付き綱を引き、山車を動かす実動力となる人びとの組織である。若連は、「青年会」「青友会」などの名称の団体として、各種イベントを催すなど、日常的に青年集団としての活動をしていることが多い。多くの場合町内とは別の会計をもっており、祭りの寄付も、町内とは別に若連に対して出すことができる。

当役は、四〇歳前後から五〇歳前後までの中年の人びとである。祭礼衣装は浴衣に草履を履き、首には赤の徽章を巻く。浴衣の尻を端折ることで、後述の古役との視覚的な差別化をはかる。当役はおもに、山車の巡行上、他町内との交渉や、若連に対する指導をおこなう。若連を卒業すると山車には触れてはいけないことになっているが、若連は当役の指示なしに山車を動かすことが固く禁じられている。

古役は、当役を終えた者である。祭礼衣装は浴衣、草履で、首には緑の徽章を巻く。古役は基本的に、山車の運行に関して口を出さない。これは、全体に対する指導的立場だといえる。区長、三役などの役員はすべて古役から選ばれ、町内の氏子総代なども、古役のなかから選ばれる。各町内において「古役会」を組織し、日常的な活動をおこなっている。

若連から当役、当役から古役への移行は、山車年番が交代となる「本祭」の年におこなわれる。そのため、三学年前後のメンバーを一つのグループとして、まとめて扱われるようになっている。たとえば、若連の一番の上のグループを「前掛かり」「カシラ連中」、その下のグループを「幹事」と呼ぶ場合が多い。また、当役の最初のグループを「シントウ」(「新当役」の略称)と呼ぶ。これら同世代グループは、若連に加入する年齢がまちまちであることが多いため、上に上がっていくにつれて、次第に定まっていく傾向にある。しかし、その結びつきは強固で、町内で何かをする場合には、これらメンバーはひとまとまりとして扱われることが多い。また、名称は決まっていないながらも、三年ごとに組織の中の階梯をあがっていって次第に重要な役割を担っていくようになっており、幹事がヒラワカイシ（役職のないワカイシ）に戻るような逆戻りはありえないこととされる。

2　年齢組織の「新しさ」

文化庁の答申がそうであったように、佐原の人びと自身によっても、この強固な年齢制度が強調されることが多い。特に年齢でいうと六〇歳以下の人たちに顕著であり、

佐原はよ、祭りに関しては、昔っから、（卒業した）学校も、財産も、いっこ（まったく）関係なくて、先輩に従うってやってきて、だから、当役は古役のいうことを聞く、ワケエシは当役のいうことを聞く……（昭和二二年〈一九四七〉生まれ）

などの言葉がしばしば聞かれる。

しかし、実際は「若連」「当役」「古役」という組織は、彼らがいうほどに古いものではないのである。たとえば、史料上のことでいえば、神社の公式記録における初出は、大正一三年（一九二四）で、「幣台規則並割合帳」に登場する。

［事例3　当役の初出］

幣台曳き廻しに就いての心得

（中略）

第二、屋台進行中、後方より他町屋台進行し来り、其の綱先と前方の屋台尻との間隔は五間以上とし、其れ以内に綱先を引き入れざる様当役及び古役にて注意すべし（「幣台規則並割合帳」大正一三年一〇月二〇日）

大正一三年の「幣台曳き廻しに就いての心得」（以下「心得」）は、現在も運用されている山車運行の初めての明文化された規則である。実際、各町内の記録類をみても、「当役」「古役」の記録が登場するのは昭和以降である。

では、年齢組織が成立する以前には、どのようなシステムによって、これらが担われていたのだろうか。本上川岸区の「諸事記憶録」という資料を見てみよう。

［事例4　行司と当り人］

明治四十四年祇園祭日改正
新暦七月十日ヨリ十二日迄
当日行司　当り人　金井屋永吉
　　　　　　　　　渡辺
　　　　　　　　　長塚助蔵
四拾五年七月十日ヨリ十弐日マテ祇園祭日
　行司　当り人　青野永吉
　　　　　　　　渡辺彦松
大正二年七月十日ヨリ十弐日マテ祇園祭日
　行司　　　　篠塚美太郎
　　　　　　　渡辺彦松
大正三年七月十日ヨリ十弐日マテ祇園祭日

行司　当り人　伊能亥之助
　　　　　　　石田洋平

大正四年　行司三人
　　高木　魚芳　渡辺（本上川岸区「諸事記憶録」）

この史料には、「行司」「行司当り人」という表記がみられる。これは現在の当役と類似の役割を担ってきたと想像できる。しかし、毎年名前が入れ替わっており、人数も極端に少ない。ちなみに、この史料における「当役」の初見は大正一五年（一九二六）だが、「当役」は一名のみとなっていて、むしろ前掲史料の「当り人」と同義であると考えられる。それを考慮するならば、大正一三年の「心得」における「当役」「古役」は、名称としての初出に過ぎないのではないかと考えることができるのである。

［事例5　昭和初頭の役割］

御大典奉祝ニ付山車曳廻覚書

（中略）

一、徽章ハ左ノ三種トス
　　区長　　櫻形　白色
世話役　　仝　赤色
町内有志　仝　　桃色

（中略）

昭和三年十一月　年番前後（下分町「永代記録帳」）

事例5においては、「心得」の後も、「区長」「世話役」「町内有志」[10]となっている。つまり、必ずしも「心得」のあとにすべてが一様に変化したというわけではなく、緩やかな浸透の過程があったとみることができる。

以上のことから総合的に考えると、当初において「当役」や「古役」は「組織」でもなく、「年齢」に応じて秩序づけられたものでもなかったと考えられる。このような年齢組織の成立過程について、ある高齢のインフォーマントは以下のように語った。

［事例6　次第に登場する当役］

あのよぉ、俺も記憶が定かでねえだけっども、行司とか、聞いたことがねぇわけじゃねえだよな、「行司半纏」ってのも見たことがあんだよ。（Q、戦前のことですか？）うん。次第に、当役ってのが出てきて、次第に人数も増して、しっかりしてきたんでねえかな。前はよ、前って言っても戦後間もなくまではよ、あんた、さっき、「組織」っていったけど（中略）ワカイシが当役やって、またワカイシやっただよな。役割分担みたいなその程度でよぉ（大正一三年〈一九二四〉生まれ）。

この語りからは、中年の組織である「当役」が固まっていくに従い、年齢階梯的な制度が生まれていったという様子がうかがえる。すなわち、佐原の各町において年齢組織が確固たるものとなり、存在感を発揮してきたのは、アジア・太平洋戦争後のことであるようだ。

この人物が次に語った言葉から、「ダンナ」の存在が年齢組織の成立に大きな影響を与えていることがわかる。

［事例7　ダンナが収める交渉］

（Q、その前は、どうしていたんですか？）俺も見たわけでねえだけっどよ、ヤデエ（山車）がすれ違えなくて、軒を切ったっつうのがあっただよな。三時間も四時間もにらみ合ってよ。で、最後はダンナ方が出てきて、「すいません、軒を切らせてくれませんか」って。で、ヤデェがすれ違えるようにしたと。（中略）ダンナさんがいれば、ケンカしても収まりがついたと。でも、今はいくら何時間ケンカしても収まりがつかねえじゃねえ。だから、ワカイシの始末は当役でつける。で、当役もケンカしねえように、ちゃんとルールで交渉して。勉強するようになったよな。ただ、誰が町内の面倒みるかって話だっぺね。

ダンナが「収まり」をつけることができなくなり、年齢組織と明文化されたルールが成立したというストーリを、このエピソードはなぞっている。

3　ダンナ衆の政治

ダンナの多くは醸造業を営んだものであったが、多くは地主経営や米穀商をはじめ、複合的に家業を成り立たせていたようである。[11] たとえば、ダンナと呼ばれたある家の当主はこのように語る。

［事例8　地主としてのダンナ］

いわゆる地主で、年貢米を取ってたわけですよ。で、当時だいたい一反歩で五俵取れれば豊作の時代に、三三〇〇俵も米が入ったわけですから。ですから、今だと、八〇〇〇俵ぐらいが年間うちの倉庫に入る（昭和一〇年〈一九三五〉生まれ・元醸造家）

佐原のダンナが、醸造業に特化せずに地主経営をその家業の中心においたことに注目せねばならない。なぜなら、要因はひとつではないとはいえ、ダンナの凋落において最後の一撃となった戦後の危機は、多くの場合、土地経営への依存がもたらしたものであったからである。彼らは不在地主として資本を増やしていった。同時に、山林経営などにも手を出した者もあり、家業の複合性が注目される。

ダンナをダンナとして判断する町の人びとも、明確な基準をもっていたわけではないが、おもに以下のようなものを判断の材料とした。まず、当然、資本の大きさが問題とされる。これは多くの場合不動産で評価される。土地を多く持っている場合、時期になると、周辺の農村から農家の人びとが小作料を納めにやってきた。その人数や量を見て、周囲の人びとはその商家の財力を知った。ゆえに、土蔵の大きさもその評価の基準になった。たとえば、ある商家では、数棟の巨大な蔵がいっぱいになるほどの米が物納され、その為に集まる人だかりが「祭りのようだった」と言われている。

当然土地への執着は強いが、店舗が建っている土地の所有/非所有はさして問題とされないことが多い。それは、「屋敷地をいくら持っていてもそれは何も生まない」からであるという。佐原のダンナにとっての土地の重要性は、生産地としての役割にあるのである。また、従業員の数も、その商家の地位を示すためによく言及される。たとえば、「山新（山村新治郎）では、昭和の一〇年に一七人の番頭がいた」というように表現される。

次に重要なのは、出入り職人の数であった。出入り職人については、前節の「出入り―ダンナ場」関係で述べたとおりであるが、大工、仕事師、左官など、建築関係の職人が中心であり、その数が多いことは商家の格を高めた。それは特に、正月・盆などの年中行事や主人の葬儀の際に周囲に明示された。たとえば、正月には職人がダンナ場を巡回し、年始の挨拶をすることになっていたが、大店ではその来訪がひっきりなしであったという。その際に商家は、挨拶に来た出入り職人にシルシモノ（印半纏）を与えた。そして、仕事の際のみならず、儀礼の際にも出入り職人がシルシモノを着て集まり、手伝いをした。特に葬儀の際には、行列に職人がシルシモノを着て参列し、ダンナの葬式の時は「大名行列のようであった」という。

もちろん資産の所有そのものを世間の人びとが知るためには、その使い道も重要であり、特にその気前の良さが重視される。「けちなことをしない」というのもダンナの条件で、小作料を持ってきた農家の人に対して、豪華な食事を与え、土産を持たせた。たとえばあるダンナが土地を所有する岩ヶ崎・福田などの周辺農村では、「あそこにいけば、白い飯が食い放題」が標語のようになっていたという。

金の使い道では特に、道普請、河川改修など土木事業の際の供出や、祭礼のための出費など、公共性の高いものに惜しまず金を使うことが評価された。たとえば、浜宿のあるダンナは、昭和初期の火事の際に、町内で類焼した一七軒の店の再建を全て肩代わりしたという。実際に一七軒という数字が事実であるかどうかはさておき、そのような家が「ダンナ」としての地位を保ったのである。

ダンナは町の運営において絶大な力をもった。かつて「ダンナ」といわれた佐原屋の当主は以下のように語る。

［事例9　ダンナ衆の政治］

佐原の人って……どっちかっていうと塚原さん、おとなしいんだよね。当然、主立った人間が営々と政治まで作っていいって、問答無用で町を切り盛りしたと。ダンナ衆がやってることに、おらぁが口出しすることないと。任しておけばうまくやってくれんだっぺというのがずっと続いてきたんじゃないかと私は思う（昭和一〇年〈一九三五〉生まれ）

実際に力を持った時期のダンナの権限は、町内の世話役（現在の区長）を超越した立場であった。たとえば、

［事例10　「重立」］

一、三十一年旧六月、祇園後集会ノ際、従来町世話役ハ名誉職ナルモ一ヶ年随分町中ノ為ニ多様ナルニモ拘ハラス、一銭ノ報酬ナキハ当選者ニ対シ一同ノ快トセザル次第ナレバトテ、重立佐藤北山ノ両家ニ計リ協賛ヲ得テ、本年ヨリ一名四円ツヽノ報酬ヲナスコトニ決定セリ（明治三一年本上川岸区「諸事記憶録」人名は仮名）

というように、世話役に対する報酬を、史料には「重立」として登場するダンナが出すような事情がそこにはあったのである。

4 ダンナと町内―ダンナ衆の近代―

以上は、あえて静態的に佐原におけるダンナの位置づけについて述べたが、佐原の祭礼に立ち返り、年齢組織成立以前のダンナが町内においてどのような位置づけにあったかについて考えたい。

これまで何度か登場した佐原屋・佐藤家の当主、そしてまた別の元ダンナの当主は、自らの家と町内との関係について以下のように語る。

［事例11 祭礼の出資者］

いやぁ、お祭りの山車は全部うちで作ったんですよね。町内に寄付して。祭り行事は一切うちがお金を出して楽しんだんじゃないですかね（昭和一〇年〈一九三五〉生まれ・佐藤家当主）。

［事例12 祭りはやらない］

うちではずっとね、祭りはやらないものだったの。佐原屋さんもそうですがね。馬鹿馬鹿しい話ですけどね。私は山車をひいたことがないってことになってるんです。小さいときから。（中略）本当は、隠れてちょっと綱に触ったりしました。

ここからわかるように、ダンナは実際の祭礼の山車曳き回しにはほとんど参加せず、出資者としての立場であった。とはいえ、佐原全体をあげての行事となるため、ダンナも重要な立場として祭礼に参加することが多かった。たとえば、氏子総代などは、町内のダンナによって代々継承されたりもした。

［事例13　氏子総代の少年］

（六歳の時から氏子総代をしていたことに関して）私の場合には、物心つくっていうか、家を継ぐ前から、男手は祖父さんと私しかいませんでしたから、長男としての役割があるわけですよ。裃着てよ、ずっとこうやって（姿勢を正しく座って）いる。ガバガバの着てさ。嫌で嫌で嫌で。山車引きたくてしょうない年齢にさ。ちっともおもしろくねぇ（昭和一〇年〈一九三五〉生まれ・佐藤家〈佐原屋〉当主）。

氏子総代はダンナたちによって独占された。年齢は問わずに家で選ばれたのである。なお現在は、各町の古役のなかから選ばれる。

ダンナの役割としては他に、以下のようなものがある。同様に佐原屋・佐藤家の町内における役割は以下のとおりであった。

［事例14　人形のパーツを預ける］

大正拾五年八月一日土用干預品覚

佐藤殿へ預ケ品

一、御頭　壱箱

一、軍扇柄　壱箱

　　軍刀

一、御錦旗　壱箱

一、軍扇

一、衣類一式　壱箱

赤毛布　三枚

一、御手箱　　壱箱

及ヨロイ

一、玉すだれ　　壱箱

棟飾

以上六個《ママ》（本上川岸区「諸事記憶録」）

ここから読み取れるように、佐原屋の佐藤家は、山車のうちもっとも重要な部分、すなわち人形のパーツ（頭と手、軍扇、軍刀、錦旗、衣類、鎧）・玉簾・擬宝珠を預かっている。

また、別のダンナ、山田屋・永田家においては以下のとおりに語られる。

［事例15　ケンカの始末をつける］

祭りもその（山田屋の）職人が来て。山田屋がなかったらヤデエ（山車）動かねえ。飯食ってやってただ。その時に山田屋が全盛期だったただ。（中略）ケンカ多かったよ。しょっちゅうやってたよ。それがおもしれえからやんだから。ケンカやんねえとだめだよ、祭りは。おもしれえだっぺ、それが。そん時でなくちゃできねえからよ。（中略）昔は、山田屋に面倒見てもらっただよ。ケンカしても、最後は永田さんのダンナが出て（ケンカを収めた）。でも、山田屋はあんまり出てこなかったよ。最後だけ。そしたら、向こう（の町内）も頭下げちゃってよ。（中略）この町内で山田屋より出せねえから永田さんに面倒見てもらうだよ。そういう人には頭下げてもいい（大正一二年〈一九二三〉生まれ・桶屋）。

自ら力は出さないが金は出す。出入りの職人や町内の人たちに手間賃を払って山車をひかせる。そして、最終的な

「始末」はダンナがすべて請け負うのである。「もう、ダンナさんに祭りやらせてもらったような、そんな感じ」（大正一〇年〈一九二一〉生まれ）という者もいるが、それがまことしやかに語られるような事情が、ダンナをめぐる町内の状況だったのである。そしてこれは、言い伝えのレベルでは、近世以来の伝統でもある。(12)

すでに示したように、「主立った人間が営々と政治まで作っていって、問答無用で町を切り盛りした」といわれるほどにダンナは存在感を示していた。それは跡継ぎである子の教育にも反映されていた。

［事例16　ダンナになるための教育］

あのー、こういう話がありましたよね。俺のお祖父さん、祖父がマチ一緒に行ったらば、みんなこう、お辞儀をすると。でも、お祖父さんは絶対に頭を下げないで、目的の人と話したりしてね、脇目もふらない。で、私が手を引っ張られながら挨拶してるんですよ。「何歳なの？」とか、いろいろと聞かれると、歳まで（答えた）。怒られたらしいですよ。そういうことはしゃべっちゃだめだって。まっすぐ目的地を見て歩けって教わったんですよ（昭和一〇年〈一九三五〉生まれ・佐藤家当主）。

明らかに「普通とは違う」と意識し、意識されつつ育った人たちがダンナであり、また次代のダンナとして育っていったのである。

［事例17　山車を造れるダンナがいる町内が強い］

佐原の町で、山車持ち町内か、違うか、でいったら、発言力の差は、雲泥の差。それは名残としてありますけどね、それは、本当の意味を言ったら、山車持ちが偉いんじゃなくて、山車を造れるようなダンナがいたかどうかってことなんですよ。今では、田宿が一七軒で山車造ったって、「えー」って驚きますけど、軒数は関係ねえの。多かろうが少なかろうが、一軒でもダンナがいれば、ヤデェ造れて。今で言うと数億の値段ですよ。山車があるから強い町内でなくて、山車造れるような、ダンナさんがいる町内が強い、そういうわけですよ。町内はともかく、町の大事なことは、ダンナ衆がみんな決めただから（大正生まれ）。

すでに述べたとおり、町内における年齢制度はアジア・太平洋戦争後にようやく存在感を増した。戦前の段階ではまだ、町内での年齢制度の未熟さと、それに対照される「最終的にはすべての面倒をみる」ダンナの存在が浮き彫りとなっている。

5　町になにが起きたか

そもそも、商売を家業とする家のことであるから、ダンナは固定的な立場ではなかった。商売が成功した者が上昇し、ダンナとなることがあったし、もちろん逆にダンナが淘汰されることもあった。しかし、昭和初期から戦後までの佐原の経済が置かれた状況は、佐原の町の位置づけが他の町と比べて相対的に低下するような変化であった。

繰り返しとなるが、交通の変化は重要であった。昭和八年（一九三三）に鉄道が延長されて銚子まで延び、昭和一一年（一九三六）に水郷大橋が架橋されると、佐原の交通上の重要性は急激に下がってしまった。これは、近世以来続いた利根川水運の終焉でもあり、水運を中心に栄えた佐原の商業上の重要性が低下したことは致し方ないことであった。

また、主要産業の醸造業でいうと、この時期の千葉県における醤油醸造業は、全国的にみても一番の激戦区であった。先述のヤマサ醤油の工場建設をはじめとして、特に醤油醸造業者の大規模合併と、近代工場制の幕開けの時期に直面した。野田醤油株式会社（現・キッコーマン）が設立されたのは大正六年（一九一七）であり、昭和三年（一九二八）には銚子でヤマサ醤油株式会社が設立されている。醸造業は、ほぼ頭打ちの状態となった。

ほどなくして到来した戦中・戦後の統制経済は、ほぼすべての商家に対して打撃を与え、特に土地経営を中心としたダンナたちにとっては、昭和二二年（一九四七）に始まる農地改革は、再起不能なほどのダメージを与えた。

［事例18　佐原屋の倒産］

残念ながら昭和四二年（一九六七）に、完全に佐原屋は倒産したわけですよ。ええ。これはもう、千葉県で二、三番の納税者だった佐原屋がどうして潰れたのかということなんですけど、醬油屋で潰れたわけでは決してないんですよ。廻船問屋もやってたわけですよ。だから、醬油が損してても、それだけ米が入るわけですから、赤字だかなんだかわかんねえじゃねえの。それがある日突然政府に没収されたわけです。土地全部です。いわゆる農地解放（昭和一〇年〈一九三五〉生まれ・佐原屋当主）。

ダンナに頼れなくなった町内は、現実に合わせて対応せざるをえなかった。

［事例19　ダンナが衰退し、年齢組織が登場する］

（戦後）うち（の町内）でも、〔ダンナの屋号〕さんがつぶれちゃって、でなくて、駄目んなっちゃって。で、初めて、当役とか、古役とか、きちんと年齢でやらなけなんなくなって、それで、「若連」って作って、同時に「当役」を三期九年にすることになったたよな。本祭三回で上がる。どっかの町内、真似したんでなかったかな。（Q、記録をみると、大正ではすでに「当役」「古役」っていう言葉が出てくるのですが？）当役、古役って言葉があったたって、二人とか、三人とか。その場しのぎでやったって。当役やって、またワカイシやってよ、本当に「役割」だったただよね（大正一二年〈一九二三〉生まれ）。

この町内は、「若連」「当役」「古役」を現行の年齢組織化していくことで対応をした。このような対応からもわかるように、年齢組織による町内運営が「常識」化するのは、戦後のことなのである。

変化に伴う対応は、ダンナにとって非常に苦しいものであった。町内に対して投資ができなくなると、途端に発言力を失う。

［事例20　山車の売却］

ある日突然、売られちゃったんだよね。その、町内の会議も抜きで決められて。気がついたときにはもう潮来（茨城県潮来市）のものになっちゃった。金額五〇万で売ったっていったな。佐原一の人形くっつけて五〇万円で売っちゃったですよ。……で、商売はもうどん底でしょ。佐原屋潰れたって馬鹿にされてるわけだから（昭和一〇年〈一九三五〉生まれ・佐原屋当主）。

このように一部の町内は、山車を維持できなくなり、売却してしまった。他方、山車は売却せずとも、山車曳き廻しを「一時休止」したまま復帰していない町内もある。

6　経済が動かした町の社会とダンナの苦境

以上でみてきたように、佐原という町の社会構成は、ダンナという存在に合わせて大きく様変わりし、年齢が前景化してきた。佐原の町は「ダンナ衆が始末をつける」時代から、年齢秩序の時代へ移行していったのである。

戦後の町には、それまでダンナと呼ばれたような存在は数軒を残していなくなってしまった。ここで家業と家の関係を考えてみると、ダンナの置かれた非常に苦しい状況を理解できる。ダンナの家業が収縮した場合の世間の対応は冷たいものがある。

ダンナの商売がうまくいかなくなったからといって、町の人びとはそれなりの対応をしてくれるわけではない。また、ダンナ自身も、それを悟られないような形での対応を演じなければならない。

［事例21　痩せても枯れても］

やっぱり、老舗格っていうのがありますんでね、お祭りも筆頭だし、寄付も一番先に取られるわけだよ。やっぱり、痩せても枯れてもっていう気持ちもありますから、それをいろんなすべての面でのお付き合いはつらかったよね。問屋なんかお金取りに来ると、「おい、いないって言っとけ」なんて居留守を使ったことなんかもあったよな、正直言って。それが商人の意地ですよね。だんだん図々しくなるんだよね。そうならないと、本当の商人と言えないんじゃないかしら（昭和一〇年〈一九三五〉生まれ・佐原屋当主）。

問屋や町の人たちが、店の逼迫に気がつかないわけではないが、これまで同様に接する。ダンナも悟られないように、悟られていないかのようにふるまわなければならない。すでにダンナなしに町を運営するようなシステムが作り上げられつつあった。それでもなお、知らないふりをして、互いに対応するようなところが商家の体面にはあるのである。

なお、後日談であるが、佐原屋は昭和四二年（一九六七年）に倒産している。その時点で三億六〇〇〇万円の借金があったという。そこで当時の若当主佐藤信一郎は、横浜の親類がやっているカメラ屋で働くことになり、一旦は横浜に引っ越した。一般的にいえば、それで佐原における歴史を閉じてしまうのが、ダンナの末路なのであった。しかし、信一郎は、苦境を乗り越えた。佐原屋は、醬油醸造業を廃業し、佃煮を主とする食品製造業へと転業する。

［事例22　ダンナの再起］

世間の人は佐原屋のブランドで見てくれますから。（Q、ためらいはなかった？）それはあんまりありませんでした。うちのブランドっていうのがいい姿で出せるという喜びのほうが強かったです。いわゆるその、佐原屋のマークが残せれば私の使命としてはいいわけですから、そういう気持ちはなかったですね。一番の葛藤っていうのは、その、申し訳なかったって思うのは、責任感と寂しさを覚えたのは、やっぱりこの辺、(売りに) 出すとき。ブランドとしての連続性が主張できれば「佐原屋」はつながる。業種は醤油醸造業にこだわらなくてもよかったのである。借金返済のために、それまでの店舗兼工場兼自宅であった土地の半分以上を売却している。しかし、最後まで譲らなかったのは通り沿いの暖簾をかける店舗部分であった。ある意味、この暖簾と製品の佐原屋マークがブランドのすべてで、それを守ることができれば、佐原屋は再生できると踏んだためである。

現在では佐原屋は四二人の従業員と鹿島と銚子に建てた大きな工場を抱えており、大きな企業のあまりない佐原では有数の経営規模となっている。そして、借金返済のために売却した土地も、少しずつ買い戻している最中である。

四 現金の生々しさと「ふさわしくない」取引—伝統経済の美学—

前節までで、政治経済的な状況の変化に伴い、社会関係が大きく変化したこと、さらに、そのような変化と関係しつつも、必ずしも連動してはいないような社会的な拘束性ともいえるようなものを明らかにしてきた。二節では日常生活における売り手と買い手の関係を、三節では、祭礼とそれに関わる町内を中心に、ダンナの位置づけの変化とダンナの苦境について理解した。それによって近代における様々な変化が、苦悩や軋轢、あるいは葛藤を生み出してきたことが明らかになった。

本節では、二節と三節の議論を受けて、売り手と買い手の関係から成り立つ社会関係が、象徴的な形であらわれる祭礼の場における取引を事例に、取引の形態の変化とそれがもたらす葛藤について論じたい。

経済を文化的・社会的な文脈で考察するとき、在地の論理における金銭観ともいうべきものに着目せずにはいられない。その場合に重要だと思われるのは、現金のもつ「生々しい」性質から生じる忌避感情がつきまとうのと同時に、現金を得ることがどうしようもなく魅力的なものであるというアンビバレントな状況である。

佐原においては、金銭が「生々しい」ものであるという表現をよく聞く。この感覚はすでに述べたような「売る―買う」関係を継続させたひとつの原動力ともなっていたものだと考えられるが、長く金銭と親しんできた佐原の人びとは、その生々しさを隠蔽することなく、上手にコントロールすることで金銭とつきあってきた面がある。具体的には、現金取引にふさわしい場とふさわしくない場を明確に分け、現金取引にふさわしくない場における取引については、決済を先延ばしにすることでカネの生々しさを避けるような心意の存在が、「生々しさ」をコントロールすることを可能にしてきたのであった。

本節では、現金取引にとって最も「ふさわしくない」はずであった祭礼の場に、現金取引が導入される過程とそれをめぐる語りを中心に分析をおこなうことで、現金に対する複雑な構えを浮き彫りにする。そのなかで、「ふさわしい」商売と、現実の間で生み出される葛藤について記述する。

1　祭礼と経済

当然ではあるが、祭礼には多額の費用がかかる。その費用は町内によって区々であるが、祭礼三日間にかかる費用は各町内二〇〇～五〇〇万円の間となっている。これは先述のとおり、町内会計の大部分を占める。厳密にいえば、前節でとりあげた神社の奉賛金の負担は祭礼三日間に必要な費用ではない。これも少額ではないが、祭礼の会計として処理されることが多いため、各町内の祭礼費用に含んでいる。もっとも費用として高額となるのは、祭礼中の飲食代である。毎食の食事は宴としての要素が強いため、実際の参加人数分よりも多い食事・飲料を用意し、廃棄する場合が多い。[13] 酒については、一定年齢に達した参加者のほぼ全員が、しかも通常量を超えるような量を朝から晩まで飲むため、その総飲量は半端なものではない。また、町内の者が沿道で知人に会えば振る舞ったりもするため、祭礼中の酒の消費量は少ない量ではない。

その他、囃子を演奏する「下座連」は町内以外から招待する習慣があり、彼らへの多額の礼金と祭礼中の飲食を準備する必要がある。山車に上演する下座連の人数は多くても二〇人程度であるが、食事は町内の者が弁当やオードブルで済ませられる一方で、下座連には寿司や鰻などの上等なものが用意されることも多く、高額にのぼる。

ビラとはなにか

これらの祭礼にかかる費用は、基本的にほとんどが寄付によってあてられる。寄付には、様々な種類がある。これらの寄付を、佐原では「ビラ」と呼んでいる。[14] そして、寄付を出すことを「ビラをかける」という。ビラには「町内ビラ」と「他町ビラ」がある。

町内ビラというのは、町内に住む者からの寄付をいい、他町ビラというのは、町内在住者以外からの寄付のことをいう。ダンナが（原則的には）存在しなくなった現在、町内ビラの金額はある程度年齢や年齢組織内の役割に基づく場合が多い。しかし、町内で商売をしている場合は、数万円単位の高額ビラをかけることもある。

他町ビラについては、二種があり、ひとつは個人や店を単位としてビラをかける場合である。これは、たとえば町内のメンバーの知人がビラをかける場合もあれば、商家が取引先のある町内にビラをかける場合もある。

町内からの他町ビラについては、たとえば「本川岸区」や「荒久区」などの名義、もしくはそのなかの年齢組織「〇〇区若連」の名義で出されるもので、町内間でビラをかけ合う。このビラの費用は町内の会計から出される。

この「ビラ」という呼び名は、ビラをかけたときに山車の前に貼り出される半紙の名称による（図1）。この紙自

図1　山車に貼られたビラ

体を「ビラ」と呼び、そこから派生して寄付のことも「ビラ」と呼ぶのである。現在、書類に記載する場合には、「美羅」の文字があてられることもある。ビラという呼称がいつから使用されているかは不明であるが、管見の所、昭和初期の本上川岸区「諸事記憶録」という史料の昭和元年（一九二六）には、すでに登場している。

ビラのかけかたは以下のとおりである。

まず、ビラをかける者（仮にX氏とする）は、寄付金を熨斗袋に入れる。表書きは水引の上に「御祝」、水引の下には個人名、もしくは店の屋号を書く。それを持ち、町内の当役に声をかけるか、個人的な付き合いや取引関係からビラをかけるような場合には、その相手（仮にZ氏とする）を町内から探し、声をかける。町内に対するビラは、当役のみしか受けとることができないため、声をかけられたZ氏は当役に声をかけ、当役が熨斗袋を受けとり、二人でX氏にお礼を述べる。町内によっては「ビラ返し」というお礼の品を用意しておき、当役からX氏にそれを渡す。ビラ返しはかつては手ぬぐいなどが多かったが、ここ数年は町内特製の団扇や携帯灰皿など、バリエーションに富んでいる。町内の会計は、当役が担当する。当役のなかには必ず会計担当を置き、熨斗袋を受けとった会計担当は、それをセカンドバッグなどの袋に収納する。

山車の巡行中に、沿道の家（店）からビラがかかることもある。その場合も手順はほぼ同様であるが、時間が許す限りは家の前で山車を止め、若連たちが手踊りを披露する。なお、町内ビラについての扱いは町内ごとに区々で、祭礼の前に家々を巡回して事前に集めておくことが多い。しかし、ビラのやりとりは祭礼中にしかおこなわれない町内もある。

受けとった熨斗袋は中身の額を確認し、当役が半紙に「(個人、家、店の) 名前」「金額」を転載し、山車の前に貼り出す。その記載は以下のとおりである（図2）。

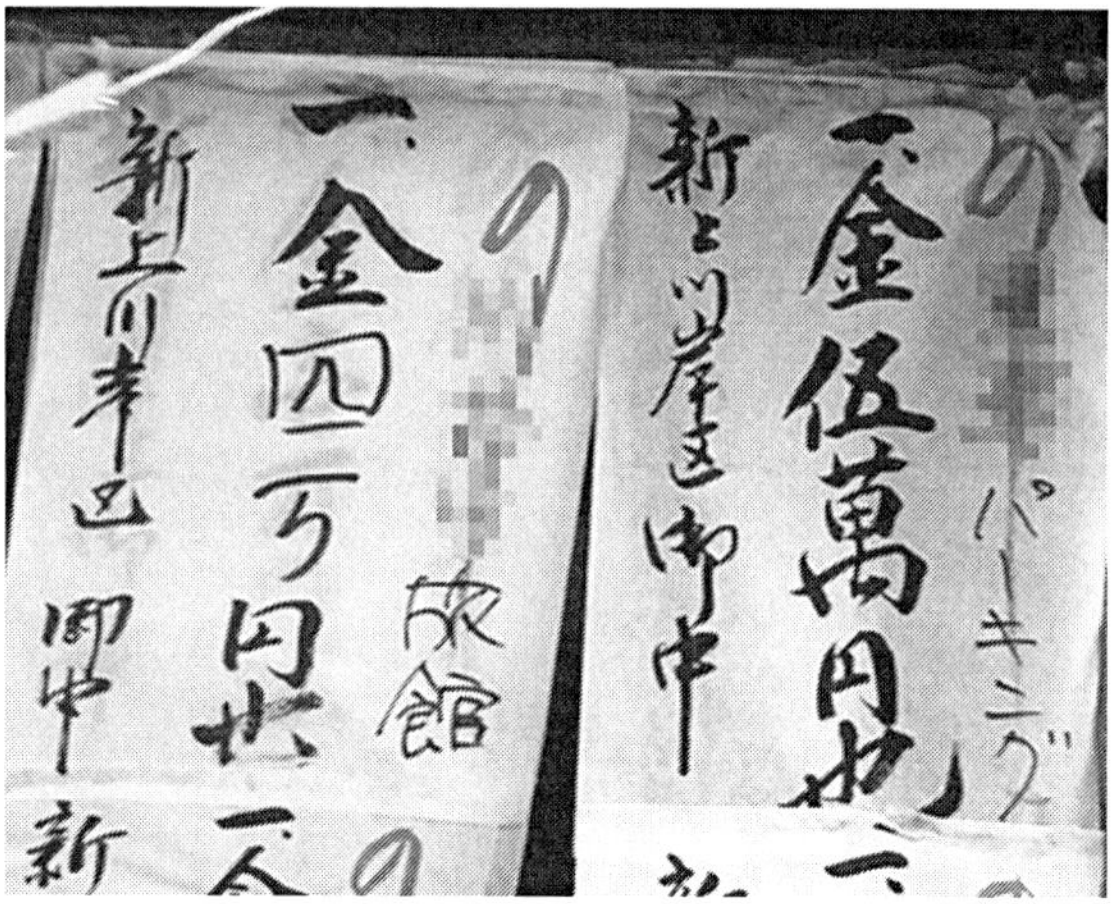

図2　ビラの記載

のし　○○旅館
一、金○○万円也
○○区御中

ビラは、金額が多い方が表の上のほうに目立つように貼り出される。最終的にビラは、祭礼終了後に切り離され、礼状とともにビラを出したX氏のもとに渡される。場合によっては、山車の彫刻などを見えやすくするために山車の前にビラを貼り出さないような町内においても、後からビラを作成し、それを礼状とともに渡す。「ビラを作成した場合、最終的には必ず当家の元に戻さなければならない」といわれ、これを不用意に破却してしまうことは許されない。ビラは、誰がどの町内にいくらの寄付をしたかが一目瞭然となるものであり、それは、それぞれの商家のタテマエや見栄を強く刺激することにもつながる。

祭礼中の町内の収入については、以上の通りであるが、支出についてはどのようになっているのだろうか。基本的に、祭礼中に必要なものは、できる限り町の商家を利用するべきだとされている。たとえば酒、ソフトドリンク、氷などは、酒屋が好んで使われ、食事などについては仕出し屋や、料理屋などが利用されることが多い。麻紐を荒物屋で買うことなどもある。しかし、すべてにおいて町の店が使われるわけではない。たとえば弁当や飲み物をコンビニエンスストアに頼むこともあるし、現在では、昼食にマクドナルドのハンバーガーが供されることも珍しくない。麻紐をディスカウントストアで購入することもある。

現在でも町の商家については、ツケが効く場合が多い。買い物は（特に若い）若連が「お遣い」の形で行くことになるが、町内の半纏を着用していけば、特に何も言わない場合は町内のツケとして支払われたことになる。しかし、コンビニエンスストアやマクドナルドはツケ払いが不可であるため、当役の会計担当から現金を預かり、領収書を受けとってくることで、精算をする。

ツケ払いで購入したものについては、祭礼三日間の翌日に、それぞれの店が各町内の集会所を巡回して集金をする。祭礼の翌日、町内では若連を中心に山車の片付けをおこなうが、並行して当役が収支の決済をおこなう。決算報告はその日の夜におこなわれる「シンノウ（神納）」と呼ばれる打ち上げの宴会の場において発表されることになっている。会計については、祭礼の翌日、シンノウまでにすべて終了してしまうのだ。小さい町であるから、各町が三日間の間に数百万円ずつ使うことを考えればその経済効果は小さくない。それだけの金が、祭礼の三日と翌日のうちに動くのである。

かつてのビラ

ところで、以上のデータのなかには奇妙な点がいくつかある。ビラの記載内容を詳細に見てみよう。まず、ビラをかけた者の名前が敬称なしで記載される。そして、町内名の下には必ず「御中」が書かれている。考えてみれば、ただ町内が寄付を受けとったことを町中に知らしめることがビラの役割であるならば、敬称は寄付を出したものに付けられるべきで、町内に「御中」を付けることは常識的な範囲から外れていると言わざるをえない。

さらに、ビラの処分方法についても、一筋縄の理解では落ち着かない。名前と金額の表示がビラの目的ならば、祭礼後に後追いでビラを作成して当家に渡すことなどは、もはや表示としての意味もなさないため、理解できないからである。

これを理解するためには、人びとの具体的な経験に沿って歴史的に考えなければならない。ここでは、佐原の人びとが語る経験をもとに、再構成をしたい。各町内におけるビラの扱いが大きく変化したのは、一九七〇年代頃だった。以下ではそれ以前のことについて記述したい。ある商家の当主が語るところによると、そもそもビラは以下のように扱われていた。

当時のビラをかけるやりかたは、左のとおりである。

ビラをかける者（仮にX氏とする）は、半紙に自らの名前と金額を書いたビラを自ら作成し、町内の山車に赴く。当役に声をかけるか、知人もしくは取引相手（仮にZ氏とする）に声をかけ、ビラを一枚渡す。当役とZ氏は、X氏にお礼を言い、当役はビラを預かる。ここで、現金のやりとりは一切おこなわれない。

町内で必要なものを買う場合には、基本的に、ツケ払いであった。その頃はまだ、コンビニエンスストアは存在しておらず、町の商家ですべてことが足りたため、現金のやりとりは必要なかったのである。

決済はすべて祭礼の翌日におこなわれる。町内の者は、祭礼中に預かったビラを手に持ち、ビラをかけた者の家を巡回する。町内の者はビラを手渡すのと同時に、当家の者から現金を受けとる。現金を受けとった者は町内の会所に戻り、会計担当は集計をおこなう。並行して、酒屋や仕出し屋をはじめとする商家は、各町内を巡回し、集金をする。そしてやはり祭礼の翌日、シンノウの前にすべての決済が済んでしまうのである。これは、ビラがいわば「手形」として機能していたことを示す。だからこそ、ビラは最終的に当主の元に返されなければならなかったし、それを破棄してしまうことは町内が債権を放棄してしまうことに他ならなかった。

それが、一九七〇年代の終わりから一九八〇年代にかけて前述のように大きく様変わりした。しかし、それでもビラを記載する形式と、「ビラは返却しなければならない」という規範のみが残ったのである。

変化の要因について経験談からたどると、現金取引の発生の原因としては、スーパーマーケットなどの、ツケ払いのできない店を祭礼中に使う必要があったことが重要なようである。そのような店を利用するためには、少なくとも祭礼が始まる段階でいくらかの現金のストックが必要になる。そのために、町内ビラを中心に先に現金を受けとる形式が導入され、短い間にそれが主流となってしまった。

ビラが手形である以上、その町の中でそれを持っていれば、現金に準ずるものとして通用するようなものでなければならない。ところが、先に現金を受けとってしまったことで、現金に換えることのできないビラが発生した。それが、ビラ全体の手形としての信用を失墜させてしまったのである。信用取引は、そのビラがいつか現金に換えられうるものであるという予感を共有する必要がある。それができなくなったときに、ビラは手形ではなく名前と金額を表示するだけの「紙切れ」となってしまったのである。

実は、この変化は町内にとって、大きなメリットであった。なぜなら、祭礼費用の決済は、シンノウまでにすべて終わらせなければならない。それまでにビラを現金に換えることができなければ、そのまま踏み倒されてしまう。もちろん、自発的におこなわれる寄付であるから、それを積極的に踏み倒すことはよほどの理由でもない限りはありえない。しかし、なにかのアクシデントで寄付を出した者に会えなかった場合や、町内側のミスで取りに行けなかった場合にも、シンノウを過ぎればビラは紙切れとなってしまった。そのような可能性が常に付きまとっている以上、先に現金が手元に届くことの安心感は大きなものである。

2　ビラによる決済の理由

では、そのような事情があるのにもかかわらずビラによる決済がおこなわれていたのは、どのような意図によるものだろうか。ビラの使用を現実的な線に沿って考えた場合、ひとつは、祭礼中に現金を持ち出さなくてよいというメリットがある。会計担当は山車の周りを動き回っており、必ずつかまるとは限らない。そこで、現金を会計から受けとって買い出しに行かなくて済むメリットがある。

だがそれは、支払いについてのみいえることである。ビラが現金で渡されようと、半紙の状態で渡されようと、それが現金と等しい価値を持つ以上、ぞんざいに扱うことはできない。しかも、受け取りが当役の手によらなければならず、最終的に会計担当の元に集められる点でも同様である。町内の側の手数は、半紙の状態であろうと、現金の状態であろうとそう変わらない。そうであるとするならば、別の方面から考える必要があるだろう。

たとえば、このような言葉が理解を助けるだろう。

［事例23　ふさわしいタイミング］

できるだけ現金は目の前で扱わない、そう教えられたわけだ。お金を出すと、お店とお客さんになりますよ、と。で、「おやじ」なんて言ってたのが、「お客様は神様です」なんていっちゃって。（Q、現金をできるだけ出さない、というのは、「お金が汚い」とか、そういうことからですか？）私らはね、お金がきたねえ、ってことは言わないの。それがなくては食えないし、商人の誇りもありますね。でも、やっぱり、「一万円ください」とはいえないこともあります。「じゃあ、また集金に来ますね」って言わないと。で、ちょうどそのタイミングで、決済をやるわけ。だから、お金を直接出してもいいときに、一気にやるの。（Q、いつでもいいってわけじゃない、ってことですかね？　それは、どういうわけでしょう？）お金をくれる人と、お金をもらう人の関係になったら、もう、続けられませんよ。やっぱり、人と人、家と家の関係がありますからね。だって、みんなお金はほしいわけだから（昭和一〇年〈一九三五〉生まれ）。

［事例24　「生々しい」現金］

金は、現金だと生々しいですよね。生々しいから、「ゲンナマ」っていうんじゃないですか（生年不明〈昭和二〇年代か〉）。

このような発言から理解できるのは、現金として現れる金銭は、「生々しい」という考え方である。だから、ふさわしいときにのみ扱う。だからこそ、祭礼のような場は特にその生々しさが避けられたのである。それについては、「金が汚い」というような感覚というよりは、忌避感情がつきまとうのと同時に、現金を得ることがどうしようもなく魅力的なものであるというアンビバレントな状況を重視すべきであろう。

現金を忌避していたのではなく、取引のタイミングを調整することで、それがもつ性質を、上手にコントロールしていた。そのことで、人間関係や家どうしの関係を潤滑に保とうとしていたのである。少なくとも建前上はそうなっていた。祭礼は現金を扱うのには「ふさわしくない」とされる場だったのである。

「ふさわしくない」はずの場に、現金取引が導入されるのには、様々な要因が存在していた。ひとつは、コンビニエンスストアやスーパーマーケットなど、必ずしも「ふさわしい／ふさわしくない」という考えを共有しないものとの共存を余儀なくされたことである。

また、町全体の経済が収縮したことで、町の商家のみを頼りにできなくなったということもある。たとえば、酒を買うことを考えた場合、定価販売を基本とする町の酒屋よりも、スーパーマーケットで買ったほうが安い。どれだけ金を使ってもダンナが金を出し、町内のものは一銭も出さずに済んだ時代ならまだしも、町内の支出は、町内のメンバーそれぞれにのしかかってくるものでもある。付き合いもあるため、祭り中に町の酒屋を一度ずつ使うことにしているが、その一回以外はコンビニエンスストアを使ってしまう、ということも実際にはあるようである。

ビラが手形としての役割を失いつつも、町の商家に限っては、現在でも、祭礼中の現金取引はあまり好まれないという事情がある。町内の会計は祭礼中、現金の入ったハンドバッグを持ち歩いているが、あえて「あそこの店はツケで」という指示を出したりもする。しかし、店の側から見れば、現金で即決のほうが都合が良いことも多いようだ。「売る—買う」関係も希薄化し、ツケ売りはすでに一般的ではないため、支払いを先延ばしにする取引形式を祭礼の時のみ実施していることも多い。

［事例25　仕方がない①］

現金で、その場で払ってくれるなら、そっちのほうがいいに決まってるんですよ。ツケだなんだって、特に、祭りの時なんかどこに何をいくつ出して、ツケ忘れることも多いんですよね。そしたら、こっちの責任だとね。（Q、支払いはやっぱり、シンノウの日にやっちゃうわけですよね？）そうですね。どたばたやって計算して、翌日に全部回収するわけだから、もう、せわしないったら。（中略）ヒーロー（ディスカウントストア）行ったら、町内の人も現金で払ってるの、知ってるわけですからね。でも、これはしょうないない（仕方がない）。祭りのときにその場で、はい、って手を出すのはやっぱりね。

［事例26　仕方がない②］

本当は、祭りの時ぐらいとも思うけど、商売にならないんじゃしょうがない（仕方がない）っていうのもあって、やめました。時代の流れだから。

などというように、すでにこのツケ払いは、商家にとって若干やっかいなものになっているようである。

二つの語りを比較してわかるように、両者では同様に「仕方がない（しょうない、しょうがない）」という表現が使われる。すなわち、ツケ払いをやめるには、「本当はふさわしくないが、仕方がないから現金で」という説明が必要となり、ツケ払いを続けるにも、「本当は現金で支払ってもらえる店があるのは知っているが、祭礼中だから仕方がない」という説明がおこなわれる。もうすでに、伝統的な商慣行を継続することも廃止することも、納得しにくいものとなってしまっているのである。

すなわち、ツケ払いをやめる場合には、「仕方がない」という説明が必要であるし、ツケ払いを続けるにしても、すでに全ての店がそれを守っているのではないことを知ってしまった以上、「ふさわしくない」というのは、弱い動機づけにしかならない。やはり「仕方がない」というような表現で続けられざるをえなくなってしまったのである。もはや、取りやめるにしても続けるにしても葛藤が生みだされることになってしまうのである。

3　ビラの意味の転換と「ふさわしくない」取引

ビラの意味が転換し、取引形態が変化することとは、祭礼の場に生々しい現金が入ってきてしまうということを意味する。仮に、形式的にはツケ払いと祭礼翌日の決済という伝統的な商慣行を続けることによって、取引から現金を排除することができたとしても、当事者たちが祭礼中の現金取引を可能性のひとつとして受け入れてしまっているということに違いないため、やはり現金取引の侵入への反応とみるべきであろう。

しかし、形態としての現金の侵入は、現金取引が「ふさわしくない」ものから「ふさわしい」ものになったことを意味するものではない。すなわち、本節で述べてきた変化の過程は、「ふさわしくない」場に現金取引が侵入することに他ならなかった。

その要因をみると、多くは外在的なものである。伝統的な社会が市場経済と無縁だったわけではないが、流通、消費をめぐる大きな変動や「消費社会」〔門田　二〇一〇〕への移行は、人びとの貨幣に対する構えを変えてしまいうるものだった。もちろん、町場の経済が収縮することや、スーパーマーケットやコンビニエンスストアなどの登場は、個々の店の対応や努力によってコントロールできるものではない。したがって当事者によるコントロールは、あくまでも限定的な可能性をもつ。そのため、伝統的な商慣行を続ける場合も廃止する場合も、スムーズにはいかなくなってしまった。

それゆえ、人びとはあくまでも「仕方がない」という言い訳にも似た説明を伴って、避けられるべきものを受け入れなければならなかったのである。

五　町をおおう伝統と社会関係のずれ

本章では、「売る—買う」関係、ダンナ衆、祭礼手形を中心とした決済方法という三つのトピックを題材として論じてきた。ここで、本章の事例について分析を加えたい。

1　「売る―買う」関係的なもの

本章でまず着目されるのは、地縁や血縁に対比される「売る―買う」関係の存在感である。この「売る―買う」関係が十全に機能していた時代について考えると、「売る―買う」関係が織りなす関係の網の目の中に、個々の店は組み込まれていて、それを資本として商業をおこない、また、社会関係を円滑に進めているとみなすことができる。経済活動によってつながりあう関係が、佐原という全体を作り出しているのである。

さらにそれは静的なものではなく、経営者の機転と転業・廃業などによって常に変動し、場合によってはつなぎかえられる動的なものであり、「売る―買う」関係は売り手買い手双方の積極的な働きかけによってはじめて可能となっていた。そのように蠕動のような様相を呈しつつ、全体を作り出していたのである。

ここでみられるような「売る―買う」関係を記述したことで、村落研究においてみられる地縁や血縁に基づく関係[15]とは異なった、経済的な要因の強い影響下にある関係の重要性を示すことができた。このような関係は民俗学においてこれまでほとんど検討されたことがなく、町場における個々の家や店の中で完結しないつながりであるという点で、町場の社会生活を理解するための枠組みとして鍛えていくことが可能だろう。

ところが、少なくとも佐原においては、そのような時代はすでに過去のものとなった。より大きな経済的変動の影響によって、「売る―買う」関係自体が希薄化し、それに代替するようにして地縁関係の強調がおこなわれた。商行為とそれに伴う家どうし・店どうしの濃い関係という組み合わせは、すでに成立しなくなってしまったのである。

そのような形になれば、売り手と買い手の距離が離れ、合理化された店と顧客の関係へと変化するというのが、常識的な範囲での予想である。

しかし、佐原においてはそうならなかった。売り手と買い手の関係は、ねじれたつながりとなったのである。「売る―買う」関係的なものが、継続されている状況は、これを端的に示している。「商売の形は変わってしまったが、商売とは関係なく客との親密な付き合いを続けている」というのは、経済的な利益よりも道徳的な面を重視しているということである。ただ単に合理的に利益を追求しようとした場合には、季節の進物や支払い猶予などの伝統的な商慣行を続けることは、必ずしも重要ではない。あえて商売とは関係のない機会に顧客の家を訪れ、進物を渡し、商売の話をせずに帰ってきたとしても、商売上の効果はほとんど期待できないのである。それを続けたからといって、すべての需要を町の商家で満たすような時代ではなくなっている。

では、それでも伝統的な商慣行を続けるのは、なぜだろうか。かつての「売る―買う」関係が十全に機能していた時代について静態的に理解するならば、このように説明することも可能だろう。それはすなわち、伝統的な商慣行によって売り手と買い手の関係がつながり、それが商売上有利に働くという効能をもって関係の網の目を形成していく。入れ替わりの激しい町場の秩序を維持するための、地縁血縁に代わる秩序のひとつとして、「売る―買う」関係が機能しているのだ、という説明である。この説明で理解しようとすれば、伝統的で道徳的な面を重視して社会的な欲求に従うことと、商売を円滑に進めることはある程度一致していて、そのような「経営戦略」としての伝統的商慣行を見出すことができる。

しかし、上に述べたような状況を考えれば、そのような説明がすぐに破綻することは明らかである。なぜなら、もはや伝統的商慣行と直接的な社会関係はほとんど関係がなくなっているのに、それでもなお継続される伝統的な商慣行がそこにあるからである。これを、彼らの主体的な「意志」の問題に収斂させて捉えることにも困難がある。少なくとも、私が触れた佐原の商人たちは、商売上あまり効果がないようにみえるこのような商慣行について、満足していないような口ぶりで語った。

この問いについては、当面、二つの方向からの説明が可能である。一つは、短期的には不利益なように見えるが、それでも長期的には儲けが出るのだという説明である。もう一方は、「心から続けたいわけではないが、世間はこれを求めているためそうせざるを得ない」のだという説明である。前者については、度々述べているとおりかつての形式においては成り立つ説明であるが、「それでもなお」継続される場合の説明としては不十分である。そのため、この事例においては、後者のほうをより蓋然性が高い解釈であるとしておきたい。

2　ダンナ衆の衰退と代替する論理

三節で検討したダンナ衆についての事例は、社会的欲求と現実の社会関係が必ずしも一致しないような事例について、より明確に示している。

佐原の各町内における若連、当役、古役が大正期から昭和戦後期にかけて徐々に明確化し、年齢組織として成立していったことを明らかにした。その背景には、それまで権威をもっていたダンナといわれる人びとが、生産・流通の変化によって経営の縮小を余儀なくされ、社会階層の変動が生じたということがあった。単純化して述べるならば、佐原における年齢組織の成立と展開は、ダンナという富裕層の動向を如実に反映したものであり、社会階層にもとづく秩序から、年齢組織による秩序への転換として理解することができるだろう。

ここで重要なのは、それがまた同時に、ダンナという意思統率の中心を失ってしまったことに対する、町内の人びとによる対処として理解することができるということである。すなわち、政治的なイデオロギーとの呼応としてではなく、地域経済に対応する人びとの視点から年齢組織の成立を理解するということである。もちろん、そこにある国民国家の存在は無視できない。ダンナの苦境をもたらしたものは、殖産興業を目指す近代日本の政策の影響による近代工場制や陸上交通網の整備であり、戦後の「民主化」の名のもとに実施された農地改革であった(16)。

だが、それを前提としつつもなお強調しておきたいのは、佐原における年齢組織を生みだしたものは、ダンナのいなくなった社会を運営していかなければならないという、地域社会の内部的な欲求であったといえることである。その欲求が、佐原という町の構成に変化を与えたのである。

ダンナ衆はほとんどが没落し、社会関係全体はダンナがいなくても成り立つような種類のものへと変化した。すなわち、ダンナがダンナらしく振る舞うことをせずとも、町がスムーズに動いていくような仕組みとして、年齢組織が成立したのである。

ところがダンナの家業が収縮したときに、ダンナの商売がうまくいかなくなったからといって、他の多数の商人たちと同じような振る舞いをすることができないところに、議論の重要な糸口が潜んでいると思われる。たとえば、事例20や事例21で示した経営破綻へと至ったダンナのエピソードは、すでにかつての経済力を失ってしまった老舗商家の置かれた苦境を端的に表わしている。仮に十分な経済的余裕がなかったとしても、ダンナはそれを悟られないような形での対応を演じなければならないのである。具体的な例で示すならば、町内の寄付は見栄を張って一番大きい額を払わなければならない。しかし、実際、世間はダンナの経済状態についてある程度知っているのである。だからこそ、本当に必要とあれば、ダンナを抜きにして山車を売ってしまったりする。

このような状況は、社会的欲求(もしくはそのように想像されるもの)と現実の社会関係の間にずれが生じやすいことを示している。これは明らかに、社会関係が政治経済的な状況と連動して変動しやすいのに反して、それを支える道徳や人びととの「こうあってほしい」という欲求が変化しにくいことに起因するものである。

これも前の項で述べた「「売る—買う」関係的なもの」が継続されることと同様、「世間はこれを求めているためそうせざるを得ない」という面がある。だが、事例21における「痩せても枯れてもっていう気持ちもありますから」あるいは、「問屋なんかお金取りに来ると、「おい、いないって言っとけ」なんて居留守を使ったことなんかもあったよな、正直言って。それが商人の意地ですよね」というような表現をみる限り、必ずしも世間の「欲求」とさえ言えないような行動指針を見出すことができる。「痩せても枯れても」「商人の意地」を貫くという指針は、何か外側から与えられる欲求というよりは、もはや「商人の美学」としかいえないような行動規範だといえる。

3　紙切れになったビラと「ふさわしくない」現金取引

四節では、「ビラ」と呼ばれる紙の意味づけの変化を中心に、人びとの貨幣や取引に関する考え方について検討した。ここでも、コンビニエンスストアやスーパーマーケットなどの出店や、それとも同期する現金取引の重要性の増大という外部的な条件の変化によって、「ビラ」を介した祭礼中の取引が成立しなくなるという形式上の変化と、それと関連する人びとのものの考え方や道徳などの関係について理解した。

戦後のダンナのふるまいに見えた「美学」というようなことでいうならば、「ビラ」の利用の変化から見える貨幣観や商業観は、「世間はこれを求めているためそうせざるを得ない」というような社会的欲求と、「美学」のようなものと関連があるといえる。「商人の誇り」（事例23）や現金の「生々しさ」（事例24）への言及に見られるように、これも前項で述べたような、外側から与えられるような欲求というよりは、「美学」のようなものである。

かつて、祭礼中にビラによる取引がおこなわれていたのは、祭礼というのは現金取引にふさわしくない場であり、そのようなふさわしくない場において現金取引をおこなうべきではないという考え方にもとづいたものだった。

しかし、貨幣／市場経済をめぐる状況はその考え方にもとづいた行動を困難なものとさせてしまった。だから、事例26で示したように、「本当は、祭りの時ぐらいとも思うけど、商売にならないんじゃしょうがないっていうのもあって、やめました」「時代の流れだから」といいながら、祭礼中のツケ払いを廃止することにしたのである。ところが、困難ではあっても、やはり祭礼が現金取引に「ふさわしくない」のは変わらないと考えるか、あるいはそうふるまうべきだと考えるから、祭礼中の取引は矛盾を残したものとなってしまったのである。

ここの事例においては、「仕方がない」という表現に着目しておきたい。先述の通り、事例25と事例26では、二人の口から「仕方がない（しょうない、しょうがない）」という表現が登場するが、それは正反対の行為について使われている表現である。

たとえば、事例25の語り手が、「現金で、その場で払ってくれるなら、そっちのほうがいいに決まってるんですよ」と明快に述べたように、彼は現金の「生々しさ」や祭礼の場における忌避という考えを、すでに内面化させてはいない。むしろ、本当は積極的に現金取引を導入したいのだという考えを披瀝している。彼は、儀礼の場における現金をめぐる価値判断を内面化することもできず、かといってそこから自由になることもできずにいることを「しょうない」と表現したのである。

すでに述べたように後者の事例26では、ツケ払いを廃止するのに、「時代の流れだから」「しょうがない」という説明をしている。一方で、あえてツケ払いを続けるにしても、必ずしもすべての店においてそれが守られていないことを知ってしまった以上、「ふさわしくない」という説明は、動機としては弱いといわざるをえない。結局、「仕方がない」という表現を伴って、ツケ払いが続けられることになってしまった。取りやめる場合も続ける場合も葛藤が生みだされるようになってしまったのである。

ビラの意味が転換した結果として、取引の形態が変化するということは、すなわち祭礼の場に生々しい現金が入ってきてしまうことである。たとえツケ払いと祭礼翌日の決済からなる伝統的な商慣行を形式的に続けることで取引から現金を排除するにしても、祭礼中の現金取引を当事者たちが可能性のひとつとして受け入れてしまっている以上、現金取引の侵入に対する反応とみなさなければならない。

だが、取引形態の変化は、現金取引が「ふさわしくない」ものから「ふさわしい」ものになったことを意味するものではなく、「ふさわしくない」場に現金取引が侵入することだった。その要因をみると、多くは外在的なもので、流通、消費をめぐる大きな変動や消費社会への移行などの影響が強く見られた。そのような外在的な要因に対して、当事者によるコントロールは、あくまでも限定的な可能性しか持つことができない。そのため、伝統的な商慣行を続ける場合も廃止する場合も、スムーズにはいかないのである。

おわりに

本章の分析から、以下のことを示すことができた。

「売る—買う」関係、ダンナ衆、祭礼時の商取引という三つのトピックすべてにおいて、特に近現代の文脈における大きな変化を扱った。そのような変動の中で、伝統のもつ社会的拘束性と、経済合理性の間を揺れ動く商人たちは、どのような姿を見せていただろうか。

三つに共通する前提として述べるべきなのは、伝統を生かし、伝統に沿って動くということと、「経済合理的」に動くという二つのありかたが、必ずしも正反対のものとして設定されるべきではないということである。言い換えるならば、伝統に従って商売をすることが、合理的な商売のあり方と重なる可能性があるということである。

歴史的に長期間にわたって商売を続けてきた店においては、基本的には信用取引を中心とした取引形態を選択することが多い。その場合には、次のような仕組みで、「伝統的」であろうとすることと、「経済合理的」であろうとすることが、一致するということが往々にしてあるのである。

伝統的な商慣行を続けることは、基本的には売り手と買い手の関係を長期的に継続していくことである。固定客の維持に特化して商売をすることは、短期的な視点からみれば、新規顧客の開拓を難しくするという点で不利であるが、長期的な視点からみれば商売上有利に働くという理解が成り立つ。これは、積極的な経営戦略として読むことができる。また、売り手と買い手の関係を、「友達」「兄弟」に擬されるような関係として「翻訳」していくことで、容易に損得の問題に流れやすい「取引」「商売」が持つよそよそしさを覆い隠す試みであるともいうことができる。これはいわば、商売の無機質さを、道徳や社会規範に沿った形に変換していくことである。

あくまでも商売は商売なのであって、それが町の他の人びとから利益を引き出す行為であることについては、皆が知っているのである。だからこそ、あえて戦略的に、伝統に沿って行動することと「経済合理的」であることを、一致させるような形式を作り上げてきたのだともいえる。

しかし、すべてのパターンにおいて両者が一致しているとは限らない。二つが完全に無邪気に調和している状況を所与のものとすることはできないのである。当然、その両者が完全に一致しないような場合が問題となる。

もちろん、かつて二つの方向が完全に一致した調和的な社会があったわけではないが、特に昭和初期以降の変化は、二つの関係を居心地の悪いものとさせてしまったようである。このことが示しているのは、外形としての社会関係に比して、伝統が道徳や社会規範のような形で及ぼす力が根強く、変化しにくいということである。だからこそ、「売る―買う」関係的なものは現在でも求められるし、元ダンナはダンナとしてのふるまいをせざるをえないようなことがある。また、ビラが「紙切れ」となってしまったあとに、祭礼中のツケ取引が（続けるにしても取りやめるにしても）葛藤を生み出してしまうようになったのである。

「売る―買う」関係やツケ払いによる取引を続けているような店の多くは「老舗」と呼ばれるような店で、過去から変わらずにそのような形態での商売を続けてきていること、そしてそれが大なり小なり商売の成功に寄与してきたことについて自覚的である。すなわち、彼らの戦略は、基本的には過去を参照することで意識されているといえる。伝統的であることが自覚されているということは、その「変わらなさ」が自覚されているということであるため、自ずと変化しにくいものとなってしまうのである。それがほとんど意味のないことであると知りつつ、「売る―買う」関係のような形式の商売を続けることは、倒錯しているようにもみえるけれども、続けられざるをえないのである。

さらに、道徳や社会規範と私がいっているようなものは、当然明文化されたものではなく、何かしらの制裁を伴ったものでもない。誰かが口に出して求めてくるものでもない。だから、「こうすべき」「仕方がない」などという表現を伴っておこなわれる「伝統的」な商行為やその他のふるまいも、具体的な制裁を伴うような形において示されるようなものではない。つまりそれは、「実体」としての「社会」の欲求であるというよりはむしろ、それぞれの商人が大いに読み込んで選ばれたものなのである。このような形で、伝統は、道徳や社会規範という形式をとって、拘束性を発揮している。

注

（1）私は、昭和五九年（一九八四）に佐原に生まれ、平成一四年（二〇〇二）に大学入学のため茨城県つくば市に転居するまでの一八年間を佐原で過ごした。また、両親や親族はいまだに佐原に在住している。いわばネイティヴによるエスノグラフィーの試みでもあり、おのずと本書の他のふたつの調査地とはフィールドワークの進め方等において異なっている部分が多い。調査以前から築いてきた人間関係を活用することは度々あったし、なにより地域についてすでにある程度の知識がある状況からの調査研究となったため、その視点にもバイアスがかかっているだろう。たとえば、佐原の誰でも知っているような事柄を相対化して考えることよりも、そうではない事柄（佐原の人びとが知らない、あるいは忘れていること）に調査・分析の中心が置かれているのはそのためである。

(2) 香取市役所「香取市ウェブサイト」(http://www.city.katori.lg.jp) 二〇一〇年八月二七日閲覧。

(3) たとえば、銚子のヤマサ醬油は大正四年（一九一五）から立て続けに六棟の鉄筋コンクリート造りの蔵を建設している[林・天野編 二〇〇五]。

(4) 清宮良造提供の本上川岸区の「諸事記憶録」には、明治二九年（一八九六）の各町内の家数が記されている。それによると、本上川岸一七戸、本川岸五五戸、船戸四二戸、浜宿七〇戸、仁井宿四五戸、荒久三五戸、八日市場九〇戸、下仲町四〇戸、橋本（本橋本）一八戸、上仲町五〇戸、田宿五〇戸、寺宿七〇戸である。現在は仁井宿や荒久、寺宿などが新興住宅化しており、急激に戸数が増えている一方、戸数が当時と比べて減少している町内もある。

(5) 私も連れて行ってもらえるよう西田に頼んでみたのだが、危険であるとの理由で断られたため、西田の自宅に留まることになった。

(6) たとえば、家業からみるならば、同業者組織（仲間、組合）は町内の範囲とは無関係であったし、婚礼や葬儀は職人たちによる「出入り—ダンナ場」関係が担っていた。争いの調停や地震・火事・洪水などの状況においても、近世のうちから専門職である仕事師（鳶）がその対応をしてきた。

(7) 現状における軒数などで決められているのではなく、近世において町内の経済状態に応じて決められた割合が、幾度かの微調整のみを経て現在に至っているため、必ずしも実際の経済状態に適合してはいない。具体的には、戸数でいうならば三〇倍近い開きがあるのにもかかわらず、負担割合はもっとも小さな町内で四・一〇%の負担、もっとも大きな町内で一四・九一%の負担と、三倍程度の差しかない状況になっている。

（8）佐原の祭礼における年番制度の歴史的な変遷および神輿渡御と山車巡行の関係など、祭礼全体の歴史的変遷については、すでに多くの研究蓄積がある［千葉県佐原市教育委員会編　二〇〇一、飯塚　二〇〇五、宇野　二〇〇五ａｂ、小笠原　二〇〇五］。

（9）以下、年齢組織については本川岸の例を中心に述べ、適宜、他の町内の情報を補っている。

（10）参考までに、町内所有の史料として管見の限りもっとも充実している下分町の「永代記録帳」のもっとも古い時期である嘉永年間あたりの項目をみると、「御役所江用向幷ニ惣町用向懸リ」「町内曽所留主居世話役幷ニ飯食等諸雑費ニ帳合方」「屋臺掛リ警固諸事取締方」「若者取慎世話方」「子供宰領幷ニ拍子木役兼」「子供宰領幷ニ蠟燭渡シ方」「諸事使番」「屋臺警固幷ニ笠鉾宰領兼」「町々取持挨拶方」「祭時掛リ幷ニ町々取持方兼」など、現在ならば幹事、カシラ連中、当役がしている仕事のほぼすべてが網羅されているが、毎年、名前が変わり、今の年齢階梯的なものとは異質なものである。

（11）たとえば、戦前期の醬油醸造地視察の報告のなかでは、屋号「与倉屋」の菅井家について以下のように書かれる。「菅井氏は佐原の富豪にて醬油業はその小作を始末する為め初めたるものらしく、従って之れを一つの企業として重用視せざるが如く」（「房総醬醸地視察報告」［千葉県史料研究財団編　二〇〇一］）。

（12）たとえば、上中宿の彫刻を手がけた立川録三郎は、嘉永年間に二〇人の工人を連れて三年間佐原に住み込んで仕上げた。その際に、町内のダンナがすべての費用を負担した（町内伝）。仲川岸の彫刻も同様で、町内のダンナである兜善（八木家）が彫刻師後藤直政とその工人の面倒を三年間にわたってすべてみたといわれる。

（13）食事や酒が足りないような場合は、場がしらけるといって、あまり歓迎されない事態だとされる。

（14）祭礼時の寄付については、「ハナ」や「お花代」などと呼ばれることが多い。なお、佐原の周辺の祭礼では、佐原同様に「ビラ」と呼んでいる場合も多い。

（15）このような関係を、福田アジオは地縁・血縁ではなく、「近隣」「系譜」という語で表現しており［福田　一九六七］、近隣と系譜からムラを捉えるというのは、日本民俗学における村落研究の基本的な枠組みのひとつとなっている。

（16）本書において扱っている祭礼においても、近代以降、皇祖系の人形や楠木正成をはじめとした南朝系の武人を飾り物として選択したこと、大典や皇室関係の祝賀行事として山車を曳きまわす慣行があることなど、そのような政治の力を見出すことができる。また、年齢組織が厳密には「年齢」ではなく「学年」にもとづいて構成されることなど、必ずしも無視することができない政治的な力は、佐原の随所に及ぶ。そのため、本書の論点は、「あえて」それ以外を強調することにあるということをここでは確認しておきたい。

第二章　新たな「経営」の芽生えと葛藤

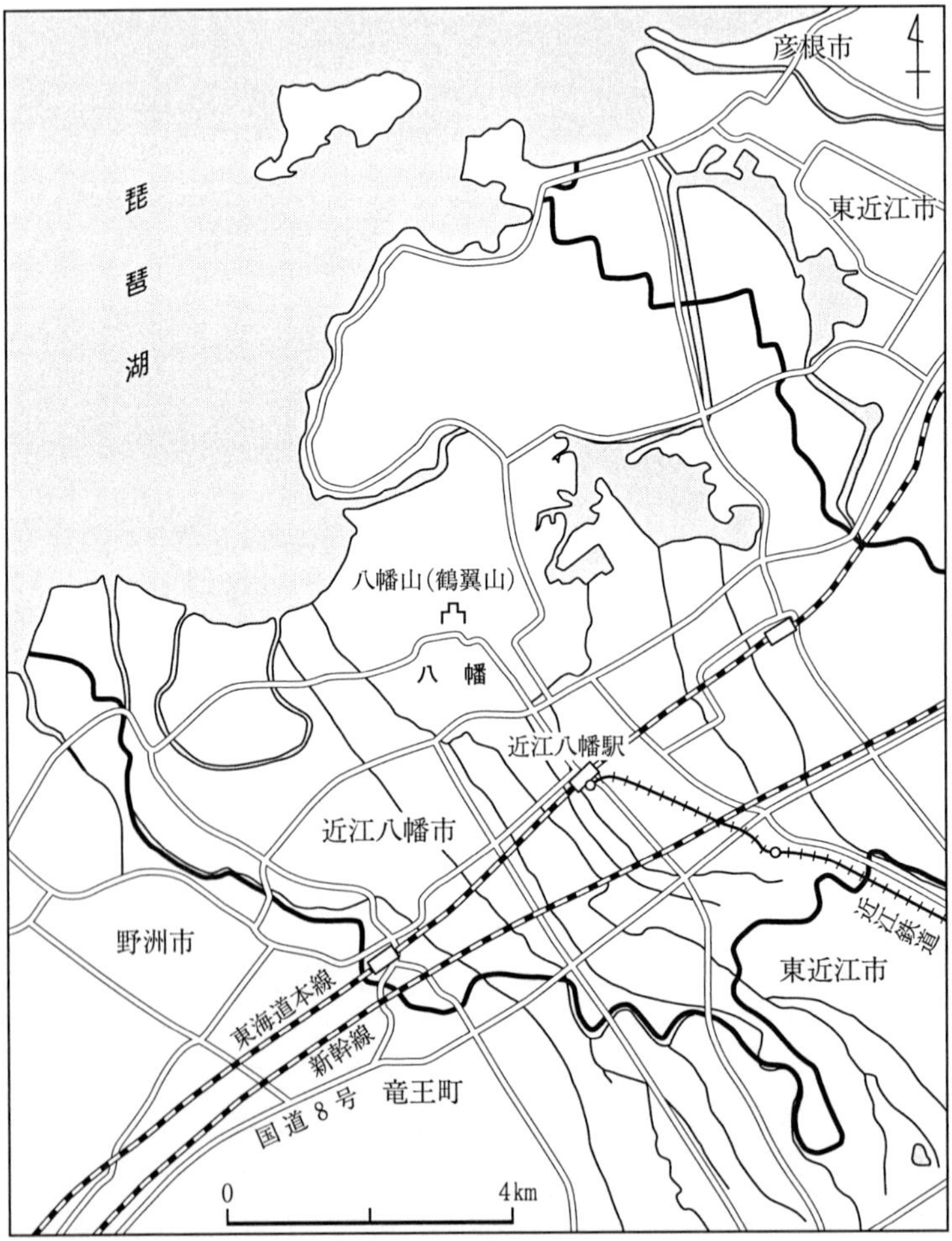

八幡周辺地図（『角川日本地名大辞典25　滋賀県』より作図）

はじめに

八幡は、近世以来現在まで、江戸（東京）、京都、大坂（大阪）の三都や全国の地方都市、北海道など広域な範囲で家業を展開する「近江商人」を多数輩出してきており、全国規模に広がる移動性とネットワークをもつ彼らは、家（店）ごとの独立性が非常に強い。経営の規模も、個々の家（店）ごとの特徴が目立つ。本章ではおもに家ごとの家業の継承の実態および、それらの近現代における動向に着目して老舗の伝統、商人の「揺れかた」について理解したい。

一　「近江商人」の輩出と近代的経営

1　八幡の現在

本章は、滋賀県近江八幡市八幡地区の商家を中心とした家業経営者に対する調査をもとに書かれたものである。調査期間は、平成二〇年（二〇〇八）三月から平成二二年（二〇一〇）三月の計八ヵ月である。

近江八幡市は、琵琶湖の湖東地域に位置し、近世において八幡町とよばれた商工業者の集住地域とその周辺農村部を中心としている。本章では、現地の通称にしたがって当該フィールドを「八幡」と呼ぶ。

近江八幡市は、平成二一年（二〇〇九）一〇月現在、人口六万八二四六人、世帯数二万五五〇三戸を数える。対象地域である八幡の人口は、三八七七人（世帯数一五二〇戸）である。事業所の数でいうと、近江八幡市内の総事業所は平成一八年（二〇〇六）一〇月現在、二八三七事業所で、八幡単独での事業所数は統計データがないため不明であるが、八幡校区（近江八幡市成立時点での旧八幡町域を指す）全体での事業所数は平成一八年（二〇〇六）一〇月現在八六八事業所であり、うち、もっとも多いのが卸売・小売業の二七四事業所、次いで多いのがサービス業の一八一事業所となっている。(1)

八幡は、さらに細かく町内に分かれる。これらの町内は、住所表記上の大字であるのと同時に、祭礼や行事の単位ともなっている。各町内の人口には大きなばらつきがあり、もっとも人口の多い町内である宮内町が三七三人（一五五世帯）、最も少ない西畳屋町が九人（六世帯）となっている。全体としては六〇人、二〇世帯弱の町内が多い。

近江八幡市全体でいえばここ三〇年ほどの人口はほぼ横這いであるが、それは、京都・大阪など大都市圏への通勤者人口が人口減少を食い止めているという面が強く、本章のフィールドである八幡においては人口の空洞化が進んでいる。旧市街地である八幡の人口減少と周辺地域（特に近江八幡駅付近）の人口増加のバランスが取れているため、人口減少がさまたげられているという状況である。近代以降、ほとんどすべての町内において人口の減少がみられ、明治以降の八幡町はあまり振るっていない。

周辺地域の鉄道の開通は明治二二年（一八八九）と早く、東海道本線の全通と同時に近江八幡駅（開設当時は八幡駅）の利用は開始された。現在でも特急および新快速の停車駅となっており、京都・大阪への通勤を容易にさせている。ただし、近江八幡駅は旧市街地を避けるように周辺農村部である鷹飼村（現在の近江八幡市鷹飼町）に作られており、以後の開発は駅周辺部を中心としている。八幡から駅までは徒歩だと三〇〜四〇分程度を要するため、急激な開発を経験することなく今に至る。このような状況からすでに実質的な町の中心地は、旧市街地である八幡地区ではなく駅周辺部に移動しており、「官庁街通り」と呼ばれる通りに、市役所、警察署、税務署、商工会議所、文化会館、市民病院が並んでいる。

近江八幡市は近江商人の里としての歴史的町並みを生かした観光産業に積極的に力を入れているところであり、八幡の一部は平成三年（一九九一）に重要伝統的建造物群保存地区の指定を受けている。

以下、本章の分析の前提として重要となる、町の歴史的展開について振り返っておこう。

2　近江商人の町八幡の歴史的展開

城下町八幡

八幡は、全国的にみてもまれな歴史深度を持つ町場である。その成立は、天正一三年（一五八五）のことである。同年、豊臣秀吉の甥で、後継者と目されていた豊臣秀次は八幡山に城を築き、その山麓に城下町である八幡を建設した。

その前史として、天正四年（一五七六）の、織田信長による安土城および安土城下町の建設がある。現在の近江八幡市安土地区にその城下町の区域はあったが、信長は家臣団に集住を強制し、家臣団集住地に接して広い町屋地区を作る計画的な町割りをおこなった。家臣の一部が城下に散在して居住しており、武士と町人の未分化状態が存続していた安土の城下町は、流通史の分野からは中世から近世への過渡期の都市であったとみなされている［石井　二〇〇三］。信長は「楽市・楽座」を中心とした重商政策をとっており、全国の商人たちが安土を目指して集まってきた。安土城は天正一〇年（一五八二）、いわゆる本能寺の変の直後、何らかの原因によって焼失、廃城となったとされている。

安土城が焼失し城下町が廃されたのちに、城下の人びとが移住したのが八幡の町であった。そのため、八幡の城下町は成立の段階においては安土から移動してきた商工業者が中心となっていた。

八幡の城下町形成は先述のとおり天正一三年（一五八五）のことであったが、その城下町の都市計画は安土のものをさらに洗練させたものだった。現在でも琵琶湖から引き入れられた八幡堀が残っているが、これは、武家と町人の居住地区を明確に分けるためのものだった。八幡山の頂上に城を築き、八幡堀を挟んで内側に武家屋敷地区を、外側に町屋地区を設置した。商人の集住地である町屋地区の街区は碁盤目状に整然と区画された。この町割は現在まで引き継がれており、長浜・伏見・大坂と並んで、豊臣秀吉が計画した城下町の特徴をなしている［近江八幡市史編纂委員会編　二〇〇四］。八幡城下町の形成は、近世的城下町の誕生を意味しており、同様の形態の城下町が豊臣政権の全国制覇に対応して全国各地に広がっていった。

八幡は近世的城下町のひとつの完成形ではあったが、その城下町としての機能は、一〇年しか続かなかった。秀吉の後継者として養子に迎えられ、関白の地位も譲られた秀次であったが、秀吉に実子秀頼が生まれて以降は次第に疎まれ、ついには失脚してしまう。文禄四年（一五九五）に秀次は出家を余儀なくされ、同年に切腹する。秀次の失脚と同時に八幡山城は破却され、城下町としての八幡はその終焉を迎えた。

だが、近世城下町の範となるほどの機能性をもち、永年利用を前提とした八幡の都市計画は、街路・下水・上水道などの都市基盤においてすぐれていたため［近江八幡市史編纂委員会編　二〇〇四］、その後も八幡商人が本拠地を置く在郷町として繁栄する。

八幡町は江戸幕府成立後には天領となったが、町民から選出される「惣年寄」に町方の支配が委ねられていた。惣年寄の歴任者には、西川利右衛門、伴伝兵衛、伴庄右衛門、市田清兵衛など、近江商人として名をなした者の名があがっており［近江八幡市役所　一九四〇（一九六九）］、旧家というだけではなく、財力などの面で実力をもった者がその任にあたったことがわかる。

近世の八幡町と八幡商人

八幡は、日野、五個荘とならんで近江商人の主要輩出地として有名である。そのため特に経済史の分野で研究蓄積が多いが、ここではそれらの先行研究をたよりに、八幡商人の特徴に注意しつつ、商業都市としての八幡の展開をおさえておきたい。

八幡商人を含んだ近江商人の特徴について、経済史研究の末永國紀は在地性を維持した広域志向性をあげている。上方の商品を地方へ行商する「持下り商内」、卸売型行商、奉公人制度としての登り制度、多岐にわたる営業種目、多店舗展開とその統轄のための乗合商内・支配人制度・複式簿記帳合法などは、すべてその広域志向性に基づくものだという［末永 一九九七］。

末永があげる近江商人の特徴すべてが八幡商人にあてはまるとはいえないが、近江以外の商人と比較して、八幡の商人は事業が拡大すると出店（支店）を出すことが多かった。数字の上では、ほとんどの商家が八幡の本店のみの商いをしており、遠隔地に出店をもったのは一部にすぎなかった。しかし、八幡において大店と呼ばれるような商家はほとんどすべてが三都を中心とした遠隔地に出店をもっていたため[2]、八幡商人の特徴として、大都市を中心とした遠隔地での商業があげられるのである[3]。

近世初頭における鎖国体制の完成以前は、安南屋西村太郎右衛門のようにベトナム方面を中心とした海外貿易に携わる者もいたが、特に八幡商人が目立ったのは、蝦夷地の漁場経営と、江戸日本橋における支店経営においてであった。

北海道の漁場経営については、松前屋岡田弥三右衛門家や住吉屋西川伝右衛門家の北海道における場所請負が知られている［上村　一九八五・一九八六・二〇〇〇］。たとえば岡田家は古平・小樽内を中心として、一〇ヵ所以上におよぶ場所を請け負っていたことがわかっており［上村　一九八六］、その経営規模は、全国屈指の商家といってよいほどである。

一方、江戸の出店については、日本橋通に集中していた。蚊帳・畳表の販売を主としており、それらは琵琶湖畔の物産であった。八幡や周辺農村で家内制手工業の形で製造されたものを、江戸に運び販売したのである。

日本橋北側の室町付近には三井越後屋をはじめとした伊勢商人が、南側の日本橋通には近江商人が出店したが、もっとも日本橋に近い通一丁目には、八幡商人の出店が並んでいた。江戸の中心街である日本橋付近が商業都市として完成したのは元和・寛永頃（一六一五〜一六四三）とされているが、西川甚五郎家が日本橋通一丁目に出店「つまみ店」を出店したのは元和元年（一六一五）のことであり［西川四〇〇年社史編纂委員会編　一九六六］、江戸城下の成立の最初期より八幡商人が江戸で商売をおこなっていたことがわかる。

日本橋の八幡商人の数は、元禄一三年（一七〇〇）に最大の一五人を数えたが［近江八幡市役所　一九四〇（一九六九）］、浮沈の激しい商家のことであり、近世を通じて日本橋の出店を維持できたのは西川甚五郎家、伴庄右衛門家、伴伝兵衛家、西川利右衛門家、西川庄六家、森五郎兵衛家など、少数にすぎない。

このように、八幡出身の「近江商人」は、松前や日本橋を中心として遠隔地商業で繁栄をみせた。一方、八幡にとどまり八幡を中心として商売をおこなった一連の商家がある。八幡で商売をする商人たちについては、寛政四年（一七九二）の段階で一九の株仲間が認可され、その直後には一六の仲間が加わり三五になっていることからも、近世における八幡の商業都市としての繁栄を読み取ることができる。(4)

明治以降の八幡商人

しかし、八幡に限らず、明治以降における経済の変化は商工業者にとって非常にシビアな問題となった。実際、近世において栄華をきわめた商人のなかにも、明治以降急速に勢いを失い、そのまま倒産に至った者も多い。しかし、それぞれの商家について詳細に跡づけてみると、大名貸しの焦げ付きや幕府・藩の後ろ盾がなくなったことなど、幕末維新期に特有の事由によって倒産した商家は意外と少ないことがわかる。

松前で漁場経営をした八幡商人である岡田弥三右衛門家は、幕末から明治初年頃にかけて、北海道方面での漁場経営を縮小する一方で、北海道での土地経営、鹿児島に支店を設けての呉服太物の商売などをした。小樽に移転した本店においても漁業・呉服・汽船・農場・鉱山の各部門に分かれた他業種経営へと移行した［上村　一九八六］。そのようななかで明治三四年（一九〇一）の倒産を迎えたのであるから、必ずしも明治維新をすべての原因として考えるべきではない。むしろ、事業拡大の結果、収益性の高くない方面への投資がかさんだことが倒産の要因のひとつとして挙げられるように［上村　一九八六］、試行錯誤しつつも、期待した結果が得られなかったのである。

岡田家同様、松前での漁場経営をおこなった住吉屋西川伝右衛門家は、明治三〇年代に一度、事実上倒産している［上村　一九八五］。これも、明治維新の動乱が原因であるというよりは、やはり明治期を通じて徐々に進んだ産業と流通の変化への対応のなかで、思うような成果や収益が得られなかったとみるべきである(5)。

一方で、明治から大正にかけて経営の拡大を進め、全国有数の商人となったような例もある。山形屋西川甚五郎、扇叶森五郎兵衛、大文字屋西川庄六、扇屋伴伝兵衛などは、いずれも大正一三年（一九二四）には国税総額が一万円を超える富豪となっていた(6)。

近代以降の変化がもたらした影響として、江戸、京都、大坂に出店を持ったような大店が、本店機能を大都市へと移したことも特筆すべきである。山形屋西川甚五郎家（西川産業株式会社）、大文字屋西川庄六家（メルクロス株式会社）

などはいずれも近世から明治初頭においては八幡に本店を置き、当主は八幡の本店に住んだ。奉公人も番頭・支配人を含めて本店と出店に交代で勤める形式をとっていた。それが近代以降徐々に本店機能を大都市へと移動し、大正から昭和初期頃の間には家族も含めて東京に移り住んでいった(7)。

現在でも八幡の邸宅は自らのものとして管理しており、年に数度は当主一家が本宅に帰っている場合も多い。西川甚五郎家は八幡の本宅を「西川甚五郎本店」としており、大文字屋西川庄六家も、扇子小売の一部を八幡の本宅においておこなっている。だが、それぞれが経営する会社の本社は東京日本橋にあり、会社の機能としては八幡の本宅はほとんど形式化してしまっている。会社経営に直接携わる経営者一家が八幡に戻ることができるのは、多くても年に数日であり、それ以外の日は「留守宅」とならざるをえない。また、商売上の都合から大都市に移り住んで、そのまま本宅を手放す場合も少なくない。

このように、住まいとしての機能は残しつつ、商いの部分を外に出してしまっているため、在郷町としての機能は弱まりつつあるのが現状だといわざるをえない。

老舗の残った近江八幡

ところで特筆すべきは、割合でいうならば少数派に属するにせよ、近世を通じて生きながらえ、場合によっては現在まで八幡に残っている家が多いことである。しかも、ただ八幡に住んでいるのではなく、現在まで自営で家業を続けている商家が多い。

八幡町成立時点から現在まで商売を続けてきたような商家は一部となっているが、それでも一〇代以上を経たような歴史を持つ商家はかなり多い。これは、一見、近世の展開でみたような、近代以降の大店の倒産や移転と矛盾するようである。実際には近世に創業を求めることができるような老舗は八幡のなかでも少数ではあるが(8)、それでも一般的な老舗の割合よりはかなり高いといえる。

たとえば、創業三〇〇年を超える肥料店で聞き書き中に、「うちはまだ新しくて三〇〇年です。八幡には、うちより古い店がたくさんありますわ」という言葉を聞いた。実際はこの肥料店よりも創業年代が古い店がたくさんあるわけではないが、以上で見てきたような商家のうち、西川産業株式会社（西川甚五郎家）、メルクロス株式会社（西川庄六家）、たねや（山本家）、株式会社ダイゴ（川端家）などは、いずれも安土桃山時代、もしくは近世前期を創業年代としている。他にも、八幡山城築城とともに商売を始めたといわれる店が残っているから、創業以来三〇〇年以上経過しているような店も珍しくはないのである。

商家同族団

八幡における商家の社会関係の特徴として、商家同族団というものがある。とりわけ八幡では、大規模な商家同族団が複数形成されてきた。分家および別家（奉公人分家）が本家を中心として組織化され、家同士の序列をつくるばかりでなく、経営体としての結びつきをもっていた。

商家同族団が形成・維持される前提として、独特の奉公人の登用・昇進をめぐる制度があった。これらは近世において形成され、昭和戦前期まで持続されたものである。これら商家同族団および奉公人制度は、経営の大規模化・業種の多様化に合わせて醸成されてきたものであり、近代以降の産業・流通の大きな変化に対しても、ある程度対応が可能なものであった。近世に創業し現在まで商売を続けている「老舗」と呼ばれている商家にはかつて、商家同族団を構成していたか、その一部に組み込まれていた家が多く含まれている。

二　老舗の経営と町の構成

本節ではまず、八幡における特定の商家に焦点を絞り、家業継承や家例・家訓・年中行事のありかたを通じて、家業経営や家業継承における伝統の位置づけについて理解することで、八幡の人びとの基本的な姿勢を理解することを目指す。加えて、八幡の商家の社会関係の特徴でもある商家同族団の概略についても触れたい。

1　町の家業

支店を持つ「近江商人」と八幡で商売をする商人

先述のとおり、八幡の商人には資本規模が大きく、他国商いをおこなったいわゆる「近江商人」がいて、現在でも八幡に本拠を置いている場合もある。昭和一五年（一九四〇）に執筆された『滋賀県八幡町史』〔近江八幡市役所　一九四〇（一九六九）〕の時点で挙げられている、町外に支店を持つ商人は一一人である。多いのは東京、大阪、京都であるが、その他、地方都市にも出店している。大日本帝国が大陸に進出しようとしていた時期のことでもあり、朝鮮半島や中国に支店を持つ者もいた。

八幡の外で商売をおこなった商家は数の上では少数であるが、出店を持った商家は八幡に別家を多く出していたから、町のなかでこれらの商家と関係を持つ家は多数あった。特に、独立した家業をもたず、大きな店に勤めていた通勤者が、すでに近世に存在していたことは特筆すべきことである。

とはいえ、実際に数からみれば、支店等を持たずに八幡で商売をする商家が多く、業種は多岐にわたっていた。(9)現在でも目立つのは菓子屋である。大規模な経営をおこない、商家同族団の中心をなす家の者は、三都の豪商などと同様、茶道なども嗜んだ。八幡には速水流の茶道が入っており、豪商の本宅では度々茶会が催された[10]。茶道には菓子がつきものであるため、上菓子屋も含め、各種の菓子屋が揃っていた。上菓子屋、饅頭屋、団子屋、餅屋などがあり、それぞれは別の商売だった。大正頃までは、店ごとに「餅饅頭屋」「引菓子屋」「砂糖掛物屋」など名乗分けていたほど、専門に特化した商売がおこなわれていたようである。現在、八幡で最大の菓子屋となっている「たねや」[11]は、饅頭屋として商売を始めている。また、小川家の和た与[12]（玉木町）は、文久三年（一八六三）に羊羹の店として創業している。

2 伝統的家業と町―中村四郎兵衛家を中心に―

八幡は多様な業種を抱える町場であるため、そのすべてを概括することは困難である。以降では、中村四郎兵衛家という特定の商家を取り上げ、家業の歴史や、町とのつながりについて述べることで、町の社会関係を理解したい。中村四郎兵衛家は、大規模な商家から独立する形で商家同族団の一部をなし、現在は八幡のなかでのみ商売を続けているが、かつては八幡の外に支店をもった経験がある[13]。

中村四郎兵衛家の家史

扇四を屋号とする中村四郎兵衛家は、享保五年（一七二〇）創業ということになっている。だが、実のところ、その創業年代は確かなものではない。

［事例1　定かではない創業］

享保五年創業と言うてんねんけども、それが正しいかどうかもわからんのやわ。初代が亡くならはったのは、たぶん享保の一五年頃やったと思うんや。一五年か一九年かそのくらいやわ。初代が亡くなってはんのは。そやから五年創業としとけば間違いないやろと。本当はもう少し古いかもわからん。そうしとけば間違いないやろっちゅうことで、享保五年ということで言うとるわけや。

五個荘（現在の東近江市五個荘地区）で生まれた初代四郎兵衛は、大きな商家同族団を形成している最大クラスの商家に丁稚に出ている。初代四郎兵衛が亡くなった年代から推測して享保五年というのが、その創業年代とされている。丁稚に出た商家は、蚊帳、畳表、麻布などを商う「扇屋」という屋号の店だった。別家を許された際には、現在の場所に、呉服太物商として創業している。八幡では商家が別家を出すときには、本家とは異なる商売をおこなう場合が多い。扇四も、本家とは異なる呉服を扱う店で別家をしている。扇屋では、別家を出す際には、屋号に「扇屋」をもらい、そこに一字（多くは当主の名前）をつけて屋号とすることになっていた。それ以降、代々「扇四」の屋号と「中村四郎兵衛」の名前を継ぎ、現在の当主（昭和一三年〈一九三八〉生まれ）は九代目の中村四郎兵衛である。[14]現当主の中村四郎兵衛は、かつて「勉」という名前だったが、平成八年（一九九六）に戸籍の名前も変更しているため四郎兵衛が本名となっている。現在、戸籍名を変更する手続きは容易ではないが、それでも名乗りへの関心は高い。

［事例2　戸籍名の変更①］

日本の法律では、自分の名前を変えるというのは、簡単に変えられへんねん。で、芝居の役者やなんか、芸名襲名したりしはるなあ。あれはあくまでも芸名であって、本名は変わってないわけや。で、僕の場合は、裁判所に申請して、これこれこういう理由で名前を変えたいということで申請して、で、裁判官がいろいろ調べはるわけや。これは変えたらんといかんなあと思うてくれはったら、これを承認してくれはるわけや。で、名前が変えられるわけや。戸籍謄本出したり。でも、認めてくれはったから。だから、僕の戸籍簿はもう、四郎兵衛に。勉というのは抹消された。

［事例3　戸籍名の変更②］

結局、難しいいうこと言われてたから。市役所行って、うちのとれる限りの戸籍を出してくれ、言うて、何代か前のものまで出してもろうて。そして、家系図を持っていって説明したわけや。そして、今なぜ変えんねんという。まあ、今、商売するのに四郎兵衛やなかったら商売がしにくいんですよていうた。名刺があるから、その名刺を見せて。それは昔の名前の名刺や。店名って、この扇四ていう店名は、扇屋四郎兵衛の扇と四郎兵衛の四を取って扇四という店名をつけてんねやから、四郎兵衛という名前は必要なんですわ、という説明をして。

自主的に選んだ襲名ではあるが、不都合や葛藤がなかったわけではない。「四郎兵衛」という、近世に由来のある古い名前は、格調がある反面、珍妙なものだと思われてしまうような場面もある。

［事例4　珍しい名前］

そしてまず、四郎兵衛という名前そのものが、今、時代にそぐわん名前やわなあ。でー、今の若い人に四郎兵衛ていう名前にせえ、言うたら抵抗感じるわけや。まあ、昔は五郎左衛門であるとか、そういう難しい名前もいろいろあったさかいに、そんなもんやったけども、今の人は嫌がらはるわなあ。僕でも今、たとえば病院に行くと、看護婦さん名前呼ばはるわなあ。たいがい看護婦さんが名前呼ばはるのを、名字と、次に名字と名前を続けて呼ばはるのを、「中村さーん、中村四郎兵衛さーん」て言わはるわ。すると、みんな見はるやろ。恥ずかしいわ。

［事例5　襲名への迷い］

ほんまは正直、迷たんやわ。でも、もし僕が今継がへんかったら、今日まで続いてきた四郎兵衛いう名前は、もう永遠に消えてしまういうて、やっぱりこれは継ぐべきやなあと。でー、これ、裁判所へ申請してもなかなかこれは難しいちゅうことを聞いてたから。認めてもらうのは。僕は、それが簡単やったんやわ。裁判官と話したの五分くらいやわ。じゃあ、認めましょ、なって。もーう、気の抜けたようなって。時代がそういう時代やったんかわからん。昔のものを大事にしようゆう、ちょうどそういう時代になってきたいうときやったんかもわからん。「ほんまは正直、迷たんやわ」と言いつつ、四郎兵衛を襲名した。勉はただ「伝統だから」「慣習だから」ということで名前を襲名しているのではない。彼は「襲名しない」という選択肢が現実的にありうることを知りつつ、襲名することを選んだのである。

扇四は、現在まで変わらず呉服店をしているが、転業を経験せずに現在まで家業を続けている店は珍しい。

［事例6　九代続いた理由］

僕で九代目やねん。で、八幡でもっともっと古いうち、たくさんあるわけや。十何代という旧宅がいくらでもあるわけや。ところが、同じ商売で九代続いてきたというのは、少ない。珍しいというのか。（Q、じゃあもう、九代ずっと呉服を？）うん。で、どうして……こう、九代も、考えてみたら気の遠なるような話、今年で二八八年〈聞き取りは平成二〇年〈二〇〇八〉七月〉、どうしてこんなに長いこと続いてきたのやろと。たとえばもし、三代目とか、六代目とか、それ以前の人がものすごいやり手で、大きい商売したら、次継ぐものがそれだけの裁量がなかったら、引き継げへんわけや。だいたい、世間はそう言うねや。三代続くのは大変なんやと。三代目でもってつぶれるいうのは、よく言われることや。で、どうしてこんなに九代も続いてきたのかなぁ、と。僕の親父といつも話しておった。「うちの先祖はみんな甲斐性がなかったんやなあ」と。

謙遜で語られた言葉ではあるが、たしかに扇四では三代目の頃に、京都と大坂に支店を出している。[15] しかし、「両方ともうまいことといかんかった」ために、引き上げてしまったのである。

戦前までは、丁稚、番頭の奉公人がいた。それが独立して呉服屋を始めたという例もあったが、現在ではすべて廃業している。分家も出したが、現在まで商売を続けているのは、本家の扇四のみである。一時期は、京都、大阪をはじめ広い商圏をもったが、現在の商圏は近江八幡市内、竜王町、野洲市など、近隣が中心である。

もとは、四郎兵衛を名乗る者が当主であった。たとえば、先々代（七代目）の四郎兵衛は明治初期の生まれだが、幼名を豊三郎といった。その後、四郎兵衛を襲名し、その後、引退とともに四郎兵衛の名前を息子（八代目）に譲った。八代目が四郎兵衛を名乗ったのは、二九歳のときであった。八代目に家業の経営を譲った七代目は、豊を名乗った。八代目は、亡くなるまで四郎兵衛を名乗ったから、事実上は九代目が商売の中心となってからも、名前の継承はおこなわなかった。

現当主の九代目は、昭和三二年（一九五七）に高校を卒業してから商売の手伝いを始め、昭和五〇年代頃から徐々に、中心となって商売をするようになった。八代目は昭和六二年（一九八七）に病気で倒れるまで、経理の形で商売には携わっていたから、経営の譲渡はゆるやかにおこなわれたといえる。

八幡では当主が襲名するような場合、披露宴をおこなうことが多い。商家にとっての代替わりは大事件で、町の人びとや得意先に対してアピールすることは重要なことになるからだ。だが、八代目と九代目の四郎兵衛はそれをしなかった。

［事例7　襲名披露］

普通そういう時には披露したりしはんねやけども、僕はそういうことをするのは嫌いやから、何にもしてない。店の売り出しはしたけどな。襲名披露という売り出しはしたけど。人をまみえてパーティーをするとかというようなことはやってない。（中略）（Q、そういうのも、立派にやる時にはそれこそパーティーみたいなのをやるところもあるのはあるんですか？）まあ、それはひとつの、世間にアピールするいいチャンスやわな。普通に考えたら。友達からももう、いろいろ、発起人になってやったるさかいに、いうて、よう言われたねけども、断ったん。うちの親父が襲名した時も、それは戦争中であったというのもあるけども、何にもせえへんかったな。ただの戸籍を変えたというだけで、儀式らしいものはなんにもやらんかったな。

町との関係でいうと、中村四郎兵衛家は、代々寺の総代に就くことになっている。中村四郎兵衛家は、浄土真宗本願寺派の八幡別院(16)の門徒となっている。いつから継続しているかは不明であるが、少なくとも、祖父の代からは寺の総代をしている。

その他にも、町の役職は町内会長、自治会長、各種委員会長等があるが、それらを歴任してきた。かつては、町内の世話役などは代々継承していたが、町内会の形になってからは任期制になった。町内の役は商家がこれらを担うのだが、特に、メインストリート沿いに店を構えており、店の歴史も長いため、中村四郎兵衛はこのような役職にあたることが多い。

商家の年中行事

町場における年中行事は、町全体でおこなう行事よりは、各家、各店で催すものが中心となり、しかもそれらは家ごとに家例にしたがう。そのため、どの商家でも他ではないような行事をいくつも抱えている。

とはいえ、一般的にどの商家でもしているような行事もある。八幡は浄土真宗の門徒が卓越するいわゆる真宗地域であって、仏教関係の行事にはかなり熱心であり、寺の関係には金を使う傾向にある。浄土真宗の地域なので、報恩講はだいたいどの商家でも住職を招いておこなう。また、先祖の月命日の月参りについても、ほとんどすべての商家で毎月おこなう。ただし、商家において独特なのは、先代の命日の他に、創業者について月参りをおこなう点である。

場合によっては「中興の祖」ともいうべき、代々当主のなかで家や店にとって重要な功績のあった者の命日も別途勤めるから、その回数は多くなる。[17]

その他、小売の店ならば、ほとんどの場合、エビス講の売り出しをおこなう。扇四では、ごく最近まで一一月にエビス講の売り出しをしていた。とはいえ、扇四では、毎年必ずやるような行事は少ない。それについて、四郎兵衛はこのように語る。

［事例8　質素な年中行事］

たとえばね、京都の冷泉家[18]なんかもう、次から次からもう。これはどういうことなのかって、まあ、これひとつ、わしもわからんけども、質素倹約ということの、そういうことなんとちゃうかなあ。そういうこと、やればやるほど大層になるわなあ。とにかくもう、質素にしとこうということの表れと違うやろか。

扇四では、それでも毎年おこなう行事がいくつもある。まず、元旦[19]は、膳の内容が決まっている。必ず元旦にはサンマの一夜干しを供える。そして、それを元日の昼に食す。扇四は八幡のなかでも経済的に成功した商家であったから、その経済的な状況に比して非常に質素な正月である。

［事例9　元旦の儀礼］

質素倹約というところから、無駄というというのはちょっと適当じゃないかもしれないけども、お金を使わんとこうという、そういうふうな考え方なんかなあ。昔は正月元旦のお膳には、よう鯛を飾ったり、お膳に鯛をのせたり。それを（中略）安い魚、干した魚をお膳に飾る。うちの女房、結婚して初めての正月、びっくりしよった。その後、元旦のお昼にそれをおかずに、焼いて食べるわけや。（中略）さんまや。さんまの一夜干し。軽く干したやつやなあ。それを元旦のお膳につけた。世間にいうと、みんなびっくりしはる。

また、おそらく明治以降のことと考えられるが、扇四では毎月末に「サンジュッ」というのをしている。これは、いわゆる棚卸しのことであるが、棚卸しはその後の宴会とセットになっていた。サンジュッの夜は必ずすき焼きを食したという。そのため、「サンジュッ」といえば、棚卸しのことであるのと同時に、すき焼きの宴のことも指していた。当家も奉公人も質素な食事を日頃とっていたため、サンジュッは心待ちにされるような日であった。

なお、扇四・中村四郎兵衛の経営状況について知ることができるオフィシャルなデータはあまり多くないが、明治四三年（一九一〇）の竹内則三郎編『滋賀県資産家一覧表』（興信会）によると、[20]所得金額は約一五〇〇円となっている。これは、同年の記録では、上位二六位の所得額である。

家例として、年中行事ではないが当家と奉公人がともに、五代目が書いた家訓を毎朝唱和するというのも、丁稚が多く勤めていた戦前頃まではしていた。

［事例10　家訓］

これは五代目が書いたやつや。これや（紙を出す）。「我が友人一老商に」[21]というところからずっと始まって、これに書かれてることの内容というのは、質素倹約につとめなさいと。そして、勤勉にがんばらないかんと。それからお得意さんを大切にしないかんと、こう、いろいろ書いてあんねけども、質素倹約にせよというのともうひとつ、人間誰でもせやねけど、調子のええ時と悪い時とあるわなあ。でー、調子の悪い時は、こらあ、当然気張るわけや。ところがええときには、おごりが出てくる。で、ええときにこそ、おごることのないように、勤勉にがんばらないかんということが書いてあるわけや。

家訓の内容は明らかに、故事にもとづく儒教的な精神に支えられた家訓であり、質素倹約と勤勉が強調されている。少数ながらも扇四・中村家では、家例としての年中行事をこなしている。一方で、支店を複数持ったような大店の場合、一家・奉公人に課せられた行事は多かった。

町の年中行事

以下では、商家が町との関わりでおこなう行事について触れる。商家と町の関わりでいうと、年中行事が最初に思いつくが、実のところ町全体が関わるような年中行事は、三月半ばの土日におこなわれる左義長祭りのみである。左義長祭りは、近世においては一月半ばにおこなわれていた小正月の火祭りであるが、明治八年（一八七五）以降、三月の開催となっている。

左義長祭りは二日間の日程でおこなわれる。各町内が大きな松明（「台」とよばれる）に、「ダシ」（図3）と呼ばれる作り物[22]をくくりつけ、担いで町を練り歩く。ダシは、現在は町内有志の手作りで、食品（鰹節、スルメなど）を用いて作成される。意匠は自由であるが、多くの場合、その年の干支にちなんだダシが作成される。左義長を担ぐのは若い衆たちで、担ぐ男性は女装や化粧をし、異形にふんする習慣がある。

図3　左義長のダシ

祭礼のための組織はいたってシンプルで、役職としては、町内の代表をつとめる「総神役」と、若い衆の代表である「年長」（もしくは副総神役）という役職にそれぞれ一名ずつが就任する。その他、「接待長」という、祭り中の飲食の取り仕切り役がいるが、これは前年の総神役が就任することになっている。その他、各町内が会計役として一人置いている。役職の就任年齢は各町内で区々だが、多くの場合、総神役が四〇歳代半ば、年長が三〇歳代半ばである。若い衆を抜ける年齢が決まっているわけではないが、ある程度自分の体力との兼ね合いで、体がつらいようになったら、担がなくなるという。

左義長祭りの華やかな部分として、「ケンカ」といわれるものがある。ケンカは、以下のようにおこなわれる。左義長が町を練り歩いているうちに他町内の左義長とすれ違うことがある。そのときに、先導をしている両町内の総神役、年長が歩み寄り、ケンカをするかどうかを話し合う。ケンカをしないことになればそのまますれ違うことになるのだが、両町内でケンカをすることにまとまると、左義長を担ぐ棒同士でぶつかり合う。両者が引くまでぶつけ合い、場合によっては若い衆同士の直接的な暴力に発展することもある。町全体が荒々しく変わる二日間なのである。

祭礼の最後には、日牟礼八幡宮の境内に各町が左義長を持ち寄り、境内でダシとともに火をつける。火がつけられると町内の者は名残を惜しむように、左義長が燃えているあいだずっと、周りを囲んで踊り続ける。

祭礼中にかかる金額は、各町で総額一二〇万円程度である。実際に調査が許された宮内町の例だと、九〇万円前後が町内の各戸からの寄付で、町内の会計から二五万円が支出される。うち、ダシ制作には平成二一年（二〇〇九）の場合、二七万円がかかっている。

なお、この左義長祭りも、昭和戦前期までは商家の当主というよりは、奉公人などを中心におこなわれたようである。費用は商家の経営者から出たが、実際に担いだのは、そこの奉公人であった。比較的体力勝負ともいえ、暴力的な部分の多い左義長祭りは、茶や文芸に親しんだような商家の主人が参加するようなものではなかった。扇四に限らず、各商家には一〇名程度の奉公人がいる場合も多かったから、そのような者たちのみで左義長を担ぐことができたのである。

少なくとも各商家が奉公人を多数抱えていた時期において、左義長祭りは奉公人たちのための娯楽としての要素が強かったようである。現在、どこの町内でも人手不足に直面し、町内の外から多くの若者を呼んでくることでかろうじて担ぎ手を確保している。その原因は、ひとつには旧市街に住み続ける家の戸数が減少したことや、若者の町外流出などもあるが、それに加えて、以下で触れる住み込み奉公人数の減少を指摘できるだろう。

それ以外に、町全体が関わることではないが、各町内ごとに、七月から八月にかけて地蔵盆の百万遍行事（通称は「数珠繰り」）をおこなう。おもに八幡の東側、一般に東町とよばれている地域は七月二三日前後、西町と呼ばれている西側の地域では八月一五日前後におこなう。多くの場合、町の会議所に町内の者が集い、勤行の後に数珠繰りをおこなう。この地蔵盆の行事は、各町内における親睦の意味合いが強い。

八幡の商家が地縁の組織にもとづいておこなう行事は以上に尽きる。あとは先述のように、家例や店則にもとづいておこなう行事を中心としている。

3　商家同族団の構成

以上で、八幡における商家の歴史・生活と町との関わりについて、扇四・中村四郎兵衛家を中心に概略を述べたが、ここでは、八幡の町を特徴づける存在である商家同族団について、より詳細にふれておきたい。

商家の経営規模が大きくなると、ひとつの家では家業を支えることができなくなり、分家や別家（奉公人分家）を含んだ同族団全体で、経営体を維持する形態をとるようになる。詳細は以下に述べるが、分家や別家の出しかたによっては、経営体自体を分割することもあるため、同族によってひとつの経営体を維持するという形態をもつ「同族経営」とは、重なりつつも異なるものであるということを確認しておきたい。むしろ、研究史的にはコンツェルンや財閥に先行する形態として近世の商家同族団が理解されてきたという経緯がある［有賀　一九四三（一九六六）、中野　一九六四〕。また、一般に八幡商人は、「本家」「同族」「別家」というカテゴリーをもっていて、血縁の分家・又分家と非血縁の別家を明確に分けて「同族」の語を使う傾向があり、中野卓が意図したような、別家もすべて含みこんだものとしての商家「同族団」とは異なる意味をもっている。そのため、ここでいう商家同族団は、中野が提示した分析概念として限定的に扱う。

まず、典型的な商家同族団といえる家結合の形態が、現在において相当弱まっていることを述べなければならない。商家同族団が基本的には奉公人制度・別家制度にもとづくものであったため、それらの制度が解体した戦後以降、商家同族団の同族団としての結束は急激に弱まった。現在でも商家同族団を形成してきた家々の関係が完全に切れたわけではないが、少なくともそれ以前の商家同族団とは異なるものであるといわざるをえない。

商家同族団とは何か

現在でも同族団に連なった家々を八幡のなかで確認できるのは、「扇屋」「大文字屋」「山形屋」「松前屋」の同族団である。そのうち、本家がいまだに八幡に本宅をもっているのは「大文字屋」と「山形屋」のみである。「扇屋」「松前屋」は、いずれも本家から別家で独立した家のみが残っている。本家が八幡を離れたり、商売をやめてしまったりすると、おのずと商家同族団の結合は弱いものとなる。

昭和一六年（一九四一）までのことを中心に述べると、商家同族団は、本家を中心に、その分家と、奉公人の分家である外別家、内別家からなる。そして本家、分家、外別家のそれぞれには家族員の他に、多数の奉公人がいる。それらが「団」と呼べるだけのまとまりをもったときに、商家同族団が成立するのである。多くの場合は、「〇〇屋」の屋号を共有する。ただし、大文字屋や山形屋が江戸の出店では「近江屋」を名乗ったり、松前屋が松前の支店では「恵美須屋」を名乗ったりするなど、状況は複雑である。(23)また、近代以降、大規模な商家同族団は会社の制度を整えていくにしたがって、屋号というよりは社名が重視されるようになってくる。

商家同族団の詳細な構成は以下のとおりである。まず、本家は当主夫妻とその子女からなる。本家は、それぞれの店の本店と居住をひとつにしていた。しかし、建物の構造は奉公人や内別家が仕事をする「店」と、本家が居住する「奥」として分けられており、その間には床につくほど長い暖簾がかけられていた。

基本的に、ここにあげているような商家同族団の場合は、男子が所帯を持つときに、分家が創設されてきた。分家の扱いは、同族団ごとに若干異なるが、ほとんどの場合は、資本上はかなり独立性の高い別の店を持たされることが多い。たとえば、大文字屋西川家では、本家西川利右衛門の二代目の子が分家独立したのが、西川庄六家である。この場合は、本家と分家は大文字屋という同じ屋号を名乗っているが、店が本店と支店の関係にあるわけではない。扱う商品が重なることはあったが、西川利右衛門が蚊帳・畳表を中心に商った一方、西川庄六は砂糖や綿花などにも力を入れていた。

屋号が同じであるとはいえ、それぞれが別の名前で呼ばれることもあった。たとえば、西川庄六は、「大文字屋」であるが、別に「棒大（ボウダイ）」という呼び方がある。扇屋についても、まれではあるが、本家を「地紙一（ジガミイチ）」と呼び、分家の伴伝兵衛家を「地紙蛇の目（ジガミジャノメ）」と呼ぶこともあった。また別に、先述のように出店における「店名前」もあったから、その関係は複雑であり、実際には町の人びとや当事者たちも明確に使い分けてはいない。そのため、西川庄六家は、八幡では「大文字屋」「ボウダイ」「庄六」などと呼ばれるし、扇屋の本家の伴庄右衛門家は、「扇屋」「ジガミイチ」「伴庄」などと呼ばれる。

別家は本家や分家への奉公人による分家で、外別家と内別家がいる。外別家は、一定年齢まで勤め上げた奉公人が、開店資金等を与えられて独立した別家で、これは独立した経営体となる。分家と同様、屋号は本家と同じものを名乗るが、経営上は独立している。外別家が出る時点で、多くの同族団において遵守されるのは「本店の商売を侵さない」ということであって、本家とは異なる商売を始めることが義務づけられる。森五郎兵衛家は、伴家の別家にあたるが、本家が蚊帳・畳表を商ったのに対して、麻布・真綿を扱っている。

内別家は、外別家と同様、本家や分家に勤めた奉公人が、独立したものである。内別家も独自で家屋を所有するが、本家へ出勤する形をとる。住まいは八幡に持ちながら、東京（江戸）・大阪（大坂）・京都などの出店と、八幡の本店に交代で出勤した。本店は直接商いをするというよりは、それぞれの出店の経営管理をおもな業務としていて、本店勤務は事務仕事のみであった。内別家の者たちは、出店に出ると店の支配人や番頭の統括者として店の経営を任された。明治中頃までは、本家の当主が各店の経営を直接おこなうことはなかったから、各店の経営は別家たちによっておこなわれていたといってよい。そして、本店勤務中の別家たちが最終の経理をおこない、調整済みの決算書を「奥」に見せるのである。内別家の者たちは年俸を受けとっており、八幡の人びとの表現にしたがえば、「サラリーマン」のような生活実態であった。ただし、戦後間もなく西川庄六の店に勤めた植田清という元社員(24)が、内別家として独立した先輩をみていた限りだと、「サラリーマン」とはいっても今の感覚でいえば支社長や役員であって、別家衆は戦後、社の役員待遇となったという。別家には、本家からの別家、分家からの別家、別家からの別家などがある。別家があることによって、商家同族団は横に拡大していくようになっていた。

本家・分家・別家

ここで、本家・分家・別家相互の関係について述べたい。これら商家同族団の本家ともなると、基本的には商売にかかわらず、その報告を受ける程度であった。先述の植田が西川庄六商店に入社した戦後の段階では、まだその名残があって、当主（社長）は経営にまったく触れないということではなかったが、営業会議では一言も発言しなかったという。

西川庄六家の例でいうならば、明治四年（一八七一）生まれの八代目が壮年期の一時期、東京に住んだが、本格的に東京住まいをするようになったのは、明治三五年（一九〇二）生まれの九代目以降のことであった。それ以前の当主は、東京の店に行ったことすらないのが普通であった。各当主は今でも八幡に本籍を残しているが、数代さかのぼれば住まいも八幡であったのが普通であった。当主やその子息は終身八幡にいたのだが、祭りなどの町内付き合いに本家の当主が参加することなどはなく、別家衆が参加していた。

町への関わりとして注目されるのは、戦前の八幡町長のほとんどが、八幡の外に出店を持った大規模な商家の当主であったことである。(25) また、八幡銀行という銀行が明治一四年（一八八一）に設立されているが、その頭取西川貞二郎（住吉屋西川伝右衛門家）をはじめ、取締役には西川甚五郎や森五郎兵衛など大きな八幡商人が名を連ねた。(26) そのような町の役職や公共性の高い立場につきながら、本宅では学芸や諸道にいそしんだ。朱子学、和歌、仏教、俳句、茶道、陶芸、琵琶、日本画、蹴鞠などをそれぞれ家元や師匠に師事した。(27) このような状況であるから、別家以前の奉公人にとって、主人は雲の上のような存在であったというし［西川　一九八八］、通勤の別家衆からしても、簡単に話しかけられるような存在ではなかったという。

分家については、別家とは厳然と分けられていて、本家により近い存在であった。全国的にみた場合、商家において優秀な番頭などの奉公人を、跡取りとして取り立てるという習慣があったといわれているが［中埜　一九七六］、八幡における奉公人や通勤別家と本家の関係でいうならば、そのようなことがあったとは考えにくい。少なくとも調査の範囲では、実子がない場合に養子に入るのはみずからの分家か、下位の分家の息子のみで、婿養子の場合も、分家や下位の分家から取るか、もしくは同規模の商家から迎えていた。(28)

たとえば、先述の上田清や江南良三によると、西川庄六家の場合、五代目庄六の弟は本家の養子となって一〇代目利右衛門となった。五代目庄六の子である六代目庄六には子がいなかったため、利右衛門の分家で、庄六家よりは下位にあたる西川徳蔵家の三代目から嗣子を迎えた。九代目庄六は先代の後妻の弟で、長浜の大きな織物商である大塚家から入家している［江南　一九九〇］。

なお、八幡においては伝統的に、本家や上位の分家に跡継ぎのない場合には、絶家させてでも養子に出すという強い規範があった(29)。

別家については先述のとおりであるが、外別家となると基本的には独立経営であるため、同族としての関係が主従関係をなすというよりは、正月と盆に挨拶をする程度の儀礼的なものとなり、しかも世代を経ると、家業そのものを分けているためか、関係も薄くなった。しかし、外別家は本家の商売を侵さない範囲で関連の業種を選ぶ傾向にあったし、不動産の売買などで絶えず関連を持ち続けた。ただし、同じ土地に店を持つ八幡商人同士は同じ一統であるかどうかにかかわらず連携していたため、それがどの程度、商家同族団としての結びつきによるものかは判別がつきにくい。

なお、本家と分家・別家の関係は、本家を中心に盛り立てるという宿命があるようにみえるが、商売の状況によって変化をきたしうる。たとえば、森五郎兵衛は伴伝兵衛の別家であるが、伴家と同等か、それを凌ぐほどの商売をしていた時期があるし、同様に近代以降の西川庄六家は、商売のうえでは本家の西川利右衛門家を超える盛況であった。そのような状況のなかでは、本家が必ずしも優先されない。

奉公人制度・別家制度

それぞれの店は、昭和一五年（一九四〇）から翌年にかけて店を法人化するまで、別家制度によって従業員を養成していた。その奉公人の具体的な状況について述べたい(30)。なお、実際に別家制度時代に奉公をした者で存命者はいないため、西川庄六家から出た最後の別家である西川長次の回想録をもとにしたい［西川　一九八八］。

別家制度の最晩期においては、おおむね、一三～一四歳頃から奉公に上がったという。多くは別家や出入りの紹介などで近隣の農村の次三男が奉公に上がった(31)。明治の前半頃には七～八歳くらいから奉公に上がる者もいた(32)。

奉公に上がってすぐの段階は、「子供」と呼ばれ、八幡の本宅（本店）に住み込み、別家衆の指導のもと、読み書き算術を学習した。間接的な聞き取りによれば、明治期にはすでに複式簿記の帳簿が導入されていたから、実務に必要なだけの知識をすべてここで得ることはできなかった。

西川長次の回想によれば、実際には、「子供」の時期は掃除や使い走り、寺参りのお伴などをするのが生活の中心であったという。それでも、夕方から三時間は丁稚も机に向かい、高等科の学課と算盤を毎日習ったという。西川長次は、大正三年（一九一四）に一三歳で丁稚に入っているが、一年間は八幡の本宅で基礎的な店員教育を受けた。一年間本宅で勤めると、「丁稚」として各支店に送られ、長次は東京の店に勤めることになった。当時は先述のとおり、通勤別家の者たちが出店と八幡を「参勤交代」していたから、本店に勤めている者たちが相談して勤め先を決め、別家が出店に戻るときに丁稚を引率したという［西川　一九八八］。

長次が日本橋の店に赴任したときは、勤務中の別家、番頭、手代、丁稚をあわせて四〇名ほどが住み込みで勤務していた。その他に人夫が四～五人いた。丁稚は四～五人いて、その最古参の者が丁稚頭になったという。なお、出店には女性の奉公人はひとりもおらず、台所一切も含めて、女人禁制であった(33)。食事についてはいわゆる「権助」(34)がおり、当時すぐ近所にあった魚河岸から材料を仕入れて、全員分の食事を作っていた。

東京の出店に出て一年ほど雑用をした後に、ようやく店の業務に関わることができた。西川庄六の店では、砂糖、綿、蚊帳を扱っていたが、原反で届けられた蚊帳を注文のサイズに裁断する手伝いをしたり、荷造りしたもののうち車力に頼らなくていいような小さいものを、秋葉原駅、新橋駅まで配達したりした。

給与は奉公人のうちは無給であった。衣類は仕着せで、食事も配給であったが、長次は小遣いに困って親から三〜五円送ってもらったことがあるという。その他、正月、四月、七月、一〇月に、店から一円が支給された。

東京に行って四、五年が経過すると、「初上り（ハツノボリ）」といって二〇日間の休暇をもらい、郷里へと帰った。この初上りがすんで東京に帰ると、丁稚から手代格になり、はじめて担当部門が決められる。長次は砂糖部門に入った。手代としての仕事に慣れると、次は得意先回りの仕事を任せられる。また手代で四、五年勤め上げると、「なか上り（ナカノボリ）」という長期休暇で郷里に帰る。それが済むと、番頭となるのである。番頭としてまた五年ほど勤めると、別家となることが許された。長次の時代にはすでに外別家を出すことがほとんどなくなっていたから、長次も内別家として独立した。

長次が別家を許されたのは昭和一〇年（一九三五）であったが、それと同時に二五〇〇円が与えられている。しかし、それが直接渡されるというよりは、この額を本家に預け、その利子を毎年受けとる、ボーナスのようなものであったようだ。また、この二五〇〇円から、新宅を構え、嫁をとる費用も出した。別家になると、毎年の給料をもらうことができた。

新宅が完成し、別家する際には儀礼をおこなった。愛宕山の御符をはじめ、各種の神符、神器類と、酒、赤飯などのほか、家訓を分けられた。この家訓は「先義後利栄　好富施其徳」と書かれている。[35] それらを分け与えられたうえで、本家の釜の火を受けとって新宅で火をつけ、本家の井戸の水を、新宅の井戸に入れた。その火と水で茶を沸かし、それではじめて別家になったのである。別家になると、本宅と出店に一年ごとに交代で出勤したため、出店に通勤中は単身赴任となった。

なお、ここで確認しておかなければならないのは、西川長次のように別家まで許されたのはほんの一部で、八割以上の者が途中で脱落して郷里に帰ってしまったということである。また、別家とはいっても完全に生活は本家の家業に依存したものとなっており、大きな商家ともなると、奉公人は家成員というよりは、従業員に近いものとなる。

なお、店員が出店で死亡することもあったが、その場合は、本家の旦那寺である八幡の正福寺ではなく、東京や大阪など出先で葬式をおこなった。そのため、出店を持った八幡商人は必ずそれぞれの土地に旦那寺をもった(36)。

豪商の年中行事

先述のとおり、ここで扱っているような豪商の場合、町内の付き合いに直接関与せず、別家が代行していた。そのため、本家がおこなう年中行事は、基本的に家例でおこなうことになる。そして、どの家にも共通するのは、「質素であること」であった。たとえば、八幡の人が大店を評価するときに、「あそこのお宅は、商売はもう、日本中で名前を聞くほどでしたけどね、食事は正月だっていってもめざし一匹で食事されてたそうですよ」という言葉を聞いたが、実際に派手であることを家例とする家はひとつもなく、とにかく質素を強調する。この質素であり、慎ましやかであることは、バリエーションの多い八幡の商家において唯一といっていいほどの共通項である。その質素さが、「世間から驚かれる」ものであることが附属して語られることも、一定以上の大店になると共通している。たとえば、中村四郎兵衛が正月にサンマの開きを食すことについて、世間からの評価とともに語ったように(事例9)、この年中行事の実践は、商売哲学とともに語られることが多い。

さて、年中行事の中身が質素であっても、その回数が多いことは先に述べたとおりである。これは、本家が八幡に住まなくなった後も、別家衆を中心におこなわれていた。たとえば、西川庄六家には「年中行事飾付控」という年中行事の際の各種飾り付けを控えたものがあるが、これは、昭和八年（一九三三）から昭和一〇年（一九三五）の間に備忘録として書かれたもののようである。本家の西川利右衛門家の年中行事の書き上げである「四季帳」[37]によって天保一二年（一八四二）の行事が判明するのだが、昭和一〇年の段階でも幕末期とそう変わらないだけの年中行事をこなしていることがわかる。

年中行事は家の中で内々におこなうものがほとんどだが、同じ行事を店と奥で別に実施しているものもある。たとえばエビス講は店としては売り出しをおこなう日であったが、それとは別に「内蛭子講」という記載があり、別家衆を集めて宴会を催している。その他にも「内〇〇」と書いて、店の行事と分けて書かれているものがある。その他の行事についても、実施する際の設えの決まりごとが事細かに書いてある。それぞれの行事について、別家衆・出入り職人のうち誰を呼ぶか、床の間の軸、ふすまの柄、食事の内容、汁の具、供え物をどうするのか、酒を出す場合は何合出すかなど、それぞれの行事についてかなり詳細に記載されている[38]。このような形での年中行事は、当家が東京に住まうようになり、別家制度が廃止されるまでは明確なものとしておこなわれていていた。

豪商における年中行事の特徴を述べるならば、第一に、「内」の付された内向きの儀礼と、店向きの儀礼が分けられていることである。これは、店と奥が分けて考えられていることを示している。第二に、文字による情報の蓄積を前提とした家例の卓越である。最後に、本章との関わりでもっとも重要な特徴として、その行事の数の多さである。これは、本家の当主が直接的に経営に携わることなく、八幡に居住していたからこそ可能なことであった。そのため、当主が東京に居住するようになってからは、年中行事も簡略化されていく。

商家の家と店

商家同族団の事例から明らかになったのは、商家同族団と奉公人制度の組織化が近世においてすでに相当程度確立されていることである。このような近世の豪商の経営について、経営史学の研究において「江戸期商家の近代企業への遺産」〔宮本　二〇一〇、一五〇頁〕と表現されているように、近世商家においてすでに、近代的で合理的な企業形態がある程度整っていたことが指摘されている。本章でも、基本的にはこのような見方を採用したい。

その一方で、商人たちはただ利益を追求していくことだけを考えていたわけではなく、むしろ家訓など過去から継承されたものを参照枠にしながら、慎ましさを旨として生活を送りつつ、儀礼に勤しみ、深い教養を身に付けることを目指していた。当主がほとんど実務にタッチしないという経営方針があって、はじめて可能であったことを考えると、商家が親族の枠組みを大きく超えて、合理化された組織を持っていたことと、伝統を維持しつつ活用していくという生活は互いに深く結びついたものであったとみることができる。ここから、「経済合理的」な方向への志向性と伝統が齟齬せずに重なりうるということを読み取ることができる。

しかし重要なのは、いかに八幡の商家の家業継承の仕組みや奉公人制度が「合理的」であったとはいえ、それは一定の範囲内のことであって、家例や家訓で完全な統制が可能である場合に限られることである。近代以降、特に、商家の経営体としての部分が「企業」として展開していくと、おのずと経営体（店）が以前までのように家や同族団の範囲内で管理されていた状況とは異なってくる。以下では、そのような状況がもたらす困難と、商人たちの「揺らぎ」について、具体的な事例をもとに検討したい。

三　商家の企業化

近代以降、特に、商家の経営体としての部分が「企業」として展開していったことで、経営体（店）が以前までのように家や同族団の範囲内で管理されていた状況とは異なってくる。以下では、そのような状況がもたらす困難と、商人たちの「揺らぎ」について、具体的な事例をもとに検討したい。(39)

1　株式会社へ

メルクロス株式会社

西川庄六家の大文字屋は現在、メルクロス株式会社という法人名をもっている。今でも、八幡では「大文字屋」という呼びかたが普通で、「メルクロス」という呼び方をする者はいないが、法人名がメルクロス株式会社で、「大文字屋」自体は正式には、メルクロスが八幡に出店した扇子の小売店として残っているのみである。戦後の社の沿革を下にまとめる。

昭和一六年（一九四一）　西川庄六商店を（株）西川商店に改組
昭和二六年（一九五一）　日本橋本社ビル竣工
昭和四四年（一九六九）　（株）西川商店と西庄（株）を合併、不動産部発足
昭和四八年（一九七三）　京都営業所兼賃貸マンション竣工
昭和五〇年（一九七五）　大阪支店ビル竣工
昭和五五年（一九八〇）　資本金一億円に増資
昭和六〇年（一九八五）　創業四〇〇年
平成六年（一九九四）　（株）西川商店よりメルクロス（株）へ社名改称
平成二〇年（二〇〇八）　近江八幡市に大文字屋（小売店舗）を出店（聞き取りおよび会社ウェブサイト〈http://www.

mercros.co.jp/平成二二年（二〇一〇）年七月四日閲覧〉）

現在の業種は、食品（砂糖、水飴、ブドウ糖、甘味料全般など）、リビング（羽毛関連商品、シルク関連商品、リネン関連商品など）、インテリア（カーペット、カーテン、クッションなど）工芸品（扇子、うちわ、舞踊小道具、カレンダー、和雑貨など）、トータルパッケージ（不織布製品など）、不動産（オフィスビル、賃貸管理）と、多岐にわたっている。

多くの近江商人がそうであったように、大文字屋では多業種に手を広げ、現在では総合商社化している。現在の社長は西川庄六家一一代目の西川宗行で、資本金は一億円である。子会社を設立せず、メルクロスを単体の企業として、社内を各部門に分けている。

西川グループ

西川甚五郎家は、現在、西川産業株式会社を中心とした西川グループとなり、寝具中心のグループ会社の経営をおこなっている。西川産業に連なる主な関連会社は、株式会社西川、株式会社心斎橋西川、西川リビング株式会社、株式会社京都西川などである。以上はすべて、西川甚五郎（西川家の一四代目）が会長、西川康行（通名八一行）[40]が社長として、経営にあたっている。

これ以外に、製造部門をはじめ、合計一五の子会社が西川産業のもとに結合している。また、近江八幡の本宅は「西川甚五郎本店」とされていて、専門の社員が管理にあたるほか、西川グループが出資して「西川文化財団」を設立し、本宅の史料等を管理している。

社の明治以降の沿革は以下のとおりである。

明治九年（一八七六）　大阪市に大阪支店（現・西川リビング）開設

明治二〇年（一八八七）　大阪支店、京店でふとんの販売を開始

大正一二年（一九二三）　ツマミ店のビルが六月に完成するも関東大震災により罹災
昭和九年（一九三四）　初の海外支店を京城に開設
昭和一四年（一九三九）　奉天支店開設、台北支店開設
昭和一五年（一九四〇）　天津支店開設
昭和一六年（一九四一）　大阪市心斎橋支店（現・心斎橋西川）開設
昭和一六年（一九四一）　東京ツマミ店、大阪支店、京店を法人化する
昭和一七年（一九四二）　寝具製造部門の昭和寝具工業株式会社（昭和西川）を開設
昭和二二年（一九四七）　ツマミ店、店舗落成、（株）西川とする
昭和二二年（一九四七）　卸部門の西川産業（株）を設立。本社を（株）西川におく
昭和二四年（一九四九）　カクマン店を（株）角万西川とする
昭和三五年（一九六〇）　西川チェーン結成。西川産業（株）、日本橋富沢町へ移転
昭和四五年（一九七〇）　西川産業（株）、角万西川を合併（聞き取りおよび［西川四〇〇年社史編纂委員会編　一九六六］より）

2　「東京生まれ東京育ち」の近江商人

西川甚五郎家は昭和一五年（一九四〇）、西川庄六家は昭和一六年（一九四一）に、各店の法人化（会社化）とともに別家制度を廃止しているが(41)、それに先行して、明治以降、外別家が減り、内別家が増加したという変化があった。西川甚五郎家では、明治四二年（一九〇九）に一一名だった内別家（出勤別家）が、昭和一二年（一九三七）には四六名に

増加しており、その名称も内々には「別家」を使っていたが、公式に「理事」「理事補」となった〔西川四〇〇年社史編纂委員会編　一九六六、西川　一九八八〕。

また、先述のとおり、当主は徐々に生活の拠点を東京に移していったため、昭和半ば以降はすでに、東京生まれ東京育ちの跡取りが社長になっている。大文字屋は、西川庄六が東京に居を移し、経営に若干なりとも関与するようになった頃に、「西川庄六商店」（会社法上の法人格をもたないため、個人商店の扱い）という名称に変更している。山形屋が「西川甚五郎商店」「西川商店」(42)に名称を変更したのはそれに少し先行する時期である。(43)

先述のとおり、両店は明治以降、経営上の大幅な躍進をみせた。大きくなっていく店の経営への対処として、両店は外別家を出さずに、内別家の数を増やしていくことで対応した。家業の部分が、資本としても人的資源としても、拡大していったのである。奉公人も増えたから、それまでのような本店と支店の関係を続けていたら、家業（経営体）はどんどん当主の意のままにならないものとなり、家と家業の関係は離れていったかもしれない。(44)そのようななかでの、店名改称と当主の本拠地移転である。

当主が経営に携わるようになったといっても、その関与は強いものではなかった。二節で登場した植田清は昭和初期に栃木県の佐野に生まれ、戦後に東京の株式会社西川商店に入社したが、社長はほとんど会議には出席せず、出席しても発言をしなかったという。

［事例11　社長は口を出さない］

僕らの東京の先輩が言うのには、営業会議をしたときには、社長は少し離れたところに座って、一切合切は、当時は別家なんていわなかったけど、別家の名前で会議は招集して、全進行は別家、社長はちょっと奥のほうにいて口を出さないと。（中略）僕が入ったときは、天皇と一緒でね、社長は営業会議なんか出なかった。

西川庄六家と西川庄六商店を結びつけていたものは、名目上の意味合いも強かったようである。本家の当主が明確に店の店主となったことで、中小の商家のように、家の経理と店の経理が不分明になった時期があったという話があるのは興味深い。

［事例12　奥と店が曖昧になる］

大正時代はね、まざってたよね、会計はね。結局、社長になったから。別家（たちが経営するん）じゃなくて西川庄六が社長になったから。だから、奥と店がわりあい、曖昧になって。その前は厳然と分けてましたよ。分離してました。

実際の会計が曖昧になったかどうかは別として、少なくとも大正期頃にはじめて、西川庄六が名目上、店の経営者となったことは間違いない。また、戦後に勤めるようになった植田にも、大正期に「別家じゃなくて西川庄六が社長になった」と認知されている。

これらは、離れていく経営の部分を、名義のレベルで家と結びつけようとしていると考えることもできるだろう。そして、店の名前が「近江屋」「大文字屋」(45)から「西川庄六商店」になったこと、本拠を東京に移したことと、事実上の発言権の弱さからは、植田が「天皇」と表現したように、象徴的な意味合いを読み取ることができそうである。

3　再統合への意志

本節で扱っているような大きな店の場合、中小の商家と比べて、家と経営を結びつけ、家業として存続させていくことはたやすいことではない。経営体（企業）が大きくなればなるほど、外部の者が経営に携わるようになるためである。西川産業やメルクロスのような規模の企業ともなれば、ただ漫然と家業として店を存続することはできない。

家の側が企業を所有したいと望むだけではなく、経営体の方針としても特定の家と結びつくことを望んでいなければならない。たとえば、家族経営や同族経営というのが、「老舗ブランド」というプラス評価につながる一方、不祥事の遠因や、因習として見なされやすいという状況に置かれている。それにもかかわらず、メルクロスも西川産業も、各種広告や情報公開において、「西川庄六家」「西川甚五郎家」と不可分な関係であることを前面に押し出しているのである。

さらに、八幡に本宅を置きつつ他国稼ぎをしていたような商家が、店の経営をやめるときに八幡の本宅を処分してしまう傾向にあることも対照的で興味深い。たとえば、伴庄右衛門家の本宅は、現在すでに近江八幡市に寄付されており、伴伝兵衛家の本宅跡地は、市有駐車場となっている。そのようななか、いまだ商売を続けている西川庄六家や西川甚五郎家が本宅を八幡に残していることを考えると、本宅を所有することの重要性を理解することができよう。

本宅の所有については、様々な要因を考えることができる。出郷者が故郷に家を残すことは商家の場合に限らずあるし、廃業した者が維持費の面から本宅を手放すこともあるだろう。しかし、少なくとも二つの会社は、様々な形で、「家＝企業」であることやその歴史をアピールしている。(46) そのなかの道具立てのひとつとして、八幡の本宅が活用されているのは確かだ。

また、それ以外にも重要だと思われるのは、「近江商人」の歴史につながる上で、各地に散らばった支店・支社をすべて本宅において統合しているという印象を当人たちに対しても、世間に対しても与えることができるという点である。経営体としては全国にちらばったものを特定の家と結びつけることを考えた場合に、「近江の本宅」の意味は大きい。

本節での事例においては、大文字屋（西川庄六家）と山形屋（西川甚五郎家）の両者において、明治以降、徐々に家と店が分離し、店が「企業」としての体裁を整えていったことを明らかにした。そして、そのような分離していく方向と同時に生じていたのが、その両者の結びつきをどうにか留めていくような、再統合への意志であった。このように、「家／経営」の間には、一方向に割り切ることのできない不安定な関係を見て取ることができるのである。次節ではより個別的なできごとに焦点を絞り、特にアクシデントへの対応に着目することで、その不安定さを浮き彫りにしたい。

四　「家族／経営」という困難

本節では、家業の継承を慣習にしたがって継続することができないようなアクシデントに見舞われたときに、家と家業をなんとか結びつけ、かつ歴史的な連続性を主張しようとする状況を、八幡における大店であるＰＦＦ株式会社と、小規模商家である布伝老舗《ぬのでんろうほ》を事例に理解したい。

1　天正一三年創業の物語

八幡で老舗を調査するようになって、最初に気がついたことは、「天正一三年創業」と述べている店の多さである。天正一三年（一五八五）というのは、安土桃山時代末期にあたる。そのような古い商家に直接出会ったことがなかった私にとってそれは驚きであり、また、よりによって多くの店が同じ「天正一三年創業」の店の物語をもっていることは、大きな疑問でもあった。

たとえば、叶屋山村利兵衛家のＰＦＦ株式会社は、広報において天正一三年創業を強く押し出している。社のウェブサイトの「沿革・歴史」の項をみても、「一五八五年（天正一三）現在の滋賀県近江八幡市にて創業」と書かれている。

また、扇屋伴家についても同様に天正一三年創業という話が聞かれた。当主が昭和五三年（一九七八）に執筆した家史をみると、以下のように書かれている。

［事例13　伴家の創業］

商家としての伴氏はここに始まるが、伝承によれば当初は扇子を商ったという。これも現存の記録はないが、（中略）私見では、常陸は八幡移住後は浪人としての生活を送り、その内小遣稼ぎに町人や武士に金を貸付けて、次第に金融業の道に入り、又土地の物産たる近江表（畳表）、近江蚊帳に着目して、これを商うに至ったものと考える。上記の様な経緯であるから、商家としての伴家の創業年代は、記録上は明らかではないので、私はこれを天正一三年（一五八五、即ち伴氏が甲賀を離れた年）と定めて居るのである［伴　一九七八］

伴庄右衛門家や山村利兵衛家のような豪商に限らず、たとえば中小の商家である布伝老舗という菓子屋においても、やはり同様で、「天正一三年創業」となっている。八幡においては、近世に創業年代を求めることのできる商家は多いが、近世よりも前にさかのぼることのできる「天正一三年創業の物語」群は目立っており、町のなかでもよく知られている。

実はこれらの創業の物語のほとんどは根拠が薄いか、もしくは後世に付け加えられている場合が多い。そして、天正一三年というのは、豊臣秀次が八幡山城を築いて八幡の町を作った年と重なる。以下ではそれぞれの商家において、創業以来の家と家業の経歴がどのように語られるかを詳細に検討したい。

2　それぞれの店の履歴書

布伝老舗

先ほど述べたとおり、菓子屋の布伝老舗(47)は、天正一三年（一五八五）創業とされている。当主は代々、「布屋伝兵衛」もしくは「布屋伝三郎」を名乗っているため、屋号は「布屋」もしくは「布平」である。現在の当主は一八代目である。

実は布伝老舗は創業当時から菓子屋を営んでいたのではない。創業当時は、紙屋をしていたという。それがのちに薬屋(48)となり、その次の転業の際にはじめて菓子屋となった。菓子屋になったのは安永年間（一七七二～一七八〇）と伝えられていて、菓子屋としては現在八代目である。「布伝老舗」の店名のとおり、八幡でも「老舗」と呼ばれている店のひとつである。

業種は何度か変更しているが、少なくとも菓子屋としての連続性でも二〇〇年以上の歴史をもっている。ところが、家と家業の関係でみると、実のところ連続性はかなり微妙なものになる。なぜなら、布伝老舗の創業者は「太田」という家で、現在の経営者は「芝山」という家であるからだ。芝山家の家業としての布伝老舗は、現在の当主の親の代からで、実のところわずか二代目なのである。

さらにいえば、店舗としての連続性ももっていない。布伝老舗はもともと、現在と同じ町内の、街道沿いの角に大きな店舗を構えていた。ところが、大正期に小豆相場で失敗したこともあって、その店舗を手放し、人に譲っている。もともとは油屋だった空き店舗を借りるところから再スタートして、数年のちに土地と店舗を購入した。現在の店舗は、このようにして手に入れたものである。

以上をみれば、業種、家系、店舗のいずれもが続いていないことがわかる。そして続いているものが何かを考えると、天正一三年来、続いているものは「布屋伝兵衛」という名乗りのみなのではないかということに思いあたる。

PFF株式会社

PFF株式会社は、日用品関連の商社で、東京、大阪、京都に事業所を持っている。資本金は一億円、取扱商品は食品から工芸品、不動産と多岐にわたっている。もとは砂糖を中心として商っていた。

PFF株式会社も布伝老舗と同様に「天正一三年創業」を名乗っている。代々「山村利兵衛」の家業として継承されてきた「叶屋」が、「山村利兵衛商店」「株式会社山村商店」を経て、平成六年（一九九四）に現在の社名に変更したものである。現在の社長は一一代目である。

山村利兵衛家は、創業は天正一三年といっているのにもかかわらず、初代利兵衛は寛文六年（一六六六）生まれである。そのため、実際の創業は一〇〇年ほど後になることが考えられる。天正一三年というのは、八幡の町ができた年であるが、実は同時に、叶屋の本家、山村仁右衛門家が昭和五年（一九三〇）に絶える前に伝えていた創業の年代なのである(49)。

実際には、山村仁右衛門家の叶屋と、山村利兵衛家の叶屋は、同じ屋号を名乗っていたとはいえ、分家であるから、直接の商売上、資本上の結びつきはなかった。しかし、その創業の物語はさかのぼって、本家の創業の語りが流れ込んでいるのである。

非連続を連続として語ることの意味

二つの店の履歴について書いたうえで、最初に確認しておかなければならないのは、「天正一三年」のもつ意味である。すでに確認したとおり、いずれの店も、「史実」としては天正一三年創業ではない。八幡には他にも「天正一三年創業」を主張している店が多数あるが、多くの場合、その根拠は薄いか、場合によっては明らかに計算が合わないような場合もある。実際にはそれぞれの店の創業の経緯が不明となっているなかで、かつて城下町であった八幡の町ができた年である天正一三年が、望ましい古さとして共有されアピールされているといえる。

このような状況だけを取り出してみれば、以上の二つを、戦略的に歴史や伝統を「創出」し、できるだけ古い歴史につながろうとしている柔軟な選択だと考えることもできる。根拠は語る側の自由なのである。プロローグで述べたように、商家が往々にしてこのような戦略をとることはよく知られている〔李　二〇〇六〕。

たしかに店の伝統を「語る」ことの自由度の高さ、柔軟さを指摘することは可能であろう。「根拠」すらなくても語れてしまうのが実情であるし、ときにあからさまなフィクションが挿入されることもある。系譜認識の柔軟性と、戦略的に自らの歴史を語るということは、彼らが様々な状況に対応しつつ存続してきたことの証明でもあるといえよう。

しかし、当事者自身にとってそれで万事納得しているのかといえば、必ずしもそうであるとはいえない。店単独のものとしてみた場合は確かにそうであろうが、家として見た場合は、より確かな系譜への欲求もあるはずだ。「家族経営」として、家業として営む以上、店は特定の家と結びつく。しかし、それはあくまでも「家族」あるいは「家」と「経営」という別のものが結びついているのであって、店のための歴史が、そのまま家の歴史としてスライドできるわけではない。

二つの店が、どのように連続性を語ることになったかという経緯を詳細にみると、必ずしも自ら積極的にこのような状況を作り出したのではなく、やむにやまれぬ理由で「恣意的な連続性」を語らざるをえなくなったという部分が大いにあることがわかる。

ここで本書がアクシデントに着目するのは、危機的状況にこそ、平時では明確に口に出されることのないような理念や意志が表出すると考えるためである。アクシデントであるからといって、偶発的なものとして例外扱いするべきではないだろう。

3　アクシデントへの対応

後継者の戦死―布伝老舗の場合―

布伝老舗にアクシデントがあったのは、一六代目太田伝三郎（一八八五〜一九四七）が当主をしていたときである。すでに述べたように、大正期に危機が一度訪れていたが、商売を立て直し、新たな展開をみせていたころであった。そのアクシデントは、後継者の戦死であった。

太田伝三郎には、二人の男子と女子があったが、長男光次郎（一九一八）は生後まもなく亡くなっている。次男に省次（一九二〇〜一九四四）がおり、省次は長じて後継者となるはずだった。長女トミは、八幡生まれの芝山庄次郎（芝山家による布伝の先代）と結婚していた。庄次郎は戦前すでに京都に移り住み、呉服屋に勤めに出ていた。芝山家にも庄次郎以外の跡取りがいなかった。そのようなときに、省次が戦死してしまうのである。

太田家のみの都合で考えれば、トミと庄次郎の縁組みをやり直して、庄次郎を太田家の婿養子にすればよい。ところが、芝山家にも庄次郎以外に子がなく、庄次郎を太田家に入れてしまうと、芝山家も廃絶してしまうため、太田家を継いで「太田伝兵衛」を名乗ることはできない。

次善策として両家がとったのは、店に「布屋伝兵衛」の名称のみを残し、「芝山」庄次郎が伝三郎のあとを継いで、「布屋伝兵衛」になるという対処であった。そして、太田家は絶家となったのである。すなわち、家としては芝山家の当主「芝山庄次郎」として継続しつつ、店としては布伝の跡取りである「布屋伝兵衛」と名乗ることとなった。看板には、「布伝老舗　布屋伝兵衛」と書かれている。

なお、祖先祭祀は、庄次郎以降、芝山家と太田家の両方でしている。しかし、太田家の祭祀は、屋敷先祖(50)と同等の扱いとなっており、布伝は芝山家の家業という意識が強い。

これは、「家」と「店＝経営」をいったんは分けて考えることで、アクシデントに対応したとみることができる。すでに業種も店舗も連続性を失っている以上、ここで「布伝」という名前を失うと、その「家」的なもの(51)としての連続性は絶たれる。太田家と芝山家の両家が、店と家を完全一体のものとして考えていたら、布伝老舗の存続は難しかった。

本家の廃絶―ＰＦＦ株式会社の場合―

山村利兵衛家を襲ったアクシデントは、本家の廃絶であった。昭和五年（一九三〇）に、本家の山村仁右衛門家は絶える。それは本来ならばあってはならないことであった。叶屋の家法として、「本家や上位の分家に跡継ぎがない場合は、家を廃してでも、分家もしくは下位の分家から養子に入る」ことが定められていた。実際、幕末から明治初期にかけて、山村市郎右衛門家という分家が絶家になったことがあった。市郎右衛門には姉と弟の二子があったが、本家の仁右衛門家に跡継ぎがなく、筆頭分家の利兵衛家にも男子がひとりしかいなかったため、利兵衛の子が仁右衛門の養子となり、第二分家である市郎右衛門家の子が、利兵衛家に入った。また、市郎右衛門の姉も利右衛門家存続のために利右衛門の妻となったので、市郎右衛門家には子がいなくなってしまったのである。

仁右衛門家に跡継ぎがないことが判明した明治の終わり頃から大正期にかけて、仁右衛門家はかなり経営状態が悪かった。明治以降、大名貸しの不良債権化に伴って、資産は危機的状況にあったし、東京の「抱え屋敷」などの不動産経営もあまりうまくいっていなかった。(52) 逆に利兵衛家はまさに躍進中で、明治四三年(一九一〇)の竹内則三郎編『滋賀県資産家一覧表』によれば、当時の利兵衛は、所得額が約三万円となっており、八幡商人ではトップクラスの高額所得者となっている。利兵衛の店は、多角経営に乗り出し、かなり景気がよかったものとみられる。

利兵衛は結局、山村仁右衛門の名を継ぐことはなかったため、山村仁右衛門家は、名義上、絶家となってしまったのである。

利兵衛は仁右衛門の名前を継ぐことはなかったが、「内々に」家を継いだ。祀る者のいなくなってしまった仁右衛門家の祖先祭祀や屋敷はすべて利兵衛家が引き取った。住まいを移すことはなかったが、利兵衛の本宅と同様に、仁右衛門家の本宅もすべて継承したのである。そして、分家や別家との関係においても、名実ともに「本家」となった。正月や盆の挨拶においては本家としてふるまい、口頭でも「御本家様」と呼ばれるようになった。葬儀のときにも、上座の離れた位置、本家が座るべきところに利兵衛が座るようになった。

しかし一方で、山村利兵衛はそのまま利兵衛を名乗り続けたから、仁右衛門は少なくとも対外的には「絶家」してしまった。店も「山村利兵衛商店」のまま継続したから、仁右衛門の店はなくなった。

こちらも、基本的には布伝と同様、家と店を分離して対応した例だといえる。だがこの場合、店を分離して継続させ、家を継承するというのではなく、名乗りや店名との兼ね合いで、家の継承を複雑な形でおこなうこととなったのである。

4　それぞれの選択の意味

それぞれの選択の意味を考えてみたい。布伝老舗では、太田家を廃し、芝山家に布伝(布屋伝兵衛)を結びつけて残した。この時点で、布屋伝兵衛の名前と、布伝老舗は、太田家の家業から芝山家の家業へと移った。山村利兵衛家では、仁右衛門家を「内々に」継承し、対外的には利兵衛家を継続することで、山村利兵衛商店を残した。同時に、より古い創業年代を選択した。

いずれも、店としての部分を家からいったん分離して考えることで対応した。しかし、このいびつな継承形態から見てとることができるように、内部ではかなり葛藤している。家と店は、「分離して考える」ことはできても、実際にはその両者を完全に分離することができなかったのである。

すでに述べたように、家と家業は完全に一致しているとは限らない。経営体は、家の意思とは独立してふるまうこともある。しかし、「家業」という経営形態においては、その本来独立してふるまうようなものを同居させるような志向をもっている。本節で理解しようとした家と店の連続性について考えても、それぞれの連続性は「家の持続」と「店の持続」として、分離していってしまうことも往々にしてある。それにもかかわらず、両方を同居させようとしているのである。

たとえば仮に、家業という形態を手放して、「家」と「店＝経営」を完全に分離することができたならば、どうであっただろうか。布伝老舗の場合、当主が「布屋伝兵衛」と「芝山庄次郎」を名乗り分ける必要はなかったはずだ。単純に、芝山家とも太田家とも関係のない「布伝」という屋号の店が、天正年間から続いていることをアピールすればよい。たとえば大企業で創業者の名前がつけられたようなものが多くあるが、それらがすべて「家業」として営まれているわけではない。

山村利兵衛家については、布伝と同様の発想ならば、家として山村仁右衛門を継承し、事業としての山村利兵衛商店を残すこともできたはずだ。すなわち、「山村利兵衛商店」を、山村利兵衛家の家業から、山村仁右衛門の家業へと変えればよい。しかしそれでも、山村利兵衛家の家業としての山村商店を残そうとしたから、複雑な対応を強いられたのである。「山村利兵衛」の名前がそのとき信用を勝ちえていて、「西川仁右衛門」が衰退の途にあったことが、そこには大きく影響している。世間との付き合いのなかで、蓄積されてきたものが、家と家業の継承を複雑なものにしたのである。

まとめるならば、以下のとおりとなる。

いずれの場合も、店は特定の家と結びついて「家業」の形態をとらなければならない、ということは必須であった。そのうえで、布伝老舗の場合は、太田家の家業としての継続が難しくなった段階で、太田家の家業としての存続をあきらめ、次善策として芝山家の家業へと転換した。その際に、太田家の時代から名乗られてきた布屋伝兵衛という名前を芝山家が継承することで、対外的には系譜の連続性を示そうとした。

一方、山村利兵衛家では、布伝老舗の場合と同様に、「山村商店」を山村利兵衛家の家業から山村仁右衛門家の家業へと転換することもできたはずである。しかし、対外的な名乗りの問題があったためにそれをおこなわず、あくまでも山村利兵衛家の家業としての山村商店を継続させたのである。

五　残された思うままにならない可能性

本章では、八幡における個々の店に焦点を絞り、それぞれの商家の家業継承や家例の重要性、家訓・年中行事のあり方を理解した上で、商家の企業化および、事業継承における葛藤などについて記述してきた。ここで、本章の事例について分析を加えたい。

1　慎ましさと道徳

中村四郎兵衛家を中心として、家業経営の歴史を理解した。まず特筆されるのは、「名前」へのこだわりである。当人も「時代にそぐわん」（事例4）と感じながら、中村勉は中村四郎兵衛になった。そのような抵抗感を乗り越えたとしても、法的な縛りによって、必ずしも襲名がスムーズにいくとは限らない。「裁判所へ申請してもなかなかこれは難しいちゅうことを聞いてた」（事例5）のにもかかわらず、それでも「四郎兵衛」の名を継承することにこだわったのである。襲名後も、必ずしも晴れがましいことばかりではなく、病院で名前を呼ばれるときに「恥ずかしい」（事例4）思いをするようなこともある。このような事態は、「勉」という（同世代としても珍しくない）名前のままでいれば生じなかったような戸惑いなのである。

勉はただ「伝統だから」ということで名前を襲名したのではない。彼は「襲名しない」という選択肢が現実的にありうることを知りつつ、しかも、そのことで生じる「抵抗」や「恥ずかしさ」を引き受けても、襲名することを選んだ。

これも商人としての「揺らぎ」のひとつとして考えることができる。名前を継ぐことは家の継承というよりは店の継承と結びついていて、「この扇四ていう店名は、扇屋四郎兵衛の扇と四郎兵衛の四を取って扇四という店名をつけてんねやから、四郎兵衛という名前は必要なんですわ」（事例3）という形で、店の名前と当主の名前の結びつきを維持するために、「四郎兵衛」にならなければならなかった。最終的に、名前を継ぐことに至ったのは、「今日まで続いてきた四郎兵衛いう名前はもう永遠に消えてしまういうて、やっぱりこれは継ぐべきやなあと」（事例5）思ったからというのが第一の理由であるが、もうひとつは、扇四という家／店が、「変わらない」ことをモットーとして経営してきたという経緯にも拠っている。扇四は九代にわたって呉服屋を営んできており、大きく展開することはなかったが、それでも継続してきたことが誇りとなっている。「うちの先祖はみんな甲斐性がなかった」（事例6）と謙遜で語っているが、少なくとも扇四の特長として、派手ではないけれども、変わらないことについてこだわりをもっていることがうかがえる。(53)

当然、九世代にわたって事業を継続することは、ただそれまでのものを「引き継ぐ」だけでは成功しない。四郎兵衛も「たとえばもし、三代目とか、六代目とか、それ以前の人がものすごいやり手で、大きい商売したら、次継ぐものがそれだけの裁量がなかったら、引き継げへんわけや」（事例6）あるいは、「世間はそう言うねや。三代続くのは大変なんやと。三代目でもってつぶれるいうのは、よく言われることや」（事例6）と（定型的な表現を引き合いに出して）強調したように、継続すること自体がとても困難なことであることについては、自覚的である。

だから、大きく変化しないことを強調することはすでに、他との差別化の結果なのである。そのような形で考えれば、過去との連続や伝統の維持と四郎兵衛の襲名は連関したものであり、完全に内面化した意志であるというよりは、選択肢がすでに社会性をもったものとして存在している。その社会性のなかで、襲名は選択されたのである。

このように、派手ではないけれども変わらずに継続してきたということについては、襲名以外からも随所に見てとることができる。そのなかでも特徴的だったのが、質素倹約のモットーである。扇四では、毎年必ずやるような行事をほとんどもたず、あったとしても、質素であることを過剰なまでに盛り込んだものである。正月の献立にサンマの一夜干しを食し、妻にも「びっくり」（事例9）される。同様に、「世間にいうと、みんなびっくりしはる」（事例9）という。四郎兵衛の襲名に際しては、襲名の披露宴開催の申し出も、商売上のチャンスであることを知りつつ断っている。

さらに、家訓を見れば、儒教的な精神に支えられた質素倹約と勤勉が強調されている。年一度の左義長に限ってはその限りではないが、これも個人的に楽しむべきものではなく、多数の奉公人たちの祭りであった面が強く、単純な奢侈であるともいえない。むしろ、公共性の高いものへの投資の一環として捉える必要があり、これは真宗寺院の総代を続けてきた中村四郎兵衛家の姿勢などと同じ線上で理解したほうが自然な実践である。

伝統の強調や、質素倹約が八幡の商家にある程度共有されていることはすでに二節で述べたが、これも当然、伝統が維持されてきたことの美しさに目を奪われるのではなく、その戦略としての合理性にも目を向けなければならない。扇四も、「名前を襲名していて、質素倹約を守り続けている」ことで「有名」なのであり、そのような意味では、伝統を強調することは扇四に限ってみれば、襲名のもたらす戸惑いなどの少数を除けば、今なお有効に働いているものと見てよいだろう(54)。

次に扇四よりさらに大きな規模の商家となると、望ましいふるまいへの社会的欲求のレベルは相当に高いものとなる。たとえば、かつての同族団の総本家当主ともなると、何よりも深い教養が必要となる。対外的な「慎ましさ」を見せつつ、極めて高い教養と公共への投資をしなければならなかった。朱子学、和歌、俳句、茶道、陶芸、蹴鞠などを高いレベルで身につけるような芸当は(55)、現在の経営者ではなかなか困難である場合が多い。何より、当主がほとんど実務にタッチしないという経営方針があってこそのものであった。

かつては、金と時間をふんだんに使った「教養」と、それとは対照的な生活面での慎ましさ（その多くは、年中行事や家訓などの形でも表れている）の間の落差も、当主の「近寄りがたさ」を生み出していた面がある。これについて、当事者が世間の評価を意識していなかったとは考えがたい。伝統と格式、あるいはそれに基づく社会的評価の維持は、彼らの生活にとって必要不可欠なもののひとつだったのである。

また、扇四において儒教的な精神に支えられた質素倹約を旨とする家訓が重視されていたように、大店ではかならず家訓を持っていて、その中では世間がよくなるための商売をおこなうことを強く言っている場合が多い。近江商人においては、現在でもよく言われる、「売り手よし、買い手よし、世間よし」の「三方よし」の家訓があるが、近江八幡においても「先義後利栄」(西川利右衛門家)など、世の中を良くすることを一番に考えて商売をすべきであるというポリシーは多くの商家において見られる。これは、伝統を守りながら道徳的な商売をすることと、経済的な利益を出すことが一致することを前提とした商法を示したものだといえる。このような伝統と道徳のアピールは、大きな組織力をもった商家同族団の仕組みに支えられたもので、親族から大きく超え出た商家の仕組みにおける「合理的」経営によって初めて可能となることは間違いない。対外的には質素倹約や深い教養が評価されるが、そこには、時には主家のために分家を取り潰してしまうほどの強制力をもって、経営体としての持続が図られていた。

2　家と家業の不一致と再統合へのベクトル

八幡の商家において、「道徳的」であること、あるいは社会的な評価を維持していくことは、伝統と深い結びつきをもっている。「変わらない」ことへのこだわりや、「家訓」「家例」のような形で過去を参照しつつ、過去の(多くの場合は近世的な)価値観に従うような形で商売をおこなうことは、社会規範や道徳を維持するひとつの基本的な形である。以上で、佐原と同様に、伝統的な商売において、伝統を維持することと一定の利益を生み出していくことが重なることを前提とした商売のあり方を理解した。

二節において、中村四郎兵衛の襲名をめぐる揺らぎについての事例を提示した。この事例から、家や家業をめぐる商人たちの揺らぎという課題が立ち現れる。特に、町全体で共有された価値観というよりも、家や商家同族団を基本的な単位として、個別性を前提とした価値観によって成り立つ八幡においては、道徳や社会的な規範といった場合に、家や親族の問題との関連がもっとも重要なものとなる。家例や家／店の伝統を「変わらずに」維持することが困難となった場合の対応について、分析していきたい。

家と家業をどうとらえるか

社会学や民俗学ではこれまで一般的に、家は、系譜と経営体が表裏一体で結びついたものとして理解してきた。商家に関する中野卓の先駆的な議論においても、日本の家とは、経営体（「経営体としての家」）であり系譜であって、その両者が一致したものだった(56)。

一方、経営史研究では異なる家の理解をしている。なぜなら、経営史研究の多くは、大規模な経営体を扱うことが多く、その場合に、家と家業の分離という現象はかなり早くに発生するのである。この現象は、「所有と経営の分離」と表現されている［高村　一九九六］。

家と家業が分離する可能性をもつこと、さらに、家業がなくなっても家が成立することなどを考えると、家と家業を一体のものとして理解するよりは、むしろ、経営史学が一般に理解してきたような「所有」の関係としてみたほうが、理解しやすい。それは、家業を家の必要条件として規定し、両者を表裏一体のものとして考えるのではなく、家業と家を別個のものとして理解し、その両者が排他的に結び合った状況として家と家業の関係を理解することである。つまり、家と家業は着脱可能な別個のものとして考えるという立場である。家と家業は一定の条件が整えば、分離してしまう可能性をもっているのである。

「家」と「家業」は、本来的には必ずしも一致するものではない。八幡の近代における商家の「企業化」として提示した事例は、それを端的に示すような形で展開したといえる。そもそも、商家の規模が大きい場合に顕著なように、八幡では前近代の段階から、一般的に言われるような家商の表裏一体、あるいは家と経営の混在といえるような状況に当てはまらないことが多かった。近世の段階でもすでに、別家や奉公人を家や同族の延長で考えるのには違和感があると思わせるほど、店経営や店員養成の合理化がはかられていた。内別家は終身、給与所得によって家計を成り立たせていたし、家を分けているとはいっても家業をもたない存在であった。

外別家は資本のやりとりも含めて独立しており、本家とはかなり希薄な関係となっていた。奉公人の八割が途中で挫折し、郷里に戻ってしまったことなどをみても、これまでの「系譜と経営を含みこむものとしての家」という発想で考えることには客観的にみれば無理がある。本家が営む家業を維持するために、独立した家業をもたないまま次々と増やされていった別家と、それを雇う本家との関係は、現代企業における経営者一族と従業員の関係に限りなく近い。それを家や同族のアナロジーで考えることは無意味ではないが、村落における家や同族との連続で捉えることには無理があろう。店の経営規模が大きくなれば、各出店を合計すれば一〇〇人を超す奉公人を常時抱えているのは普通で、別家も五〇以上抱えることになる。さらに、分家の別家をあわせるならば、一〇〇人以上の成員からなる家と、その巨大な家が数十も連なる大きな「同族団」となる。

分離しつつ統合する？

このような状況であるから、前近代の商家同族団と近代のそれとのあいだに、本質的な差異を求めて断絶を想定することは、あまり意味がないように思われる。近江八幡における商家同族団を、形式の面から客観的にみれば、家とは独立した企業の存在を見とることができ、現在の企業につながるような「合理的」組織であるということもできる。(57)しかし、外面的な類似性だけをもとに、前近代の経営体と近代以降のそれを完全に同一のものと断定すべきではないだろう。そこには重大な違いを見出すことができる。

戦前の経営をかろうじて知ることができた植田の談によれば、大正に入る少し前までは、前近代的な経営体制をかなりとどめていたようである。また、西川庄六商店の最後の別家である西川長次の例からみれば、彼が大正三年（一九一四）に一三歳で丁稚に入ってから昭和一〇年（一九三五）に別家を許されるまでの期間については、教育や「上り」制度、東京と八幡の間の「参勤交代」を含めかなり前時代的な経営の仕組みを採っていた。この時期は少なくとも表現のうえでは、家と店の境界は曖昧にされていたといえる。

しかし、経営組織の変化は、その当時もすでに、様々な形であらわれていた。たとえば、外別家の減少と内別家（通勤別家）の増加は、店員・従業員制度への移行の胎動として位置づけることもできる。それを表現する言葉は家や親族のイディオムを使っているが、通勤して給与をもらう立場が極端に増加したことは、形式的な面からみれば、徐々に家や親族とは別の、「家業」を支えるメンバーとしての別家へと変化しているといえる。

ちょうど同じ時期に生じた変化といえば、植田の表現を借りるならば、「奥と店」が「曖昧になっ」たということがあった（事例12）。大正頃になって「本家の当主」が「社長」となり、別家の連合による経営ではなく、社長自ら指揮官となったために、逆に会計が混ざるようになったというのである。また、同時期のできごととして、店の名称を「山形屋」「近江屋」「大文字屋」というような名前から、「西川甚五郎商店」「西川庄六商店」へと変更したという動きがある。この時期に生じているのは、ひとつには当主の本拠地移転や会計から見られるような、家と店の間が曖昧になっていく現象や、意図的に店の名前を家の名前と一致させていく動きである。その一方で、「家の当主」から「社長」への変化がある。あるいは外別家の増加に見られるように、分家慣行の延長としての別家制度から、店員制度の前段階としての別家制度へ変化していく流れが、同時に生じているのである。

そのような時期を経由して、西川甚五郎家と西川庄六家のいずれも、戦中における別家制度の廃止と経営体の株式会社化を経ることで、さらに家と家業の分離が進んでいくことになる。だが、それでも家と経営が完全に分離したわけではなく、現在でも家業経営としての形態をある程度までは維持し、場合によってはそれを強くアピールしていこうとする傾向も見られる。

このような近代化に伴う変化を、本書の目的に照らして理解してみたい。老舗商家の世界を、閉じられた静的なものと仮定することがゆるされるならば、伝統をただ維持することが最適な経営戦略だったかもしれない。そのような仮定のもとでは、別家制度を維持し、当主が経営に直接参与することを避けていればよいということになる。しかも、近世商家の「合理性」に関する議論が明らかにしてきたように、伝統を維持しつつ、一定の合理性を追求することが可能なのである。

しかし当然のように、そのような状況を維持することが不可能な状況が訪れた。このような歴史的な経緯を、大雑把に近代と前近代に分断すれば、大局的に見れば家と経営の分離、あるいは家と家業の分離という近代化の大きな流れとしてみることが可能である。しかし、先に細かく検討したように、時代の変化の中で生じているのは、家と経営が分離する方向性と、両者が接近していく方向性の同時並行という現象である。戦中・戦後を経てもなお、両者は完全に分離したとはいえない。

このように複雑な状況が、伝統的なものをただ維持していくこともできず、一方で完全に家と家業を分離させていくこともできない状況を生み出し、両方の混淆として、商売を進めて行かなければならないのである。伝統的なものを「変わらずに」持続することはできず、かといって完全にそれを無視することができないために、家と経営体の間の距離は、分離へと向かう一方向の流れではなく、接近しつつ離れるというような、不完全な状態に置かれることになるのである。

このような経緯の理由として、当事者たちにとって、どのような選択が望ましいのかという判断が困難であるということがあげられる。家と家業を完全に分離することが「経済合理的」かどうかはわからない。[58]一方、両方を一致させていくことが、必ずしも流れにまかせるだけではなく、さまざまな操作を必要とするものである以上、伝統を「変わらずに」持続することではありえない。さらには、伝統に沿った経営をおこなうことが、必ずしも道徳的な行為だとみなされ、社会的な評価を得られるとも限らない。繰り返しとなるが、「同族経営」のレッテルは、諸刃の剣なのである。大概の場合は「一致＝伝統的、道徳的」「分離＝経済合理的」という関係は成り立つが、必ずしもそのようにならないこともある。この、「知識の不完全性」ともいえるような問題は、当事者をなお一層、確信できなくさせてしまう。

3　家と店の不安定な縫合

このような、「家／経営」「家／家業」のあいだの不安定性という問題について、四節ではより個別的なできごとに絞り、特にアクシデントへの対応をめぐって浮き彫りにした。四節で取り上げた二つの「老舗」が、アクシデント（後継者の戦死・本家の廃絶）に際してとった行動とその解釈は以下のとおりであった。

布伝老舗では、太田家を廃し、芝山家と布伝（布屋伝兵衛）を結びつけたまま残し、店としての布伝老舗は、太田家から芝山家の家業へと移った。山村利兵衛家では、仁右衛門を「内々に」継承し、対外的には利兵衛を継承することで、山村利兵衛商店を残した。

これは、企業（店＝経営体）としての部分を一旦分離して対応したものと捉えることは可能であるが、内側での葛藤を見ることができる。家と店を「分離して考える」ことができても、完全に分離することができなかったという事例である。

四節で検討した事例も、伝統的な慣習をある程度維持し、あるいは「家業」としての形態を志向したことによって、複雑な対応をしなければならなくなったという事例である。伝統的なものを維持しつつ、状況に対応したことの結果であるともいえる。

四節で扱った二つのアクシデントへの対応については、伝統的な慣習に沿った対応と近代的な対応を巧みに選り分けて、戦略的に混在させたと考えるのではなく、家の論理と店の論理の不安定な接合が図られたと考えたい。なぜなら、家と経営を分けて考えるという論理の芽生えと、近代的な時代状況における変化に伴う「家／店の分離」という事態が一方にはあって、その一方でそれでもなお伝統的な慣習を留めようとする志向を見出すことができるからである。

このように見ると、三節の分析によって導かれた大きな流れと、四節の分析は、リンクしてくることがわかる。接近したり分離したりを繰り返しながら家と経営の間が離れていく方向と、その両者を近づけていこうとする方向のアンビバレンツである。

おわりに

この章で検討した状況を改めて整理したい。大きな時代状況の変化は、しばしば逆方向へと動きつつも、大局でみれば、家と経営体を「分離」させる方向へと進んだ。これは西洋近代的な「企業」概念の導入や、企業整理令をはじめとする政治的な力の影響なども背景としていた。このような流れの中で、家と家業（経営）を分離させていくことは、自然の流れであり、それが「合理的である」とは断言できないまでも、不合理なものでないことは明らかである。だが一方で、そのような流れのなかで、両者を結びつけていくような力が働いている。この力は、そのようにふるまうことによるマーケティング上の効果を狙っている部分もあるが（伝統を売りにすること）、当事者たちの内面からの要求でもある。しかし、完全な統合を図ることが難しいために、四節のような複雑な対応を余儀なくされたのである。この対応を、過度に戦略的なものとして捉えることはできない。

単純化すれば、家と家業（経営）を「分離」させていく方向を「経済合理的」、両者をつなぎとめていく方向を「伝統的」とみることができる。しかし、伝統的であることがいつでも社会規範上望ましいものであるとはいえない。すなわち、単純に社会規範や道徳に照らして最適であるから、家と家業を結びつけていくという単純な判断を下すことはできない。この残された思うままにならない可能性が、経営者たちに不確実性をもたらすのであろう。

本章で新たに明らかになったのは以下のことである。

「家＝店」における伝統の強調は、社会規範に沿っていること、あるいは道徳的であることの明示的な例であり、歴史上様々な形で、戦略的に「伝統的」であることと「経済合理的」であることを重ねていくような試みが見られている。近世以来、「家」と「経営」を互いに齟齬なく結びつけることで、家業としての経営形態が維持されている状況が、伝統に照らしてふさわしいと考えられる傾向がある。そのため、家と家業（経営）を結びつけていくような意志が生じてきた。

ところが、近代以降の様々な状況においてもたらされた不可逆的な流れの結果として、あるいは家と店は分離へと向かう。そして、その分離の過程は単純ではなく、逆方向に見えるような統合あるいは混淆への動きが同時並行的に生じることがある（大正期から昭和前期における現象など）。

このような状況はなぜ生じるのか。単純化すれば当然、家と家業を分離させていくことが経済合理的で、家と家業を結びつけていくことが伝統に照らして望ましく、社会規範や道徳に沿っているという前提があるためだということができる。しかし、さらに詳細にみれば、両者を分離していくことが「経済合理的」であるかどうかは、伝統をアピールすることの経営戦略上の有意義さと比較した場合にはっきりしたものではなくなってしまう。また、何度も述べたように、伝統的であることが必ずしも望ましいことであるとは限らない。この残された思うままにならない可能性によって、経営者たちは不確実性の中での判断を余儀なくさせられていたのである。

第一章から第二章にわたるここまでの分析によって、多くのことが明らかになった。そのようななかで共通して抽出されたのは、プロローグで整理したような「伝統」「経済合理的」という二つの対立軸を所与のものとすることはできず、時代状況によっては、その両者が一致している状況や、両者をあえて一致させていくような積極的な試みを見出すことができる。「揺れる」人びとの揺らぎの理由のひとつとして、このように両者が別のベクトルを持ちながらも、間の距離が一定でないことをあげることができよう。

特に本章において、家や個人の家業継承を中心として議論してきたのは、「伝統」「経済合理的」という二つのベクトルが、「家―家業」の合致した状況を優先するか、それとも「家」と「家業」を分離していくかという具体的な形式で問題化されるような局面であった。基本的には、分離への方向へ向かいつつ、それを留めていくような志向がある。そのようななかで、危ういバランスが保たれるのである。両方のバランスが崩れる危機でもあるアクシデントの機会には、二つの方向性が特に表面化する。最終的には折り合いがついているように見えるバランスであるけれども、最終的に完全に納得の上でのバランスではなく、葛藤が生じてもいる。さらに「揺らぎ」に拍車をかけているのは、「分離―経済合理的」「統合―伝統」に確信をもてない局面が残されていることであり、なおさら、不確実性のもとでの商行為や経営を余儀なくされているのである。

ところで、これまでの議論においては、基本的には、伝統的なものの「維持」や「変わらないこと」と道徳的であることはほぼ同義であって、それが社会的な欲求への追随の場合であっても、内面化された規範の発露の場合であっても基本的には過去を参照枠としつつ、行動選択をおこなう点においては同様であった。

しかし、ここまでの議論は、意図的に対象を絞ってきたものであった。佐原は、近世創業の老舗商家を多く抱え、「売る—買う」関係にしてもダンナ衆にしても、歴史的な経緯として客観的に「伝統的」色合いが強いことを証明することは簡単である。また、近江八幡で扱った複数の商家のいずれもが、近世以来の確固たる歴史をもち、場合によってはあやふやな部分や創作が入り込む余地があるが、それにしても客観的に実証可能な「歴史」や「伝統」をある程度見出すことができる。だから、比較的見えやすい形でそこにある歴史や慣習を参照することで、「伝統的」であることを達成できる。少なくとも当事者たちからはそう信じられている。

しかし、そのような確信を持てるような「伝統」や「歴史」を持たないようなケースも存在している。ここまでの議論に引きつけて考えるならば、第一章と第二章の事例では、「伝統的」な行動原理が比較的見えやすかったが、それでも第二章で明らかになったように、伝統を維持することが必ずしも望ましいとは限らないような状況は、当事者たちを不確実性へと誘っていた。このような不確実性がさらに高まる、「伝統」自体が確固たるものではないような場合に、商人たちはどのような行動をとるのだろうか。

次の第三章では、「伝統」が望まれつつも、そこでいう「伝統」が所与のものとして存在していないような地域の事例を用いて、商人たちの「揺れかた」、そしてそれに及ぼす「伝統」の力学について検証したい。

注

（1）近江八幡市役所調べ（『平成二一年版近江八幡市統計書』）。

（2）主な出店地として、『滋賀県八幡町史』には、江戸、大坂、京都の他に、名古屋、仙台、出羽（山形、天童）、磐城（福島、瀬上）、上野（藤岡、高崎）、常陸（結城、古河）、下総（佐原）、信州（小諸）、武蔵（本庄）、備後（福山）、長崎、津軽、北海道などがあげられている。

（3）出店の形態は、「八幡の大店、日野の千両店」といわれるように、日野商人が地方都市で小規模な出店経営をおこなったのと対照的に、八幡商人は大都市で大規模な出店経営をおこなうという特徴をもっていた。

（4）八幡商人は八幡においては「山形屋」（西川甚五郎家）、「扇屋」（伴庄〈荘〉右衛門家・伝兵衛家）などそれぞれの屋号を名乗っていたが、江戸ではみな「近江屋」を名乗る習慣があった。

（5）住吉屋はその後の経営努力で持ち直している［中西　二〇〇九］。

（6）渋谷隆一編『明治期日本資産家地主資料集成』第三巻、第四巻によると、大正一三年（一九二四）に山形屋西川甚五郎は資産八〇〇万円、国税総額は六万二〇九〇円で、同様に扇叶森五郎兵衛は資産一二〇〇万円、国税総額三万九四四円、大文字屋西川庄六家は資産二〇〇万円、国税総額一万五五八一円、扇屋伴伝兵衛が資産二〇〇万円、国税総額一万四一八〇円となっている。

（7）八幡商人たちの近代における展開は、本章三節および『近江八幡の歴史第五巻　商人と商い』［近江八幡市史編纂委員会編　二〇一二］を参照。

（8）すべての店について統合的に把握することができる資料は現在の所存在していない。さらに、本書が明らかにするとおり創業年代は、語り方次第で操作が可能なものである。そのため、正確なデータを示すことはできないが、聞き書きによるデータでいうならば、八幡のなかで近世以降の歴史をもつ店もしくはその本宅は、五〇を超えないだろう。

（9）昭和初期頃の各業種の経営者数については、昭和六年（一九三一）の『八幡案内』によると、商業部門が、米穀三七、菓子五五、砂糖一二、青物二七、塩物乾物二五、豆腐一〇、酒小売一二、茶一三、薪炭二五、煙草三一、食料品一五、呉服太物四一、履物一五、洋品雑貨一八、化粧小間物二八、糸綿一一、道具古物四〇、金物一〇、荒物一五、自転車一一、紙文房

具一一、薬品四、畳表五、雑品一七五となっている。また、庶業の部門として、運送八、料理二一、旅宿一一、飲食三一、貸座敷二五、株式仲買九、理髪二二、日雇一五〇、金貸六、其他一八となっている。

(10) たとえば森五郎兵衛家では、幕末から明治頃、速水流の家元を招いての茶会を毎年催しており、茶会記が残っている。西川庄六家の本宅では現在でも毎年五月に茶会が開かれる。これらの商家の本宅には必ず茶室がつくられている。

(11) たねやは、「株式会社たねや」（資本金九〇〇〇万円）を中心に、一〇の企業からなる「たねやグループ」を作っている。現在では、日本橋三越本店や銀座三越にも支店を持つ企業で、従業員は正社員の数で九七三名（二〇一〇年五月）を数える。たねやは山本家の家業であるが、もともとは八幡の城下町が作られるときに安土から移ってきた家で、もとは池田町で材木商を営んでいた。その後、種苗店へと転業し、明治五年（一八七二）に菓子製造業「種屋」として商売を替えている。

(12) 和た与は、創業者の与惣松が、砂糖問屋綿五から独立して「綿与」として創業した店である。

(13) これまではおおむね二次文献による歴史の概観であるため、実名によって記述したが、以下は、本書の方針に従い、インフォーマントの氏名および屋号、奉公先の屋号などは一部仮名にしている。

(14) 以前よりは少なくなったが、八幡商人は、現在でも名前を戸籍名の変更を含めて襲名していることもある。たとえば、「薬五」の川端五兵衛や、西川産業の西川甚五郎などは現在の当主が名前を変更している。

(15) 大坂の店については不明であるが、京都の店は四条通河原町東北角に所在していた。

(16) 八幡別院は、北元町に所在し、別名金台寺という。安土から移動してきた寺院である。顕如上人によって建てられた由緒ある寺で、徳川家康、家光が上洛の際に宿泊したり、朝鮮通信使が来日の際には宿となったりした。

(17) たとえば、西川甚五郎家は浄土真宗大谷派の信念寺の檀家となっているが、創業者の仁右衛門（八日）、七代目甚五郎（二九日）、一一代目甚五郎（一一日）、一三代目（先代）甚五郎（一六日）の月四回、住職を家に招いて、経をあげてもらっている。

(18) 冷泉家は歌道の宗匠家として知られる公家で、現在でも京都に居住している。冷泉家の年中行事は公家の伝統的慣習を現在に伝えるとして度々メディアに取り上げられている［冷泉　一九八七］。

(19) なお、薬五・川端五兵衛家では、正月元旦の祝いを大晦日の晩におこなう。店の決済を終えた後に、奉公人をあわせた店中が揃って、宴をおこなう。その後、日付が変わる前に、宮参りに向かい、除夜の鐘がつかれる頃には、すでに宮参りを終えてしまうのだ。それは、薬五が、奉公人の休日である藪入りを正月元日にとっていたからである。一般的に八幡の商家の藪入りは一月一五日、一六日である。

(20) 本書では、[渋谷編 一九九一]によった。

(21) 家訓は以下のようなものである。「我が友人一老商に市店盛衰の原由を問ふ。老商答て曰く、夫れ基本に応して其地を撰み適宜の物を商ふに(、)薄利を以し(、)得意を敬ひ(、)質素を旨とし(、)主人は油断なく召仕は骨を折る。是れ其家の興るべき基礎にして(、)衆客の方向悉く此家に帰すべし。何ぞ盛大に至らざらんや。而して竟に大店と成り登り(、)財を積み庫を建て(、)親族敬し同業服し(、)其威自ら高く其権自ら強く(、)主人誇り召仕懈り始て(、)茲に(、)衰頽の兆しを顕はす。是れ一般の通理なり。去れば家の盛ならんとする時は(、)上下悉く意を勉励に用ゐて一髪の透なく(、)朝夕栄利の増加するを視る。此を以て益々盛なる也。若し衰んとするに及ぶ時は(、)之に反し主僕相倶に威権を振ひ(、)寝食座臥只安心して(、)永世不朽の家産也と思ふて(、)敢て其習しに梧葉秋風の生ずるを知らず。患難頓に来たって始めて自ら其衰ふるを視る。此を以て困窮竟に挽回す可らざるに至る也。此境を知る事最難しと雖とも(、)我れ足下の為めに深秘を惜まず一語以て告げん。凡そ人貴賤貧富を論ぜず(、)他を軽蔑侮視するの念胸間に発せば(、)是れ則其衰頽の気の生ずる所ろ(、)百般の災害是より襲来すべきなり(、)と(。)此言や百発百中決して違ふ事なし(。)我れも深く感じて世の蒙者に報ず。」

(22) 「ダシ」には、近年「山車」の字があてられることもあるが、近世の記録には「出し」と見え、「山車」の漢字が登場しないため、後年の当て字と思われる。なお、川端五兵衛家には、「薬屋五兵衛日記」(文政一〇年から一三年、五代目五兵衛によるもの)があるが、そこには左義長祭りの記載がある。ダシの作成を外部に注文している様子がうかがえ、度々、ダシが不出来であることを理由に報酬を負けさせていたことがわかる。

(23) 近世でいうと、ある店が出入り先ごとに屋号を変えることなどもしている。西川利右衛門家は、江戸の店だと、大文字屋もしくは近江屋を名乗ることが多かったが、ある大名屋敷に出入りするときには「縁屋」の屋号を名乗っていたことが史料から判明した。また、同じ「縁屋」の屋号を、西川利右衛門家、伴伝兵衛家、森五郎兵衛家が共同名義で名乗ることもあった。

(24) 植田清（仮名）は、現在も八幡の本宅の近くに構え、当主不在中の屋敷の管理を始め、学術調査の窓口なども受け負っている。

(25) これまであがっているような商家だと、明治二二年（一八八九）に西川貞二郎（住吉屋西川伝右衛門家）、明治二七年（一八九四）に西川仁右衛門（大文字屋、利右衛門家の分家）、明治三五年（一九〇二）に西川甚五郎（山形屋）、明治三六年（一九〇三）に西川庄六（大文字屋、利右衛門の分家）、明治三九年（一九〇六）に伴伝兵衛（扇屋、伴庄右衛門の分家）、明治四二年（一九〇九）に森五郎兵衛（扇屋、伴伝兵衛の別家）、大正二年（一九一三）に西川仁右衛門が、それぞれ町長の任についている。

(26) なお、株式会社八幡銀行の設立資本金は一〇万円で、地方銀行としては相当大きい部類に入る。昭和四年（一九二九）までに五二五万円に増資している。八幡銀行は、八幡商人たちが国立銀行としての設置を申請しつつ、却下されたといういきさつをもっている。金融活動には八幡商人たちは非常に積極的で、西川貞二郎は、日本銀行設立時に四二五株の大株主となっており、その保有株数は三井八郎右衛門（三井財閥）、大谷光尊（西本願寺二一世法主）、川崎八右衛門（東京川崎財閥）、安田善次郎（安田財閥）、鴻池善右衛門（鴻池財閥）に次ぐ第六位である［渕上　二〇〇五］。

(27) たとえば、西川利右衛門家の蔵には源氏物語の注解書である「河海抄」が残っている。

(28) 八幡のなかでのやりとりに限らず、付き合いのある商家から迎えることもあった。

(29) 本章四節の記述を参照。

(30) ここでは基本的に、男性の奉公人について扱う。女性奉公人もいたが、経営そのものにはほとんど携わらなかった。

(31) 八幡でたずねても、各種の回想などをみても、「奉公人は八幡で雇った」となっているが、少なくとも「商事慣例調」における履歴書によれば、以下の佐藤勘兵衛のように、出店で雇ったと思われる者もいたようである。文政一一年（一八二八）に江戸の京橋に生まれた佐藤勘兵衛は、天保一三年（一八四二）一四歳のときに、父親の命にしたがって西川甚五郎家の日本橋の出店に入店し、明治一四年（一八八一）五三歳で出店の店主となっている［東京都編　一九九五、一二七頁］。すなわち佐藤は、江戸で生まれ、江戸の出店に出勤しているから、八幡で雇われた奉公人ではない。

(32) 明治前半の事例については、明治二一年（一八八八）の東京都による調査にもとづく商事慣例調査報告である「商事慣例調」の「東京畳表問屋組合」の項において情報提供者となっている近藤与兵衛の履歴書によると以下のようであった。文政一一年（一八二八）に青木文吉として生まれた近藤与兵衛は、天保一〇年（一八三九）、一一歳の時に大文字屋の日本橋の支店に出勤し、各藩の屋敷の御用伺を担当した。二八歳からは、江戸幕府の御用納達方を担当している。明治一五年（一八八二）五四歳のときに別家を許され、出店の店主となる。近藤は一一歳のときにはすでに大文字屋の日本橋の出店に出勤しているから、明治前半期には八歳頃に奉公入りしていたというのは、ほぼ妥当であるようだ［東京都編　一九九五、一二七頁］。

(33) これは八幡商人に限らない習慣である。三井越後屋においては、数百人の奉公人を抱えたような店も例外なく近世から近代の早い時期においては女人禁制で、数百人の男所帯であった［西坂　二〇〇六］。

(34) 権助というのは、地方出身の男性奉公人に対する呼び名であった。他の奉公人とは異なり、飯炊き専門で雇われた者で、終身、出世の望めない存在であった。その他、ある程度の年齢（多くは二〇歳以上）に達してから奉公に上がった者を「中年」「中年者」などといい、これも同様に出世の望めない者たちであった。

(35) この家訓は、聞き取りの限りだと大文字屋で共通のものであるから、分家・別家問わず、独立するときに分け与えられたものと考えられる。

(36) 八幡においては、別家するときには実家の宗派にかかわらず、本家と同じ宗派の寺に宗門を改めさせたという話がある。たしかに多くがそのようにしているが、たとえば伴家（浄土宗・正福寺）の別家である中村四郎兵衛は、浄土真宗本願寺派の八幡別院の門徒となっているため、必ずしも守られたことではないのかもしれない。

(37) 近江八幡市立資料館所蔵。

(38) 行事の総数は、正月・一四回、二月・一〇回、三月・一〇回、四月・九回（別に八幡神社祭礼に関する記載あり）、五月・一一回、六月・一一回、七月・一五回、八月・九回、九月・一二回、一〇月・一二回、一一月・八回、一二月・八回の計一二九回である。

(39) 本節の事例は、一節の記述との関連に配慮し、企業名を実名で記述している。

(40) 社長の康行は、甚五郎の長女の夫である。
(41) この背後には、戦時体制を強化するために発令された「企業整備令」の影響がある。
(42) 個人商店の名称は法人名としての法的な規制を受けないため、同時期でも二つの名称が使われていることもある。
(43) [西川四〇〇年社史編纂委員会編　一九六六] に掲載された日本橋のカクマン店の写真の看板を見る限り、明治四〇年（一九〇七）の段階では「近江屋」となっていて、大正元年（一九一二）には「近江屋・西川商店」となっている。
(44) 当主は家業の所有者であるとはいっても名義上のもので、別家制度の重要な点は、当主自体に家業の処分権はなく、別家衆が当主に対して引退を迫ることができたことである。
(45) 西川庄六家も、西川甚五郎家もともに、出店では「近江屋」と名乗ることが多く、「大文字屋」「山形屋」は八幡において使われた。
(46) たとえば、各社のウェブサイトでは、それぞれの会社の歴史がわかりやすく解説されている。
(47) 以下、断りがない限りは芝山俊雄（昭和一二年〈一九三七〉生まれ）からの聞き取りと、芝山家が所有する芝山家・太田家の過去帳の写しによる。
(48) 株仲間関連の史料（すでに活字化）から、享和二年（一八〇二）までは薬屋の株を所有していたことがわかる。
(49) 仁右衛門家の天正一三年創業も、江南良三による研究とは合致しない。江南によると、叶屋の創業者山村仁右衛門は、天正一八年（一五九〇）生まれである [江南　一九八九]。
(50) 近江地方には、「屋敷ボトケ」もしくは「屋敷先祖」という習慣がある。当地に新しく移り住んだ者が、以前その屋敷に在住していた家の霊を「屋敷先祖」として供養することをいう [伊藤　一九七一]。
(51) 単一の家によって永続的に家業が続けられていることが望ましいが、それが無理である場合も、特定の家との結びつきをもったものであることが老舗にとって望まれる傾向にある。「布屋伝兵衛」はこの場合すでに家の名前ではなく「店の名前」となっているわけだが、店の名前が「家の名前」と同じ形式を持っていることで、曖昧な形ではあるが「家」的なものとして連続性を示すことができる。
(52) この当時すでに仁右衛門家は各種の資産家一覧には登場しなくなっている。

(53) 扇四は、近江八幡のなかでも、雑誌や新聞の取材を多く受けてきた商家である。取材に訪れる記者たちにたいしても、中村四郎兵衛は、変わらずに続けてきたことと、後述する「慎ましさ」を強調して語っている。

(54) たとえば、四郎兵衛を襲名した際にも、披露宴の開催は断ったが、「売り出し」はしている。これも、派手なことを避けつつも商機として活かした事例だといえる。

(55) 茶道ならば、流派の家元を呼んで茶会をするレベルにまで達していたし、学問ならば、河海抄を自ら購入して読み解いていた。真似事ではない「本物の」教養が必要であったのである。現に、扇屋伴家からは伴蒿蹊(一七三三—一八〇六)という国学者も排出されている。

(56) 中野卓は、「本家へ通勤することが、ある末家(奉公人分家)の、家の社会的任務とされ、かつまた、その末家が、そのことによって家計を立てているなら、広い意味ではこれをも、その末家の家業とみてよい」[中野 一九六四、六五頁]と述べているが、これは明らかに違和感のある議論である。一般に、店に通勤して給与をもらって生活する者を「家業経営者」というだろうか。彼の議論によれば、家が独立して家であるためには、家業がなければならない。だから、無理矢理でも通勤別家に家業が存在することを認めなければ、別家を独立した家として認めることができないのである。「経営体=系譜」論のほころびが、ここには見られる。

(57) 近世における近江商人の形式的な「近代」性については、経営史の分野ですでに指摘がある[上村 二〇〇〇]。

(58) すでに述べてきたように、家と経営体が一致する状況においても、「経済合理的」であることは成立しうるためである。

[追記] インフォーマントご自身の希望により、第二刷の発行にあたって「麻屋」「麻善」「山崎善兵衛」「廣」「孝三郎」「孝」を実名の「扇屋」「扇四」「中村四郎兵衛」「勉」「豊三郎」「豊」へと変更した。

第三章　流動する家業と伝統への意志

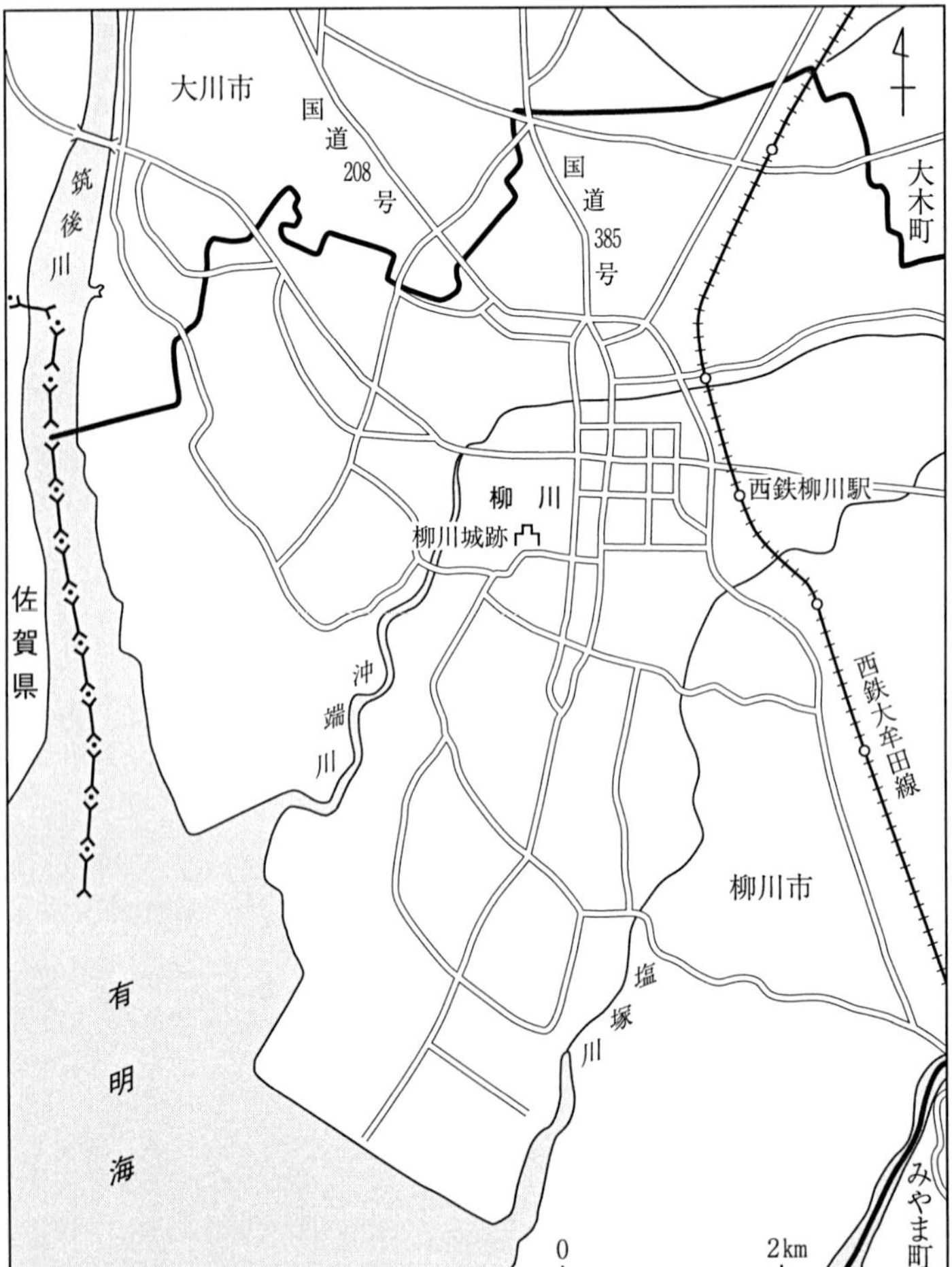

柳川周辺地図（『角川日本地名大辞典 40　福岡県』より作図）

はじめに

本章は、現在福岡県柳川市の中心市街地となっている柳河地区、城内地区、沖端地区の商家に対する調査をもとに書かれたものである。調査期間は、平成一八年（二〇〇六）三月、七〜八月、一〇月、平成一九年（二〇〇七）二〜三月、六〜八月、平成二一年（二〇〇九）三月、八月、平成二二年（二〇一〇）三月、平成二三年（二〇一一）七月の一二ヵ月間である。

柳川は、「伝統」的な町が売りとされつつ、実際には、比較的流動性の激しい町である。個々の家の来歴をたずねてみると、予想外に新しい歴史しかもっていないことが明らかになる。超世代的な長時間にわたる歴史の蓄積に比して、日々積み重ねられる実践とそれに伴う地位の上昇下降が重要なものとなる柳川というフィールドにおいては、商家の人びとの日々の実践に対する注視がより重要となる。

以上のような条件を前提として、本章では、柳川における伝統的商慣行の展開や、町の人びとが歴史・伝統をどのように用いているのかということを記述しつつ、彼らの「揺れかた」について理解したい。

一　流動化する家業

1　柳川の現在

柳川市は近世において柳川藩の城下町であった地域とその周辺農村部にあたる。柳河地区は近世において城下町だった地域、城内地区は柳川藩士が居住したいわゆる旧「ご家中」、沖端地区は沖ノ端川に面した河岸町であり、それぞれ三つの性格が異なる町場が隣接し、「柳川」と呼ばれる地域を形成している。本章においては、現地の人びとの慣例にしたがい、「柳河」「城内」「沖端」という三つの地区を合わせて、「柳川」と呼ぶ。それぞれの地区はより細かく分かれ、町内と呼ばれる単位となっている(1)。

柳川市は、平成二二年(二〇一〇)八月現在、人口七万二二二六人、二万四四三四世帯を数える。対象地区の人口はそれぞれ、柳河地区四九五八人、城内地区三八三七人、沖端地区二六四六人となっている(2)。現在の柳川市は、平成一七年(二〇〇五)三月に三橋町、大和町と合併して成立しているが、合併時における旧柳川市の商工業者(経営者)数は、柳川商工会議所によると二一五四名となっている(3)。

柳川は現在、町を縦横に流れる掘割を利用した川下りの名所および、北原白秋をはじめ文人の出身地として、観光客を集めている。本章で扱う商家の多くは大なり小なり観光事業や地域振興に携わっており、町の観光地としての位置づけと無関係ではいられない状況である。

柳川の中心地付近にある西鉄柳川駅は一時間足らずで福岡市へとつながり、三〇分程度で久留米市へと出ることができる。そのため現在では、柳川に住みながら福岡市や久留米市へ通勤通学をすることは困難ではなくなっている。

ただし、柳川市自体には大きな産業要素があるわけではなく、人口は戦後伸び悩んでいるといわざるをえない。柳川市は筑後平野の端に位置し、筑後川の河口東岸にあり有明海と面している。市域の多くが干拓地であり、標高〇〜三・五メートルという平坦な地形をもつ。町を縦横に流れる掘割は、低湿地帯を有効に活用するための治水事業の結果である。

次項では、本章の分析には欠かせない町としての歴史的展開を振り返っておきたい。(4)

2 城下町柳川の歴史的展開

城下町柳川の成立と展開

柳川地方は、湿原の土を盛り上げて開拓し、排水溝としてのクリークを整える形で、徐々に生活圏を拡げてきたという、中世以前からの歴史をもっている。しかし、本項では、本章の記述に直接関係がある、近世以降の歴史について記述しておくこととする。

柳川は九州の他の地方と同様に、戦国期において極めて複雑な経緯をたどっている。その多くは割愛せざるをえないが、地方豪族出身の蒲池氏が柳川城を築城し、その蒲池を倒した龍造寺家がのちに柳川に入っていることのみを記しておきたい。

豊臣秀吉が天下統一事業として九州を平定すると、立花宗茂が筑後三郡（のちの柳川藩および久留米藩の全域）を与えられ、柳川城を本拠として本格的な城下整備に乗り出す。関ヶ原の合戦ののちに立花家が改易されると、代わって田中吉政が入城し、近世柳川藩は田中家の領地として始まりを迎える。ところが田中家も、吉政の息子忠政に後継者がいなかったことから改易されてしまう。そして改めて柳川藩主となったのが、立花宗茂だった。二度目の入城の際には、柳川藩は柳川藩と久留米藩に分割されたため、一二万石となったが、近世を通じて立花家の所領として柳川は存在することとなる。

近年の研究によれば、田中家が藩主だった時代には、ある程度現況に近い城下町が形成されていたことが判明している［中野　二〇〇七］。城下町におけるそれぞれの町内に「鍛冶屋町」「細工町」「材木町」「東魚屋町」など、職業名を冠したものが多く見られることから、市街地形成の初期において、職業分住の形態がとられたことが想像されるが、現在残されている各種絵図類からはそのあたりの詳細をつかむことはできず、不明な点が多い。

今のところもっとも詳細な通史である、大正三年（一九一四）の渡辺村男『旧柳川藩志』によれば、柳川の城下町においては、基本的に専売制が採用され、自由な商業は認められていなかった。それぞれの業種において、それぞれ開業可能な店数が決められていた。商家が持った株は売買もされたが、その価格は高価だったという。これらの商家は、城下町の外からやってくる商人との中継ぎもしたようで、他方からやってきた商人は、柳川城下の商家を通さなければ商いをすること自体が禁じられていたようである。柳川の商人は、近世を通じて藩の庇護の下で特権的な商売をおこなっていたといえる。新参の者が新たに店を出す場合は、近隣に打診したうえで承諾書を添え、「其筋」に願い出る。同業者が多すぎる場合は差し止めとなり、他の業種での営業を選択することになる［渡辺　一九五七］。

さらに上層の商人として、御用商人がいた。藩政の当初は四七軒の商家を「御用聞」としていた。しかし、商業界でも次第に淘汰が進み、近世末には二、三軒の有力商人がもっぱらその任にあたっていたようである。

このような藩のあつい庇護のもと、遠くは江戸・大坂との貿易、長崎貿易にも携わる者もおり、権勢をきわめた商人たちであったが、その地位は安定したものではなかったようである。たとえば、諸藤弥平次という商人がいる。彼について渡辺は評伝を記している。諸藤弥平次は、「目一丁字なき」立場から立身出世し、酒造で財をなした。堤防を整備したり、干拓で田地を増やすなど、公共事業にも精を出したが、「晩年に及び家政修まらず。営業振はず遂に酒造業を他人に譲り一世を終」〔渡辺　一九五七、一三八―一三九頁〕えたという。商売を家業とし、維持していくことは、きわめて困難なことだったのである。(5)

城下町柳川の再編

近世を通じて藩の要所として栄えた柳川であったが、他の城下町と同様に、明治を迎えるのと同時に急展開を迎える。一二万九〇〇〇石の柳川藩は、明治二年（一八六九）の版籍奉還、明治四年（一八七一）の廃藩置県によって、消滅した。柳川藩はそのまま柳川県へと引き継がれるが、短期間のうちに三潴県、福岡県に吸収合併され、最終的には福岡県の一都市となる。柳川城も明治五年（一八七二）に失火に遭い、焼失してしまう。

柳川城が焼失した同年に、立花家では家督の移譲がおこなわれ、立花寛治が当主となる。寛治が、近代立花家初代の当主となるのである。明治二三年（一八九〇）に第一回帝国議会が開催されることになると、旧大名家の伯爵である立花寛治も貴族院議員として東京に住むことを命じられる。

この時期に多くの旧大名家は東京に移り、旧領へは戻らなかったのであるが、立花寛治は、地元柳川の農業振興に励むという理由により、議会の開催から間もなく柳川へ引き返している。そして、立花家は柳川の実業家としての新たなスタートをきったのである。

柳川に帰還した立花家は、さまざまな事業を展開していく。次節で述べるように、立花家が柳川において展開した事業は枚挙に暇がない。これは、柳川の地域振興という大義名分によるものであるが、反面、職を失った藩士たちに対する雇用創出という役割ももっていた。失敗するものの代名詞ともなっている「士族の商売」であるが、立花家というビッグスポンサーを抱えることで、創業が可能だったのである。

柳川城下においては、柳川藩が消滅したことにより、商人たちは専売許可が無効化され、経営の困難に行き当たっていた。だが、保護政策が無化されたことは同時に、商業の新規参入を容易にした。出店制限は緩和され、町内と組の承諾があれば出店が可能となった。そのため、明治以降柳川における商家の新陳代謝は活性化されたのである(6)。だが、柳川は明治以降発展の途に乗り遅れた感は否めない。その事情は多くの要因に基づいており一概に述べることはできないが、交通事情の変遷が大きく絡んでいることは間違いない。明治二二年（一八八九）から明治二四年（一八九一）にかけて九州初の鉄道として九州鉄道（現在のＪＲ鹿児島本線）が開通すると、門司から熊本までの区間が電車で結ばれた。その際に、柳川では住民の反対もあって、あえて柳川を経由せず柳川の西にある瀬高に駅が作られた。その後、昭和六年（一九三一）に佐賀線が開通するまで、柳川には駅ができなかった。

柳川のすぐ南にある大牟田では、明治二二年（一八八九）に三池炭坑が三井財閥に払い下げられ、近代工業都市としての発展を遂げる。近隣の城下町に比して目立った産業のなかった柳川は、近代において躍進することができなかったのである。その停滞ムードについては、当時の『柳川新報』という地方新聞からうかがうことができる(7)。

柳河の本通筋を通つて見れば（、）如何に商売の不景気であるかが分る（。）是時局の為めのみに非るは（、）日用品の売行宜しからざるに依て証す可し（。）柳川は旅客を以て立てるものに非る事を記臆せよ

明治三七年（一九〇四）四月一〇日、「読者の声」という欄に投書されたこの文章は、当時の柳川における商業がすでに振るっていなかったことを示している。このような投書は以降も頻繁に見られる。柳川の商業は厳しい状況に立たされていたのである。この苦境はたびたび記事としてもあらわれる。

福引所の西方寺墓裡にある燈火は幽火と相親み（、）大失敗を来たしたる調子に浮乗り易き（、）商機を見るに鈍なる柳河商人の本色発輝し得て憐れなり（明治四四年〈一九一一〉一月一日）。

柳川出身の北原白秋は、明治四四年（一九一一）に出版された詩集『思ひ出』において、以下のように述べる。

私の郷里柳河は水郷である。さうして静かな廃市の一つである。自然の風物は如何にも南国的であるが、すでに柳河の街を貫通する数知れぬ溝渠《ほりわり》のにほひは日に日に廃れてゆく旧い封建時代の白壁が今なほ懐かしい影を映す。（中略）水郷柳河はさながら水に浮いた灰色の柩である〔北原　一九一一（一九九七）、XIII頁〕。

柳川は、明治末年においては繁栄の跡を残すのみとなり、「廃市」「水に浮いた灰色の柩」と表現されるに至っていたのである。

戦後の柳川は、一部の海産物業者が海苔養殖で一時的に隆盛した以外は、商工会議所および観光協会が乗り出した観光産業に頼らざるをえない状況である。本章の調査地域は総じて近世における都市計画の影響で家屋が密集しているが、道路は狭く入り組んでおり、商業者が新規参入する障壁となっている。それにも増して、一九八〇年代以降柳川郊外の開発が進み、福岡都市圏への通勤サラリーマン家庭を対象としたマンション、彼らを主な対象としたスーパーマーケットやショッピングセンターができている。ことにここ数年は、柳川に在住する人びとも徐々に郊外のスーパーマーケットを利用する状況が生じており、柳川の商人たちは更なる苦境に立たされているといえる。

二　突出した商家の不在と町

本章のフィールドである柳川の家業について、前出の二つのフィールドとの比較のなかでその特徴を浮き彫りにしていきたい。佐原と八幡には、突出した商家が存在していた。佐原においてダンナと呼ばれた彼らは、昭和初期頃に多くが没落し、町の経済が縮小するのと同時に、町全体の家業は均衡化していった。八幡においては、佐原以上に突出した商家の存在が目立っており、「近江商人」として全国を股にかけた商売をしていた。近代以降没落したものもいたが、一段と飛躍し全国的な企業となっていったものもあった。

いずれにせよ、佐原のダンナや、八幡の「近江商人」たちは、町全体を動かしうるほどの力を持っていた。佐原では、ダンナがいなくなった途端に年齢組織が成立し、町の秩序は再編された。八幡においても、大店を中心に、商家同族団は数十の家と一〇〇人を超えるような人数をそれぞれの影響下に置いていた。佐原でも八幡でも、突出した商家を前提として町が作られ、運営されていたのである。

さらに、両地におけるこれらの店は、多くが近世の早い時期に創業の由来を持っており、圧倒的な安定感で他を凌駕していた。ところが、本章で扱う柳川は、他の二つと比較して、格段に流動性の高い町であり、浮沈も激しい。たとえば調査をして、近世以前に創業年代をもつ商家には四軒しか出会えなかった。これがすべてだとはいえないが、おそらく一〇軒はないだろう。

柳川という町は、城下町由来の堀割を基調とした観光産業に力を入れているため、全国的な知名度は比較的高い。しかし、このように伝統的であることを売りとしつつ、実情はそのイメージが期待しているほどには古くないという、矛盾にも似たずれが所与のものとして組み込まれているのである。

これは、柳川という町の特徴である。それは、柳川自体がそもそも人工的に作られた城下町で、藩に依存した重商政策がとられていたこと、さらに、近代以降の発展のために重要となる、都市インフラを整備するのに不利な条件が重なっていたことなどによる。細い道が極端に入り組んでいて、裏には必ず背割りの堀が流れている。道を拡張することが容易ではない作りなのである。突出した家業経営者である立花家の存在は、町のイニシアチブを握る商家が少ないなかで、異彩を放っているようにも思われる。

とはいえ、柳川に「ダンナ」と呼ばれる人たちがいるのは確かである。しかし、これは佐原や八幡でいう突出した商家とは異なる存在であるというのが、私の考えである。

1　柳川の「ダンナ」

ダンナ衆

柳川には、「ダンナ」あるいは「ダンナ衆」(8)と呼ばれる人びとがいる。それは、商家のなかで経済的に突出しており、その経済力を背景として、町内や町のなかの諸組織の役職者を務めたり、役職者選出の過程で強い発言力を持ったりする人びとのことである。彼らは自らダンナであると名乗ることはないが、世間からダンナとして認められており、自らもダンナ衆の一員であると自覚している。明確には示されないため数え上げて述べることはできないが、私がフィールドワークにおいて出会った話者の語りを総合して考えると、一五〜二〇人程度が調査現在において、「ダンナ」といわれている人びとであるようだ。

ダンナという呼称は、「オヤジ」と対応して使用される。一般の商家の主人が「オヤジ」と呼ばれるのに対して、本節で扱われるような店の主人は「ダンナ」と呼ばれるのである。以下では、ダンナがどのような役割を果たしているのか、ダンナとなるために、商家がどのような実践をしているのかについて分析したい。

ダンナというのは職業の名称ではないため、それぞれの家業は多岐にわたるが、ダンナ衆となった場合には、自らの家業と同時にさまざまな役職を任されることになる。役職は、町内の役員、商工関係の各組織の役員などである。さらに、役職として表には出てこないが、役職についた者を凌ぐほどの影響力を示したり、ダンナ衆の意思が組織の総意となるような状況が作られていたりする。それゆえ、ダンナ衆という人びとは外部から判別しがたいこともあるが、世間から有力者として承認されていることにおいては、肩書きにあらわれている場合と共通している。だが、経済的に優位であるから、役職についているからといってそれがダンナである十分条件となるわけではない。世間から総合的に評価されてはじめてダンナであることが許されるのである。

そうしたダンナはどのような力を発揮するのだろうか。まず、商家が柳川で商売するうえでもっとも影響を受ける組織として、柳川商工会議所がある。(9) 柳川商工会議所は日本商工会議所の下部に位置づけられる地域経済団体で、本章でいう柳川の商工業者を中心に一五〇〇人を超える会員を擁する。設立は昭和二二年（一九四七）で、それ以前の柳川町商工会を基盤として設立されたものである。入会条件は市内における商工業の事業主であることであり、年会費を払うことで会員になることができる。商工会議所では会員となるメリットとして「信用力が高まる」「経営相談を受けることができる」「会員相互の交流をはかることができる」ことなどをあげているが、(10) 会員である経営者に話を聞くと、多くの場合は会員の相互交流を求めて入会しているという。

商工会議所の役員の多くは会員である経営者によって占められており、ダンナと称される人びとの多くが商工会議所の役員となっている。青年会議所などの青年組織は、前述のような各組織の予備組織ともいえ、青年会議所の役員を経験した人びとが、家業を相続する頃になると商工会議所などの諸組織のなかで重要なポストを得ていくケースが多い。

その他、個々の地区ごとの自治組織のような、より狭い範囲において機能している下位組織もあるが、そういったもののなかにも、ダンナ衆が役員として選出されるものが多い。こうした諸組織における役員クラスの選出は、選挙の形式をとっているが、多くの場合において、誰が選出されるかはある程度決まっており、調節のうえで立候補者が選ばれることが多い。ダンナ衆の合議によって大方が決まってしまうことはよくあることで、その場合には選挙は追認の役割のみを果たす。このような諸機関の役員に加えて、町内の区長、寺の檀家総代なども往々にしてダンナが務めることが多いといわれる。

公共事業に関わる

ダンナであることの条件は、経済力によるものが大きかったが、それ以上に重要なのは、その経済力の示し方である。以下では、人びとがダンナとなるために、ダンナがダンナであり続けるために、どのようなことをおこなっているのかについて考えたい。

ダンナであることにおいて、もっとも重要だとされているのは、寺や神社に寄進をすることである。寺や社寺など、実際の商いとは遠いと考えられている部分に投資することがダンナとしての評価につながる。実際、柳川の寺や神社をめぐると、さまざまなものが個人名や屋号で寄進されているのをみる。多くの人がこうした寺社などに対する寄付行為と結びつけてダンナとして語る傾向にあることは間違いない。

例をあげれば、吉開家は、出来町の天満宮の大鳥居や小学校の奉安殿を建てている。下川家は自らの土地の一部を町内で祭祀する大神宮の土地として寄付をしているし、富安家も檀那寺である長栄寺の庫裏に大きな仏壇を寄付している。こうした寄付活動は枚挙に暇がない。柳川の神社や寺をめぐると、ダンナとして名前が通った人びとの名前や屋号が刻まれている鳥居や門、灯籠などがみられる。

ダンナ衆の力が発揮される機会として、祭礼の場があげられる。柳川では、近世以来町人を中心として「オニギエ」という祭礼がおこなわれてきた。これは三柱神社の祭礼である秋祭りで、ドロックドンもしくは踊り山という山車を引き回すものである。

ドロックドンは二層構造になった山車の上で、面をつけた「ウワヤマ」と呼ばれる人びとが笛、大太鼓、締太鼓、鐘、銅鑼の囃子にあわせて舞を舞うものである。かつては全町内でドロックドンを持っていたが、現在では上町、保加町、蟹町、京町三丁目と、新町の若手を中心とした飛龍会がドロックドンを持っているのみで、飛龍会以外は数年置きに山車を引き回すようになっている。

この祭礼の起源についてはっきりと書かれた文書などは残っていないが、よく知られている起源に関する伝説がある。

文政八年（一八二五）のことである。現在の場所に三柱神社が建てられる際に、城下の商人たちが力を出し合い、ドウブチ（基礎工事）をおこなった。商人たちは芸者衆を呼び余興をそえるなどして盛大に工事をしたという。ところが当時、店としての格を重んじていた保加町（当時から保加町は問屋街であった）の問屋たちは、それに加わらなかった。そのせいで保加町の問屋たちは不評を買い、逆にダンナとしての格が落ちてしまった。そこで問屋の北川新十郎と弥永久右衛門という者が、江戸の葛西囃子と京都祇園祭の山鉾を参考にして囃子と山車をつくり、翌年におこなわれた遷座式で披露した。それを見た他の町内が保加町の真似をして翌年以降山車を奉納するようになった。それがオニギエのはじまりである。「オニギエ」という祭りの由来は、「大賑わい」が訛ったものだという。

問屋街である保加町は、沖端川に面しているという立地上、経済的に豊かな問屋が集中していた町内である。現在でも保加町がオニギエの牽引役を担っていることは確かで、他の町内も聞けば必ず保加町を意識している。新町の人びとを中心とした飛龍会という組織が、平成一〇年（一九九八）に、祭礼が始まって以来はじめて新規参入したが、最初に保加町の許可をもらいにいき、囃子は保加町のものを学んだという。ダンナ衆集住地であった保加町の威厳は、祭礼の場においてはいまだに守られているといえよう。

基本的に寄付金によって運営されるオニギエは寺社への寄付と同様で、金の使い方を見せる機会でもある。寄付をすればその店の前で山車が停止して舞が奉納され、屋号が読み上げられる。

その他、ダンナ衆による出資はさまざまな場面においておこなわれる。総じて、公共事業への投資が中心を占めているといえよう。これまで、柳川においてダンナ衆が中心となっておこなわれた公共事業は、明治以降、柳河商業銀行の設立、柳河軌道と呼ばれるトロッコ鉄道の敷設など、多くの方面にわたってきた。戦後にもそういった例は多いが、特に現在につながる事業として、川下り観光の開発が重要である。

川下り観光は富安賢吉を中心にしてはじめられた事業である。今でこそ柳川は「川下りの町」として著名であり、行政がかなり参与して観光事業がおこなわれているが、その事業が始められた時点においては、ダンナ衆主導のものとして始められたのである。

［事例1　柳川の観光事業と富安賢吉］

商工会議所の執行部のメンバーは、ロータリークラブのメンバーと大きく重なっている。富安賢吉も同様であった。ロータリークラブのイベントで茨城県の潮来を訪れる機会があったのだが、そこで、川に船を浮かべ、観光客がそれに乗って楽しむのを見たのである。

川は柳川のほうがずっと長い。居合わせた柳川のメンバーは、同様にそれを感じた。だが、柳川においては川遊びを楽しむのは風流な文化人という印象が強かった。そこで昭和三〇年（一九五五）に商工会議所では五艘の船を建造し、川下り観光を始めたのである。

川下りは大ヒットし、観光客の人気を集めた。商工会議所では川下り事業を切り離して、さらに本格的な事業化していくために、新しい会社を作ることになる。資本金一〇〇〇万円規模の「柳川観光株式会社」が設立されることとなる。事業内容は、川下りに加え、観光旅行の相談、貸切バスの斡旋、観光地のホテルや旅館の予約および宿泊券の発行、航空券の斡旋、郷土土産品の販売など、観光に関する一切を含んでいた。その社長として富安賢吉が就任することとなった。さらに、柳川唯一の酒造元である国の寿の目野忠雄、旧大名家で観光旅館を経営する立花和雄、海苔加工機械の製造で事業を伸ばした竹下鉄工の竹下儀一郎、老舗料亭松月の中島健介という、主立った経営者が勢揃いで出資し、昭和三九年（一九六四）に発足したのである。賢吉は、飲料水製造業、製氷業、冷蔵冷凍業のほかに、観光会社の社長ともなった。

若手を育てる

ダンナ衆としての生き方のひとつとして、人材を育成することに出資をする傾向がある。特に、芸術家や文筆家などを育てることには非常に熱心であることが多い。そして、そうした行為を通して評価を得て、ダンナ衆としての地位を獲得していくのである。

柳川における資産家は、文芸・芸術と呼べるような領域に関心を持ち、それとのつながりを持つことにより、評価を得ようとしてきた。そのことは、資産家を「ただの金持ち」と「ダンナ」に分ける分岐点であると柳川においては説明されている。

茶道や華道、和歌などがもっとも一般的なもので、その他、芸術や文学の世界に通暁することも、ダンナの品位を高めるとされている。自らが作品を作るという面もあるが、自ら作品を生み出すのではなく優れた人材に投資をするパトロンとなることで芸術や文学の世界に接近するということが頻繁になされている。

ここで、村山薬局という薬屋を営んだ村山秀雄の事例を考えてみたい。

[事例2　北原白秋の校歌]

北原白秋と非常に親交があったんですね。この、村山秀雄ってのが。うち、あの、この辺全部、北原白秋作詞、山田耕筰作曲っていう校歌、柳河小学校校歌、それから商工会議所のあれ、社歌。校歌の例が物凄く多いんですよ。で、それは、多分に、うちの父が世話してるんですね（昭和一四年〈一九三九〉生まれ・秀雄の娘）。

秀雄は、北原白秋をはじめ、若手芸術家などへの資金援助を惜しまなかった。そういった関係の中で、秀雄は白秋に社歌の製作を依頼している。作曲は白秋の配慮で山田耕筰に依頼され、豪華メンバーによる社歌が完成したのである。白秋が若い頃不遇であったことは有名であるが、東京にいる白秋に秀雄は援助を続けた。そして、柳川において校歌などの作詞を依頼する際に仲介をするなど、白秋と柳川の間をとりもった。

白秋が生まれた北原家は、造り酒屋と廻船問屋を営んでおり、柳川でも有数の金満家で、名実ともにダンナであった。ところが、白秋が幼少の頃、失火に遭って没落してしまう。その当時、秀雄は薬屋の養子となり、跡を継いでいた。その薬屋は新興のうちに入るものであったが、すでに事業としては大成功しており、かなりの財産を蓄えていた。どういうきっかけであったかは不明であるが、秀雄は白秋との親交を深めていき、資金面の援助も惜しまなかった。そうした援助に対して、白秋は著名になった後に社歌を作詞し、山田耕筰に作曲をさせている。そうした歌の存在が知られたこと、さらに北原鹿次郎という彫刻家への援助などもあって、村山は「ダンナ」と目されるようになった。村山家は先代菊次郎の時点ですでに他のダンナ衆を凌ぐような資産を得ていたが、秀雄のさまざまな形による文芸・芸術への接近を通してはじめて「金持ち」から「ダンナ」となったのである。

ここで、私自身の経験を事例としてダンナについて考えてみたい。私は大学院生として柳川に赴いた。金銭的には余裕のない状況であったため、調査地から距離のある場所に宿を取り、自転車で片道数十分かけて調査地まで通っていた。

そうした状況のなかで調査を続け、多くの人びとと接触する機会をもち、多くのダンナと触れ合い、そのままあるダンナの自宅の一部屋を借りて住まわせてもらうこととなった。それ以降、飲みに出るダンナに同行する機会が多かったが、行く先々でダンナは私を店の常連や知人に紹介した。毎回、支払いの際に財布を出そうとすると必ずといってよいほど断られた。

私が同行したのは多くの場合飲食店であった。近所や柳川駅前に行くこともあれば、タクシーに乗って久留米や大牟田までいくこともあった。そのさいに、財布の中身を気にする私に向かってダンナは小さな声で笑いながら、「気にするな」と伝えたのである。

私が調査している内容について、そして民俗学という学問について、ダンナたちは興味を持っているようである。しばしばそういったことについて説明が求められ、尋ねられるたびに私は詳しく説明をするようにした。その過程でダンナたちは民俗学をハイカルチャーとして認定したようである。ダンナたちは民俗学を学ぶ大学院生である私に対して研究の協力を惜しまなかったし、研究のかなり詳しいところにまで関心を向けた。たとえば私が福岡県立柳川古文書館において史料を閲覧する際にダンナが同行してきて、史料の内容について事細かに尋ねたことがあった。特に、オニギエの資料などに興味をもった。民俗学に携わる私の世話をすることもダンナの仕事であると認識されていると考えられる。

2　「ダンナ」とは誰か

以上、少し詳細に「ダンナ」と呼ばれる者たちの状況を記述してきたが、ダンナというのは、佐原や八幡における突出した商家とは若干異なるようである。

佐原や八幡における突出した商家は、個人のおこないとして力を蓄えたというよりは、代々の家業のなかで富を蓄積し、家の権利として、義務として、ダンナ衆といえるような存在になっていったといえるだろう。ダンナ衆の強みは、その歴史の蓄積なのである。これまで二〇〇年間高い水準で家業が続いてきたということは、この先もそれが続くであろうということを容易に予感させる。それが、ダンナに絶対的な信頼を置くゆえんなのである。だから、佐原には二、三代しか経ていないようなダンナはひとつとして存在していなかったし、八幡においても、本当に実力を持ったのは、近世の早い時期から安定して力を蓄積してきたような商家であった。

ところが、柳川でダンナといわれているのは、ほとんどすべて近代以降の創業で、しかも多くは、ある主人が商売に成功して蓄財し、それを公共性の高い部分に投資することで「ダンナ」になったという物語である。柳川における商家の流動性の高さのせいで、家としての威信の蓄積を悠長に待っていることはできないようである。

だが、考えてみれば、商売で成功したものが公共性の高い部門に投資することは、よくあることである。そのことは、そのような行為をする者の信用をより強固なものにするという面があり、また、妬みを上手にそらし、損得勘定を包み込んでしまうような役割を多分に担う。だがそれは多くの場合、それをした個人の評価で終わってしまうものである。

すでにあげた柳川の「ダンナ」の例も、多くが蓄財した当人による、当人限りのものが圧倒的に多い。たとえば、神社が焼失したときに金を出して、「ダンナになる」というのは、佐原や八幡がそうであったような、突出した商家が超世代的に町に影響を与え、それを中心に町の社会構成がつくられるというようなものとは性質が異なるようなものである。

むしろ、「オヤジ」と対照的に語られる「ダンナ」であり、一般語彙の域を出ないものだとみなすべきだろう。また、各地の古い町にダンナ衆といえるような存在がいることを、柳川の人びとはよく知っている。たとえば、天領は大名がいないから、町の商人が力を持ったという話を、天領がなかった筑後や薩摩と対比して語るような場面に出会うことがある。

柳川のダンナがしている数々の行為は、みずからの地位を高め、安定したものへと近づけていくことを企図してされたものである。だがそれは、その安定性や超世代性を欠いている点で、佐原や八幡における突出した商家の存在とは若干異なる位置づけにあるものとみたほうが、理解はスムーズであろう。

3　殿様の近代

さて、柳川のダンナと並んで若干触れておきたいのは、柳川藩の旧領主である立花家(11)についてである。立花家は、いったん東京に移り住んだものの、明治一九年（一八八六）頃、柳川に帰還する。その後は、実業家としての近代を迎えるのである。領主が藩領域に留まるというのは、全国的にみても極めて稀な例である。しかも、ただ住むだけではなく、成功した実業家として活躍した。そのことは、町の社会構成においても重要だった。

立花家は親しみを込めて「トンサン」(12)と呼ばれる一方で、戦後間もない頃までは、一般の人たちから見ると、雲の上のような存在であったという。

［事例3　草取りは顔を見せてはいけない］

トンサンちゅうと……私がここに来た頃はですね、奥様が庭を散歩されるから、（中略）自分とこに雇った人間ですよ、草取りさんっちゅうのは。奥詰さんといって、これは家扶の位の人ですね。この人が二人おりましてね、その人が「何時頃奥様がこの辺を散歩されるとおっしゃってるから、顔の見えんようにしてくれ」と先回し言うて回った。そうすっと、草取りの責任者がおりますから、それじゃ、こっちじゃなくてあちらのほうの草を取りますから、と。そこはお見えにならんから、と。私がここに来た時分までそうでしたよ。もう日支事変は始まっておりましたよ（昭和三年〈一九二八〉生まれ・「御花」元支配人）。

［事例4　お上・殿様・御後室様］

その当時奥詰さんは（中略）殿様のことを「お上」っていった。私たちはもう「殿様」で。「ご後室様」とか。しかし必ず下には「様」を付けなきゃいけなかった。そういう時代でしたよ。

ここの長男。もう六十幾つかの人ですけどね、この人がまだ小ちゃいよちよち歩きの頃でしたよね。よちよち歩きであっても、御家扶頭であっても、（中略）昔流に言えば家老ですね。であっても、名前は呼び捨てです。その時の御家扶頭が中野正造という人だったが、「中野！」って呼び捨てです（「御花」元支配人）。

［事例5　土下座事件］

忘れもしませんがね、殿様が非常に猟に行かれるのが好きな方でしたんでね。その時一緒に行きよりましたらね、雨降り上がりですわな。遠くのほうにお婆ちゃんが、今みたいにコンクリ道じゃないんですよ。砂利道なんですよ。まだその時分は。（中略）もう戦争の終わった後のことですよ。着物着とうお婆ちゃんがこうして土下座して。道の真ん中に。戦後ですよ。まだ一五代が健在の時分だから。

そして「そこに今、婆さんの座らっしゃったばい」っち。「走って行って立たっしゃるこつ言わんかい」っち。それで私はただ走りして行ってそして「殿様の立たっしゃるこつ行ってけっち言いなはったっち、そやけん立たんですか、おばちゃん」こう言うて。そしたらもう、こげんしたままですよ（頭をさげながら）。頭もあげんと。「いえー、恐れ多いこっでございます」。このまま。何遍だっちゃこのままにしとる言うて返事しなはるばってん、立ちなはらんでしょうが。

そうすっと今度はもう殿様がじっとひとりいなはるでしょうが。「立たせんのやったら私が怒られやんもん、殿様から」そしたら、「いくら言うたっちゃ立たっしゃれんですよ、私は」。今度はまただ走りして走って、殿様にそげん申し上げた。そしたら殿様、側を通り過ぎる時に「あんた、着物の汚れとろうだもの、はよ立たんか」ち。そういう時代だったですよ。戦後すぐくらいは（「御花」元支配人）。

以上は、戦中期から立花家に勤めてきた元支配人が記憶する、元家臣や一般の人びとの立花家に対する接しかたであった。立花家が起こした事業は、以下のとおりである。

まず、立花家が東京から柳川に移り住む少し前の明治一四年（一八八一）に興産義社という缶詰工場を開設し、上海に支店を出すほどの成功をおさめた。士族授産としての意味合いもあり、立花家の元で、柳川の士族たちが禄を受ける状況が再現されたのである。

明治一九年（一八八六）には、柳川からほど近い中山村に、中山農事試験場を開設する。柑橘類の栽培を中心に事業を展開し、それはその後、立花家農場として、商品生産のための農場となる。その他、牛乳工場の経営もおこなった。このような形で、柳川の商人たちとは異なる規模の事業展開をおこなった立花家は、各種学校の創立や、銀行の開設に出資者として名を連ねる。中学伝習館および柳川商業学校の創立に関わり、柳川銀行の開設においても、筆頭出資者となった。また、明治一三年（一八八〇）に第九十六銀行が資本金を増資するときにも、最高額を出している［柳川市史編集委員会　二〇一〇］。

これらの公共事業において立花家が筆頭となることは、より現実的な意味があった。それは、柳川藩の旧藩士のなかで柳川に留まった者たちの積極的な関与の呼び水となり、立花家の関わった事業に、士族が連なったのである。[13] 彼らは、立花家の家政にもかかわり、立花家の相談役となっていった。

明治以降あまり振るわなかった商人たちとは対照的に、立花家と士族は、大きな存在感を見せている。柳川市史の『立花家記』では、「立花家の家政に携わることで、自らの望む施策を地域社会に対して働きかけることができた」〔柳川市史編集委員会　二〇一〇、三三六頁〕点を重視しているが、佐原や八幡において商人たちが担っていたような役割の多くの部分を、立花家とそれに連なる藩士たちが担っていたともいえる。

戦後、しばらくは立花家の家業が衰えたことがあった。大規模な土地経営もしていた立花家が農地を失ったことや、興産義社が植民地経営の終焉と同時に東アジアから手を引いたことなど、複合的な原因があった。それに伴い「お役間」と呼んでいた旧士族たちの面倒をみることもできなくなって、旧士族たちはしだいに立花家から離れてしまった。

その後、立花家は、戦後に当主となった立花和雄（現在の社長の父）の積極的な家業改革によって、昭和二五年（一九五〇）に、料亭業、翌年に旅館業を始める。それが、「御花」で、現在では柳川でもっとも大きな旅館となっている。

〔事例6　「御花」の創業〕

その、料亭業を始めるにあたっては、その前の家政局の人たちがね、猛烈に反対だった。魂だけは生きてますからね。落ちぶれたとはいえども。「殿様が水商売するなんてなんていうことを」っていう。料亭業っていうのは昔は、芸者上げて、今でもそうですけど、風俗営業の分野ですからね。非常にこう、品性を疑われるような商売だということで家政局の人たちは猛烈な反対したみたいです。それを祖父がね、隠居した祖父が「じゃあ、お前らどうやってこれを食べさせていくんだ」っち。「お前らが食べさせていくのか」っち。いうことで、その、認める認めないという話じゃないんですけど、やっぱりこう、相談相手の組織がまだ、完全に瓦解はしてなかったっていうかね、家政局というのが。取り巻きがこう、いてね。父としても相談相手がこう、必要だったでしょうしね。それで昭和二五年に風俗営業の料亭業っていうのをね、取るんですね（昭和二二年〈一九四七〉生まれ・「御花」社長）。

戦後も残った農事試験場由来の立花家農場と旅館「御花」のほか、屋敷蔵を活用した製氷会社などで立花家の家業は持ち直した。しかも、立花家が町の目立つ部分に舞い戻ることができたのは、戦後、柳川が観光事業にシフトしていったことにもよる。

観光事業の要として、旅館営業は発言を求められやすい。象徴的なものではなく実効性をもったものとして立花家の動向が町に影響を与えるようになっていることにおいては、そのような要因も考えられる(14)。

4　突出した商家の不在と町内運営

以上のように、近代以降、トンサンである立花家をのぞいて豪商といえるような突出した商家が目立たなかった柳川であるが、町の社会構成をみた場合、地縁組織の機能が強いという特徴をあげることができる。近隣組織を単位とした行事には、先述の三柱神社の大祭であるオニギエ以外に以下のものがある。

町内はさらに組に分かれ、五〜一五軒ほどが、隣組としてまとまっている。組を単位に、観音講が毎月（多くの町内は一七日）営まれ、エビス講は年に二度（一月と一一月）、組ごとに営まれる。現在はなくなったが、昭和五〇年（一九七五）頃までは組ごとに互助組織の頼母子講を営んでいた町内が多かった。また、旧暦一〇月には、エイギョウエイサツと呼ばれる行事がある。町内の子供たちが各家を回って、各家の者がなますを食べさせるというものである。夏季に地蔵祭り（新船津町）や閻魔さんの祭り（片原町）をおこなう町内もある。

それ以外にも町内独自の行事をもっている。町のなかには祠や神社も多く、中町では毎年七月に八剣神社の祭りを、新船津町では一月と七月に、保加町では一月、五月、九月に天満宮の祭りを組単位でしている。新町では、七月に風浪宮で夏越《なごし》祭りをしている。さらに、年中行事とはいえないものであるが、「年始」と呼ばれる年始回りは、得意先ではなく、町内を回ることになっている。葬儀をみても、出入り職人が行事を執行するようなことはなく、それらの職人は一般の弔問客となる。

佐原や八幡と比較すれば明白なとおり、組や町内に極めて重要な機能が与えられているということがいえる。少なくとも月に数度は組や町内の者が顔を合わせる機会があり、日常的なやりとりがおこなわれていることがわかる(15)。

この地域間の偏差がどのような原因によるものかは不明である。しかし、先にあげたように、藩の政策において近隣組織による営業管理がおこなわれていたことは非常に重要であろう。柳川のように三代以上を経た商家がほとんど存在しない町場において、このように比較的強固な近隣組織によって、町や町内としての一体感を保つことができていることも事実である。

さらに、このような近隣組織が柳川にあって他にはない理由を考えた場合に、柳川のダンナが安定して突出した存在ではなかったことは重視すべきである。佐原の町がかつて突出した商家に依存していたのは、それが社会生活全般において頼ることができる安定感を示していたからである。実際、佐原では数多くのダンナがいることで、小規模経営者たちは庇護を受けていた。火事で家が焼けてしまっても、ダンナがいれば飢え死にしてしまうことはないだろうというのは、大きな安心に繋がっただろう。

さて、以上のような状況であるため、柳川における商家の顧客関係は、佐原でいう「売る—買う」関係といえるほどの、生活全般に浸透するような顧客関係とは異なる。だが、売り手と買い手の親密な関係は、現在の柳川においても強調されることが多い。それは、流動する町のなかで商売を営む柳川の人びとが経験してきた家業経営の動態と密接に繋がり、現在に至るものである。次節では、そのような顧客関係について記述したい。

三　経営戦略としての「伝統」

柳川においても、売り手と買い手の親密な関係が強調される顧客関係が存在している。しかし、第一章において述べた、佐原の「売る―買う」関係とは異なり、冠婚葬祭を含んだ儀礼のレベルでの繋がりは基本的にみられない。そうだとするならば、家業を通した相互のつながりが、家同士の繋がりまで浸透しているとは必ずしもいえない。それでもなお、売り手と買い手の関係が密接な、一見「伝統的」とみえるような商慣行を柳川の商人たちが実践しているのは、大きな社会経済的状況が必ずしも自らの商売実践にとって有利ではない状況のなかで、時には積極的に、時には消極的に、選ぶべき方向を判断して選択してきた結果であるといえる。

そのような商慣行の近現代における展開を、彼らの経験をもとに理解したい。

1　「伝統的」な顧客関係―「語らない／聞かない」商売―

まず、柳川の商売の形態について、顧客関係を中心に述べておきたい。柳川の商家の顧客関係をみると、いかにも「伝統的」にみえる商売の形態がかなり多くの場合において採用されていることに気がつく。特に、町の中に在住する顧客を中心とする比較的古くからある業種などでは、しばしばこの形態がとられている。近年、町中にも増えたパン屋やケーキ屋などの類はあまりこのような商法を採用しているとは聞かないが、電器屋などはむしろこのような商売の形態を採用する傾向があり、必ずしも業種としての古さのみで決まってはいないようだ。

そのような顧客との関係について、柳川の人びとは「信用でする商い」「暖簾でする商い」と表現するが、それは端的に「語らない／聞かない」商売だといえる。この「語らない／聞かない」商売はいわゆる信用取引を旨とした顧客関係で、以下のような四つの商いのプロセスからなる。

・御用聞き（店の側から客のもとに赴き、注文をとる行為）

・配達

・ツケ（支払いの時期を先延ばしにし、まとめて支払う形態）

・カケ（分割支払いもしくは、毎回定額で支払うリボルビング払い）

もちろんこれらすべての要素を含んでいるわけではないが、いずれも長期安定的な信用取引を旨としたものであるため、基本的には客も店も互いに長期的な関係を結ぶことを前提としている。互いの素性が知れた中で商いがおこなわれていくのである。

「語らない」「聞かない」とはどういうことか。まず、その形態を単純化して①から④までにまとめた。

①店の側から価格の提示および商品の内容に関する説明がおこなわれない（客も尋ねない）

②店の意思により客ごとに値段を変えることもあり、価格交渉がおこなわれない

③決済は月末もしくは盆暮れ払いなどのツケおよびカケで支払われることが多い

④日用品・消耗品の商いにおいては注文の過程が省略されることがある

これは一見客との取引には向かない関係であるが、そもそも配達の手段が自転車やオートバイに限られてしまう以上、一見客はこの関係から排除されてしまわざるをえない。また、店舗の間取りは近世以来の間口を前提としているため、十分な陳列スペースを設けられず、このような形態をとらざるをえない部分がある。とはいえ、町うちの顧客

を相手にするだけである程度の収益が上がる場合、新規開拓の必要もなく、これはこれで持続可能なシステムだといえよう。

ただし、業種によっては一見客をどうしても迎えないといけない場合があったり、(16)当主が野心的で客の新規開拓を狙ったりすることもある。その場合は、二重の顧客関係を店側で用意しており、二種の取引慣行を使い分ける店や、広い範囲の客を迎えるために、国道沿いに広い駐車場をもった店舗やネットショップを開店し、客を振り分けるような仕組みをとっている店もある。

先に述べたように、「語らない／聞かない」商売の形態については、すべての店舗が採用しているわけではない。個人商店のような法人格をもたない店ならばまだしも、会社として比較的大きな資本で経営される店もあり、その場合にはどうしてもこの形態では間に合わないことも多い。しかし、柳川の場合多くは小規模、零細規模の店商いで、この商いをしている店が存外に多い。郊外に支店を設けるようなことは少数で、「語らない／聞かない」商売が柳川の基本的な顧客関係となっているといっても過言ではない状況である。

注文と配達

このような商いの形態について、実際の事例をもとに考えたい。以下に示す事例は、実際に私が立ち会った商いである。

［事例7　米屋の商売］

私は、商いがおこなわれる際に売り手と買い手がどのような交渉・やりとりをしているかということについて興味をもち、ある米穀商の仕事に同行させてもらった（平成一八年〈二〇〇六〉八月一一日）。

米屋の商いにおいて、注文の多くは電話によってなされるが、客は電話口で「米を持って来てください」としか言わない。店はそれぞれの客の状況を把握しているため、いつものとおりに品物を届ける。品物を届けつつ米屋と客は会話をするが、その際に話題にあがったのは、長く続く酷暑の話の他は、配達に同行している見慣れない若者（私）についてのみというのがほとんどであった。米の品質や種類、価格についての会話は全くなかった。

この米屋の客の多くは注文せずとも、定期的に米が配達される。イレギュラーな多数の来客や、米が余っているなどのケースのみ客の側から連絡をする（それも配達のついでであることがほとんどである）。盆や暮れは来客が多いため、配達する量を少し増す。

集金は毎月末もしくは盆暮れの年二回である。口頭で金額が伝えられ、客は言われたとおりに支払いをする。請求書・領収書には明細が記されず、具体的な品目も書かれない。

このように、現在の商いにおいても、「いつものとおり」が是とされる商売の形態が頻繁にみられる。こうした商売のありかたについて、かつては高額商品についても同様のパターンによる商売が「普通に」みられたという語りがある。(17)

［事例8　テレビを置いていく］

（電器屋がテレビを）突然、置いていったもんね。「今日も天気のよかねぇ。ならね（さようなら）」ち言うて。で、こっちも「ならね」ち。なんとなく観てるうちに近所でも評判になったけん、うちでも「観に来てはいよ（観に来てください）」ち。で、「Aさんげ（Aさんの家）でテレビば買うたげな（買ったらしいよ）」ち。「買う」ち、いっちょん（全く）言うとらんばってん（言ってないけど）、あれがうちにテレビが来たとき。電器屋もうまかごつやるけんね（うまいことやるからね）。集金も盆暮れでやるけん、結局テレビがいくらだったか、わからんもん。

そののち戦後最大のメディアのひとつとして機能することになるテレビが、「町の電器屋」によって、盆暮れの二期決済という伝統的な取引システムの中で登場したことそれ自体が、日本の一地方の高度経済成長をよく表している。「家にテレビがやってきた」というできごとは、郷愁を誘うフォークロリズム的な風景の代表格(18)であるのと同時に、高度経済成長期を象徴するようなできごとだともいえよう。

事例7や事例8をみてわかるとおり、商品の受け渡しと代金の支払いが長いスパンでおこなわれ、代金請求も明細を提示せずに、ツケやカケでおこなわれる。これは現在でも日用品の商いを中心としておこなわれる商いの形態である。顧客は、集金される段階に至っても、何をいくらで買ったかを知らないままに支払いすることも多いのである。そうした中でも客は何がいくらであるか、尋ねることはなく商いが進んでいく。店の側としても、客から注文が来る前に、積極的に注文をとるか、「いつもの」品物を届けるというのが通常である。

こうした商いは、店先の取引ではなく、配達を中心としている。そのため、店先ではほとんどやりとりがおこなわれない。「客は来ないが忙しい」ということも多いのである。

［事例9　客は来ないが忙しい］

私は、ある食料品の店において参与観察をおこなった。店先に置かれている商品はすでに古くなったものも多く、このような商品を店先に置いている店がなぜ商いを続けていられるのかに疑問をもったことがこの店を参与観察の対象とした理由である。

私は店先に座っていたのだが、いつまでたっても客は来ない。店主はそもそも店先にはおらず、奥でずっと作業をしている。電話すら鳴らない状況である。ところが主人は忙しそうに作業を続けている。夕方まで作業を続け、ようやく体が空いたところでタイミングをみつけ話しかけたところ、「今日は忙しかった」という前置きをした上で、今日の作業の内容について教えてくれた。この店は単価数百円の品物を扱っているが、次の日にまとめて数万円分の品物を納める必要があり、そのために忙しくしていたのである。そもそもこの店は店先で商いをすることを前提としておらず、注文での対応をしている。そのため、店先に陳列はしているが、突然店に来て「売ってください」と言われても困るのだという。

価格設定

価格を設定するシステムも非常に興味深いものである。価格設定について端的に表現された語りを示しておこう。

[事例10　定価はない]

そもそもね、定価っち、おかしいわけ。昔は、太郎さんと次郎さんにある商品を売るとして、同じ代金を請求するってことはなかけん、こっちには五万円、こっちには五万五〇〇〇円、それでやってたわけ。ばってん、デパートとか、スーパーとか、定価販売っち始むっと、違う値段をつけて売るのが、悪かごつ言わるる。昔は「客を見てから値段ばつけやん（つけないといけない）」っち言われてましたけど。

過去形で語られた語りではあるが、今でもこの店は、客ごとに価格を変え、支払いもツケやカケの形態をとっている。別の店の主人の語りの中で、以下のような発言がみられる。

[事例11　価格交渉はしない]

価格の交渉なんかは、いっさいしませんので、「あー、安く買えた」っち喜ばるる場合も、そうでない場合もあるけん、お客さんとの関係も難しいところがありますよね。「うちには一万円で、あっちには一万五千円か」っちなった場合に、お客さんが喜ぶとは限りませんもんね。長いこと商い続けるっち言うたら、こげんこつ考えんといかんですよ。お客さんからすればね、「一見さんは、値段のサービスで引き寄せる」「お得意さんは、値段じゃない、いろんなサービスで引き留める」そういうわけです。向こうも柳川の人なら商人やけんですね。一筋縄ではいかんですよ。

価格交渉はおこなわれず、金銭のやりとりも長期的なものとなっている。きわめて不透明なやりかたで交渉が進んでいるといえる。この価格設定のありかたは、「常連客（お得意さん）は安くする」というような単純なものではなく、客との間合いを絶妙に測りつつ店側が価格を設定していく様子をうかがうことができる。

顧客と顧客ではない人

このような商売は、店舗における商売において、顧客と顧客以外を判別することを困難にさせることがある。しかし、店の者は顧客であろうが顧客でなかろうが場合によっては同じように接する必要があることも多い。

［事例12　誰が顧客か］

私は、眼鏡店の本店で、定点観察をおこなった(19)（平成一九年〈二〇〇七〉八月、一一〜一六時）。その間に眼鏡店に出入りしたのは、以下の人びとである。

①店の人（社長および社長の長男は、郊外の支店にて勤務）

A（社長の母）、B（社長の次男）、C（Bの妻）

②訪れた人

Ⅰ：購入した眼鏡を取りに来た人……二名

Ⅱ：眼鏡を注文しに来た人……一名

Ⅲ：商店街振興組合の人……一名

Ⅳ：眼鏡のメンテナンス＋世間話……一〇名

Ⅴ：世間話……三名

Ⅵ：私（含、眼鏡のメンテナンス）

これらの出入りした人びとのうち、代金を取ったのはⅡのうち一名と、Ⅳのうち二名のみであった。金を払ったⅡは、Bからの「代金はいつでもよかですよ。前通ったときにまた寄っていただければ」という声かけに対して、「なら、少しだけ置いていくわ」と言って、代金の一部（五〇〇〇円）を置いていった。

茶を飲みながら世間話だけをしていったⅤのうち二名は眼鏡をかけていない。Ⅳが圧倒的に多いが、これらの人びとのうちほとんどは店員（多くはB）のほうから「〇〇さん、眼鏡磨いておきましょうか」と声をかけて、メンテナンスをしてもらっている。

事例12のうち、店にとっての「顧客」でないことが明らかなのは、Ⅴのうち眼鏡を使用していない二名と、私のみである。[20]その他は、長期的な顧客関係にある者か、顧客予備軍となるが、どれを顧客としてみなしてよいかは、客観的には判断しにくく、店の者も特に対応を変えている様子はない。事例8の電器店のような商売をしている場合にも、その前後に、品物も現金もやりとりしない日常的な付き合いが存在していたことを想定できる。

2　「伝統を守る」ことのしたたかさ

このようにみてくると、伝統的な生活習慣について重視してきた民俗学においては非常に興味深いと思われるような商慣行の「残存」を指摘することができるだろう。しかし、これまでの柳川の商業を少し時間軸にそってみていくと、この「伝統的」な商慣行が、紆余曲折を経て商人自身の選択によって選ばれてきたことがわかる。ここでは、柳川における商慣行の近現代を跡づけたい。

田舎町の自覚

柳川の人びとに話を聞くと、この「語らない／聞かない」商いをしている理由について、「昔と違って今は柳川も廃れて、商圏が狭く人の賑わいに欠ける田舎町ではこのようにするのがよい」という理由を聞くことが多い。「田舎町意識」ともいえるような意識が彼らを規制しているともいえるが、この「田舎町意識」はかなり早くから彼ら自身に自覚されていたようである。たとえば、本章一節において提示したように、『柳川新報』の発刊間もない時期の投書欄に「柳河の本通筋を通つて見れは如何に商売の不景気であるかが分る」（明治三七年〈一九〇四〉四月一〇日）あるいは「調子に浮乗り易き商機を見るに鈍なる柳河商人」（明治四四年〈一九一一〉一月一日）というような投書が相次いでいた。

また同時代、北原白秋は、柳川を「廃市」であるとし、さながら「水に浮かんだ柩」であると表現した〔北原　一九一一（一九九七）〕。当時すでに柳川の商売がふるっていないというような意識はある程度共有されていたとみることができよう。

そのような時期に、行政の側も柳川商業の振興策として「定価販売」の奨励をおこなったようである。その頃の町是には、

> 商品ノ価ハ薄利ヲ旨トシ正札ニ改ムルコト　是レ即チ信用ヲ博スル最善ノ良法ナリ如何トナレハ同一物品ニシテ甲乙顧客ニ対シ高低ヲ以テセンカ高価ヲ払ヒシモノハ勿論低価ノ客モ亦未タ確信セス此間一点ノ疑義ヲ挟ムニ至レハナリ（明治四五年〈一九一二〉『福岡県山門郡柳川町是』〔柳川市史編集委員会　二〇〇一、六三二頁〕）

とある。明治終わりから昭和初期までの時期というのは、三越呉服店が百貨店化したのを皮切りに、大都市を中心に「正札（定価）販売」「陳列方式」がようやく日本で一般化した時期であった〔初田　一九九三〕。

柳川においても、昭和初期から、陳列方式、定価販売を取り入れる店が出てきた。そのもっとも進んだ形態が百貨店であり、昭和一一年（一九三六）には「松屋百貨店」が開店した。この頃のことをはっきりと記憶している者は柳川には少なくなったが、調査当時一〇〇歳を過ぎていた明治四〇年代生まれの元商店主に聞くと、この頃、百貨店に限らず陳列販売や定価販売が「流行った」のだという。現在、陳列や定価の値札を出すことをやめてしまったような店の中には、その時期に一度、定価販売を取り入れていたというケースがあり、必ずしも現在の商いの形態が無闇に採用されてきたわけではなさそうである。

ところが、柳川の場合、このような商売があまりうまくいかないことが多かったようである。松屋百貨店は翌年には閉店しているし、戦後に町の有志が集まって「銀京デパート」という店を開店させたが、それも数年で閉店している。このようなことをきっかけとして、「定価・陳列」は柳川の商売にそぐわないという意識が高まったようである。

［事例13　定価販売をあきらめる］

（父親の代のときに）うちでもやったみたいですよ。「定価で売ります」って広告出して。でもだめで、「定価で売ります」って出したのに、全然そうならなかった。父も観念した、って言ってました。うちにはうちのやり方があるって。まあ、あきらめたんですけどね。(21)

確かに、陳列のスペースを考えれば現在の店舗のままでは難しい。ほとんどの家が家族従業の自営である以上、配達と集金は必須である。定価販売と一括支払いは一見の客からしっかりと代金を取ることに関しては便利だが、長期的な取引を続ける場合に、必ずしも必要な要素だとはいえない。それは、「あきらめ」であったのと同時に、柳川という「田舎町」で商売を続けるための「戦略」の発見でもあった。

高度経済成長の流れ

それから程なくして訪れた時代は、よりダイナミックな変化をもたらした。高度経済成長期の訪れである。大規模小売店が登場する以前のこの時期、中小の小売店は全国的に活況をみる。同時に工場生産のシステム化とメーカーの大型化は流通を根本から変化させた。これまで以上に伝統的な経営方針や顧客関係は変化を迫られた。

たとえば、価格設定についても、工場生産の規格品が出てくると、メーカーが指定した「定価」は否応なく突きつけられる。その前の時代の「定価販売」は店の側が自発的におこなったものであったが、ここではもっと大きな力として突きつけられた。それは同時に、価格の設定が「値引き」としておこなわれざるをえないことをも意味する。

それまでの顧客関係でいえば、価格というのは店と客の間合いによって定められ、価格が仮に高かったとしても、それは商品の質の問題や期待されるサービスの質として説明可能なものであったため、客の側から支払いの中身についてとかく尋ねることはなかったし、ツケやカケで支払うために、支払総額がどの程度になるのか客側も把握していない場合が存外に多かった。加えて、ダイレクトに親密性の証でもある価格について、他言しないという美徳が存在していたという。

ところが、定価と値引きがもたらした「本来あるべき価格」という意識は、値引きというものを常態化させるような効果をはらんでいた。たとえば、事例8でテレビのエピソードを取り上げたが、別の電器屋の当主（男性、すでに引退）は以下のように語る。

［事例14　量販店のおかげで楽になった］

今はねえ、町の電器屋も躍起にならないですよ。安く多く、売らなくてもいいんですから。安く売ったらベスト電器（郊外の電器量販店）に勝てないですからね。でも、白黒テレビを売ったときは、違う。薄利多売。いろいろしましたよ。あの頃は、安いのがいい、そう思っとりましたから。お客さんもそう思ったんじゃないですかね。「町の電器屋さんはアフターサービスが一番」なんて、最近ですよ。あの頃は町の電器屋しかありませんから。みんな、新規参入。そういう意味では、量販店のおかげでずいぶん仕事も楽になりましたよ。儲けは減りましたけど。うちが何をすればいいのか、わかりますからね。

白黒テレビを売った頃は、家電業界の再編期でもあった。そのため、どこの地方でも町場には電器屋が乱立する状況となった。その中で、「安いのがいい」というのはいわば当たり前のことでもあって、基本的にすべての人が「町の電器屋」で家電を買う以上、アフターサービスを売りにしづらい状況だったようだ。荒物屋、小間物屋、金物屋など、おもに日用雑貨を扱うような業種においても、値札がつけられた売り場は常態化され、それと同時に値引きされたものが「特価品」として並ぶようにもなった。

とはいえ、柳川の商売のすべてが定価販売、現金一括決済の売り方に変わったというわけではなかった。たとえば、事例8に示したのはちょうどこの時期の例であって、「語らない／聞かない」商売の形態をかなりの部分において継承していることがわかる。しかし、それはただ前代を引き継いだというわけではなさそうだ。

事例14の電器屋で話を聞くと、昭和三〇年代の開店の時点から特にテレビなどの高額商品の場合は設置のために出向くことは必至で、分割での決済になるツケやカケのほうが、客が購入しやすい面もあったため、ちょうどよかったという。事例8のような話は少し強引なようではあるが、客の家の経済状態まで把握しているような間柄であるからこその判断だとも考えられる。あの時期、テレビを買うことは世間の評判に直結するものであって、一度置いてしまうと返却するとは言いづらかったというから、現在からみても電器屋の判断は間違っていなかっただろう。

電器屋の事例にこだわりすぎたきらいがあるが、この時期は、二つの商法が混在していた時期でもあったようだ。

この時期にはさすがに店に陳列スペースをもたない店はほとんどなくなっていたし、必ずしも顔見知りではないような客にも対応できるような商売に切り替わっていた。呉服屋などの特殊な場合を除いては、ある程度「定価」を意識した商売を始めている。郊外の大型店舗などはまだなかったから、買い物といえば、普段は柳川のような町に買いに行くしかなかったのである。実際、現在と比べてかなり広域からの客を迎えていたようだ。(22)

このような「近代的」な（この表現は必ずしもふさわしくないかもしれないが）商法と並行して、町うちの客を中心に従来の商法は維持された。それは、「二重の顧客関係」であり、以上で述べたように、客側からの需要に応じたのと同時に、店側が戦略的に選んだものでもあった。

八〇年代から現在まで

一九八〇年代以降、スーパーマーケットや郊外のショッピングセンター、コンビニエンスストアなどの出店が柳川近辺でも相次ぎ、柳川の商人は改めて対応をせざるをえなくなった。もっとも大きかった困難は、どのように工夫をしても量販店よりも安く商品を売ることができないことである。客の流出は防げなかった。

しかし、そのような状況下においても積極的な反応をした店の中には、あえて量販店と差別化を図るために、以前の「語らない／聞かない」商いの形態をあえて強調したものも多かった。「二重の顧客関係」を展開した中には、あえて片方の「近代的」な商法を切り捨て、伝統的な顧客関係に回帰することを選択した店も多かった。多くの場合は店の陳列部分をそのまま維持しつつ、店先での商売に力を入れなくなったというパターンである。

事例9がそうであったように、柳川の商店街を歩くと、店先は暗く、商品は陳列されているけれども埃をかぶっていたり、賞味期限を過ぎていたりすることもあるが、以上のように複雑な経過をたどって現在に至っているのである。それは、建前としては「二重の顧客関係」を維持しつつ、片方を限りなく形骸化させることで、逆に量販店と差別化する方法をとったということである。事例14の電器屋が「量販店のおかげでずいぶん仕事も楽になりましたよ。儲けは減りましたけど。うちが何をすればいいのか、わかりますからね」と述べているのはそういうことである。郊外型の量販店と町の商店は対立の構造にあるかと考えがちであるが、それを逆に商機と捉えた者もいるのだ。

商機は以下のような形でも訪れた。

［事例15　「懐かしい」やり方］

こういう昔ながらのやりかたで商売してると、若い人まで「懐かしい」なんて言い出すんだよね。最近はそれも売りにできますよね。うちは昔ながらでやってます、って。

ここまでくると、この伝統的な顧客関係は本来とは異なる意味づけが与えられ、まったく新たな戦略として生かされるようになっている。近代以降展開した「伝統的」な店と顧客との関係は、戦略的に活用されるものですらあるのである。彼らは「伝統的」なものを活用することにきわめて敏感で、新たに選択するという術を自ら身につけてきたのである。(23)

3　「伝統的」商慣行と人びとの選択

「伝統的」商慣行とは？

おおまかに三つの時期に分けて、「伝統的」な顧客関係を中心に柳川における商家の商法の展開を跡づけてきた。ここで明らかになるのは、現在おこなわれている「伝統的」にみえる「語らない／聞かない」商いのありかたを、ただ「残存」の跡としてではなく、彼ら自身によって選ばれてきた経営戦略のありかたとしてみることができるということである。この商法の現在は、それぞれの時代において常に前代の残存であったのと同時に、新たに発明され続けたものだといえよう。

昭和初期にいったん消えるかのようにみえた伝統は、新しい商法の失敗を脇目にみつつ、また新たな意味を付与されて復活させられた。次には、高度経済成長の時期に改めて「二重の顧客関係」として戦略化された。そして、のちには大型店舗の出店に対する反応として、再発明されるのである。それぞれの意味づけは、前の時代を引き継ぎつつ、それに並行するようにしてなされ、複雑に絡み合いながら、現在に至る。

ここでの三つの時期区分は便宜的なもので、ここで示したものは柳川における経済の展開のひとつのパターンにすぎない。実際には店の数だけ戦略はありうるし、それぞれにおいて展開を追うことができるだろう。しかし、本章においてあえて集合的に事例を扱ったのは、それを地域全体として展望したかったからである。それぞれの戦略は町全体で足並みを揃えたわけではないけれども、それぞれの店のそれぞれの人びとの選択が、地域の経済史をつくってきたさまを記述しえたといえよう。

経営戦略の選択と挫折

しかし、ここで考えておかなければいけないのは、彼らがとった方法が、唯一の選択肢ではなかったということである。このような商家の経営戦略を指して「老舗の知恵」などとして持ち上げる言説もあるが、彼らは対症療法的に時代ごとの選択をしてきたに過ぎず、それは挫折の連続でもあることを忘れてはならない。

冒頭でも述べたように、柳川という地域全体をみた場合、店の入れ替わりは激しく、本章で描写してきた近現代の展開の中でずっと存在し続けることができた店は少数である。町全体でみるならば戦略そのものは選択され続けてきたけれども、それは途切れ途切れの糸の絡み合いのようなもので、店ごとの連続性はほとんどないに等しい。本節はいくつかの成功例を事例として書かれたものであるが、成功例は常に周囲のたくさんの挫折を反面教師としたもので、ある成功も次の時代の反面教師となる可能性をはらんだものであった。

柳川において、「伝統的」な商慣行が経営戦略として有利に働いてきたことは評価してよいだろうが、それは「伝統を守る」という素朴な営みの結果ではない。それは戦略的に選択されてきたものであり、ときには消極的に「選択せざるをえなかった」結果としてそこにあるものだといえる。

物理的にも社会的にも様々な不都合さによって構成される地方都市で商売をする以上、消極的な選択が望まない結果（たとえば倒産）を招くという悲劇的な結果すらも現実的なのである。

加えて、二〇〇〇年代という時制でみるならば、店舗の入れ替わりが滞り、空き店舗が増えて空洞化しつつある町並みがそこにある。それは彼らの経営戦略がいかなる時代にも対応できるわけではないことを突きつける。石井淳蔵は統計的に商店主の所得が下降していることを明らかにし、現代を「商店経営が構造不況業種化した時期」だと指摘したが［石井　一九九六］、それは店の経営者にとっても自覚されていることで[24]、柳川の商店主の多くは楽天的な考えをもっていない。それは現状認識でもそうで、なんとか経営が続いていても、収入として落ちてきている店が多いことは大いに自覚化されている。彼らが発明し選択した商法は、いつでも挫折の上にたったものだった。そして、それはこの先の針路を示すものではないのである。「老舗の知恵」的な伝統賛美は、ここでは通用しない[25]。

ここまでの分析で明らかとなってきたのは、時代の大きなうねりの中で、ときには時代に同調し、また抵抗をしつつ、経営戦略を選択してきた人びとの姿であった。伝統は常に何かを守るというよりは、新しいものを生み出すことに他ならなかった。ただ、大勢でみれば戦略は自律的なものとして選択されたことはなく、常に時局に取り込まれるような形で対症療法的に選択されざるをえなかったのである。

そのような意味では、彼らの選択は大きな時代の流れへの抵抗であるかのようにみえるけれども、実際には、社会的・経済的な状況、そして世間からの欲求に翻弄され続けたといえるだろう。

経営戦略として伝統的商慣行を選択する場合、一見、彼らが伝統を使いこなしているようにみえるが、彼らの手で結果をコントロールできない以上、ある種の「賭け」とならざるをえない。これまで述べたとおり、「伝統を守る」ことは万能ではなく、あくまでも選択のひとつとして存在してきたにすぎないのだ。だからこそ、素朴に彼らの主体性や伝統がもつ力を評価することには禁欲的でなければならない。

だがこれは、流動性や不確実性から特徴づけられることの多い現代社会を考える上で重要な視点となりうる。万能の選択肢ではないとはいえ、不確実な状況に際会した人びとがあえて伝統的な方法を選択したことや、それが結果的には小規模小売業者数の維持に一役買ってきたことは、注目に値するだろう。

柳川は、先に述べたとおり、町の人びとが期待するほどには家業そのものの連続性をもたない店が多く、そのなかでの浮沈も激しい。そのようななかで、その安定への思考は、伝統的商慣行を創り出してきた。それは、そのような伝統的な商慣行が、近代的な商売のスタイルと差別化をはかるのにおいて、有効であったからである。顧客を含めた世間の人びととの間合いを上手につくっていくことが、柳川という町で商売をする場合の必要条件であり、それが伝統的商慣行と親和的であった。そのため、柳川の町の商売は、最終的に「昔ながら」の商売にたどり着いたのだ。

実際には様々な挫折と選択の上にたった伝統的商慣行が「昔ながら」の形をもっていることは、矛盾した状況を作り出す。実際には変転の末であったものが、「昔と変わらない商売」として語りなおされてしまうことは、商家にとって新たな試みを次第に難しくさせる面がある。

実際の家業を見た場合に「伝統的」ではないにもかかわらず、伝統的なものが求められる矛盾した状況は、本節で述べたような家業の経営実践だけにとどまらない。何度も述べるように、実際には柳川の町と柳川の商家の歴史の間には断絶がある。いくら町が「城下町」であろうと、商家の歴史が城下町までさかのぼることができるわけではない。そこで、商家の人びとは自らの新たな語り直しをしなければならなくなる。次節ではそのような状況について述べたい。

四　老舗になる―店の歴史を物語る―

本節では、柳川の人びとが世間の欲求にあわせて自らの歴史を語り、歴史とつながっていく手段を様々に操っていく様子について論じる。突出した存在がいないために、流動的で浮沈が激しい町の商家にとって、その歴史を主張することは容易ではない。

歴史とつながる家／店というのは、すなわち「老舗」である。その老舗がどのように世間との関係のなかでつくられていくのかを中心に記述したい。

1　店の歴史をつくり出す

店の相続と養子

たとえば八幡の豪商がそうであったように、経営体を家が継承していくためには、家の相続システムが十全に機能することが重要である。その場合には家筋としての継続がもっとも重要であるから、ときに養子が跡を取ることもある。はじめに、柳川の商家がどのような相続と養取慣行によって家としての連続性を保っているかについて明らかにしたい。

柳川の商家においては、他所の商家と同様頻繁に養子がとられる。そして、養子の地位は、総じて高く、実子と変わらない。だが、必ずしも養子を取るわけではないのはもちろんである。いくつかの家の事例をもとに、養子による家業の相続がどのように起こるのか考えたい。以下のデータはすべて、現在の当主からの聞き取りによるものである。

［事例17　本田家］

本田醸造創業者の春吉は土地経営の手腕もあったため、店は順調に発展した。だが、春吉には子どもがなかったため、弟の子の彦一郎を養子にいれ、跡継ぎとして教育をした。彦一郎は五高を出て帝大農学部を卒業し、跡を継いだ。ところが、まもなく肺結核で病死してしまう。彦一郎には娘の道子がひとりいるのみであったため、親戚から跡継ぎを探した。彦一郎の妻五月の従兄弟省吾が道子と結婚し、跡を継ぐことになった。商家の経営を学ぶために五月のもとで数年修行をし、その後に跡を継いだ。

［事例18　村山家］

村山家初代の菊次郎は大和町で生まれ、熊本県南関町の薬局で番頭をしていた。そこの娘ウメと結婚するのと同時に暖簾分けされた。しかし、同じ南関では競合するため、柳川の細工町に出店した（その後、京町に移る）。菊次郎には子がなかったため、城内に住む士族の息子、森本史郎を養子に入れる。さらに、史郎の息子が幼少にて亡くなったため、史郎の妻マツの姪章子を養子に入れた。章子は薬学部を卒業していた。夫の徹は章子の大学時代の同級生であったが、結婚するときにはすでにマツは事故で亡くなっていた。「村山」の姓で跡を継ぐには、事前に養子に入っていた章子のもとに徹を養子として入れる必要があるため、徹が婿入りする形態をとった。

［事例19　富安家］

富安家は、創業以来、すべて長男によって相続されている。だが、商いそのものは次々と変えてきたという経歴があり、歴代の当主はそれぞれ新たな商いの分野を開拓してきた。初代の梅次郎は新町においてラムネ製造の事業を興したが、その跡を継いだ二代目の賢吉はそれに加えて製氷業および冷蔵・冷凍業を始めた。三代目の武美は、梅次郎と賢吉がおこなってきた事業をすべて廃業し、旅館業を興す。このように、富安家では長男相続を続けてきたが、業態は次々と転換してきた。

［事例20　枝山家］

枝山家は屋号を「鶴屋」といい、近世柳川城下において鬢付け油を扱う商売をしていた。明治時代になると鬢付け油の需要が低下したために、喜一郎は明治一二年（一八七九）に乾物屋を創業した。それ以降京町で乾物屋を営んでいる。そのあとを継いだ勝彦は、喜一郎の妹である岡トメの娘幸子を嫁にもらった。従妹との縁組である。ところが勝彦と幸子には子がなかったため、幸子の妹である山川光恵の娘である米子（幸子の姪にあたる）を幼少時に養子として取った。米子が勝彦と幸子の養子に入ったのは一二歳のときで、戦後間もなくの時期であった。米子が長ずると、沖端地区から博を婿養子として取った。その長男邦夫が跡を継ぎ、邦夫が乾物屋としては四代目となった。

［事例21　野川家］

野川家は、創業者の慶太郎から現在まで京町で眼鏡店として営業してきた。創業は明治一六年（一八八三）のことである。慶太郎の親は小次郎といったが、彼が眼鏡店の仕事に手を出していたかは不明である。慶太郎は寿恵子という妻を迎えたが、ほどなく亡くなってしまった。さらに、後妻として米子という妻を迎えたが、米子も子をなさずに亡くなってしまう。米子が亡くなった時点で子どもがいない状況であったため、慶太郎はさらに後妻の初子を迎える。初子と慶太郎の間には子ができたが、フジとトシというふたりの娘がいるのみだった。そこで養子として沖端から婿を迎え、フジと結婚させて跡を継がせた。その後の世代は順調に男子ができたため、その後は長男が家業を継承した。

［事例22　上村家］

上村家は、代々「寿味噌」の屋号で味噌醸造をおこなってきた。初代の晴次は、隣村から出てきて味噌屋を始めたようである。素性はよくわからないが、名前をみる限り農家の次男だったのではないかとインフォーマントの雅治は語る。晴次の跡を継いだ清太郎は三男だった。長男ではない清太郎が跡を継いだ理由は簡単で、もっともしっかりしており経営者向きだったからだという。事実、「寿味噌」は清太郎の代で事業を伸ばすことになる。清太郎の長男の克信が跡継ぎとなる予定であったため、次男の吉之介は一度同じ柳川のある家に養子に出された。ところが克信が亡くなってしまったため、吉之介が上村家に戻され、急遽跡を継ぐことになった。吉之介には三人の男子ができたが、長男は早々にサラリーマンになることを決め、次男の雅治が跡を継いだ。現在は雅治が社長である。

養子相続が非常に多いことがわかる。ここにあげた事例では、事例19の富安家以外すべての事例において何らかの形で養子による相続がおこなわれている。実際に私が訪問、聞き書きをおこなった各業種にわたる五二軒の商家のうち、三八軒がかつて養子もしくは婿養子による相続を経験しているという。

従来の研究においては、商家の相続において長子相続と選定相続を併用してきたこと、(26)養子相続の割合が極めて高かったことが指摘されているが［中埜　一九七六］、分析される資料が上流商人層に限られるという資料上の制約から、中小商家を含めた全般にわたる実態は不明となっていた。柳川のなかでみた場合には経営規模が大きなものから小さなものまで存在しているが、全国的にみれば、すべて中小の商家にあたるものである。事例17から事例22までのデータから、少なくとも明治以降のことに限っていえば、柳川の中小商家においても養子相続が卓越しているという事実を示すことはできるだろう。

だが、より詳細に分析した場合に、従来の研究史のように「商家においては、血縁の原理はさらに後退しており、能力主義の相続が行われる」[27]という結論ですべてを理解してしまうことには疑義を挟まねばならない。とくに養子相続が卓越してみられる事例として事例17、事例18、事例20を考えてみたい。

事例17の本田家では、彦一郎、省吾という二人が養子相続であるが、彦一郎は、先代の春吉に実子がいなかったために養子に入っており、省吾も彦一郎が娘の道子のみを残して亡くなったために婿養子として迎えられている。事例18の村山家では、史郎、章子のどちらとも実子がないか、夭折したために養子として迎えられている。事例20の枝山家でも同様で、米子は実子がなかったために養子に入っている。実子がいるのに養子が入るということはなく、もし娘であっても実子がいれば、そこに婿養子を迎えて跡を継がせているのである。婿養子が入るのは、何かの理由で実子の相続ができない場合に限られており、そういった意味では、実子相続が望まれているということがいえる。柳川の事例から見る限り、長男が経営に一定の関心を示し、著しい人格上、健康上の問題を抱えていなければ、そのまま長子相続がおこなわれるのが一般的である。

これまでの研究においては、優秀な奉公人を養子にいれたり家付き娘の婿に入れたりすることで、経営能力が高い者に相続させる事例に目がいっていた傾向がある。[28]しかし、柳川の中小の商家においては、各家の奉公人の数は少なく、幼少期から丁稚として奉公に入って将来独立を望むような奉公人はほとんど皆無である。これまでの研究が取り組んできた京阪近江の商家においては、養子を取ることが経営戦略として有益となるが、奉公人の少ない柳川においては、幼少の頃より経営の現場に立ち会う機会の多い実子ではなく、店の経営に携わったことのない養子を迎えることはリスクに比してメリットが少ない。

とはいえ、数の上では間違いなく養子相続が多くなっていることについては、理解しがたい。それについては、柳川では以下のような理由が語られている。

男の子どもがたくさんいたとしても、分家や暖簾分けをできるわけではないし、兄弟で一緒に商いをすると、経営の方針をめぐって必ず争いごとに発展するのだという。また、肉体労働よりは頭脳労働や技術が重視される商家の経営において、子どもがたくさんいたとしても労働力となるわけではない。それゆえ、男子は少ないほうがいいといい、男の子ができた時点で、子どもを作らないようにするのだという。だが、そうとはいっても、後継者がいないからといって家を絶やして経営を他に譲ることはできない。商家は系譜としての連続性と家としての連続性を維持してはじめて「老舗」となることができると考えられているからである。もちろん、そのような理由のみによるとは限らないが、一人息子が若くして亡くなった場合が、養子のきっかけとして一番多いものだった。

すなわち、戦略として養子を取っているというよりは、「子どもをたくさん作らない」という考え方が先にあり、それに付随して結果的に養子相続が多くなるということがいえるのである(29)。

店舗と先祖の記憶装置

柳川の商家においては養子による相続が日常的におこなわれていることが明らかになった。その一方で、養子の地位はどうであれ、養子が続くことで「老舗」としての正統性があやしいものとなってしまうのではないかという危機感を、当事者たちが感じることもまた事実であるようだ。血縁としては実はつながっていない家としての連続性につきまとう「あやしさ」に自覚的な人びとは、さまざまなモノをもちいて系譜としての連続性をアピールしようとする。店として家として、いかなる戦略をもちいて連続性を保つことができようと、そう認識されなければ「老舗」となることはできないからであり、その戦略のために、形のあるモノに説得力を持たせようとするのである。

まずはもっともよく目につくモノである店舗そのものを利用する。店としての古さを示すために、建物が古いことをアピールするのである。近世や明治初期から続くような老舗が、当時からの建物をそのまま利用することなどは頻繁にある。

たとえばある店では、通りに面する部分（「ミセ」）のみを残したまま、奥の生活スペースを建て直した。このような実践を理解するうえで重要なのは、この店が「老舗」だとされつつ、ここ三世代にわたって養子による相続がおこなわれているということである。

それについて、この店主は、「店として暖簾として」「家は」古いのだということを、養子や婿養子による相続が続いてしまっているという系譜としての曖昧な状況と対比させて語った。店舗を古いまま残すことで、系譜としての連続性の曖昧さを打開できるかどうかは、そのメッセージを受けとる側に委ねられているが、少なくとも、そのような実践がただ意図せずにおこなわれているわけではない。

店舗と同様に道具立てとして利用されるのが、祖先の容姿や業績を知るためのモノである。ここでは、これらのモノをまとめて先祖の「記憶装置」(30)として述べておきたい。

まずは墓や仏壇である。先祖と直接血のつながりがない状況のなかで、それでも連続性を主張するために、立派な墓や仏壇を作り、アピールをすることがある。特に得意先に対して頻繁に見せるのであるが、それに限らず広く世間にたいしてアピールしようとする傾向がある。

柳川は城下町に特徴的な要素として町のなかに塔頭も含めれば五〇以上の寺をもっており、「寺町」という呼称が聞かれるほどである。そのような条件にも起因して、町の人びとは墓や仏壇の形状について敏感になっている。個人差こそあれ、誰がどこに墓地を持っているのかを把握している者が多いことに驚かされることが多い。

仏壇に注目すると、代々当主の遺影や表彰状もしくは免許状などが壁一面に並んでいることが多い。これは老舗に限ったことではないが、しばしば人を呼んでは見せ、それぞれの先祖のキャラクターについて語る。

このことを祖先に対する関心の強さとして分析することも可能であろうが、意図的に世間の人びとを招いて披露するような行為は、祖先祭祀の文脈だけで理解することはできないだろう。道具立てとして、先祖すらも利用してしまう家業経営者の執着を見てとることができる。祖先祭祀は、直接血のつながらないこともある自らを、先祖と強く結びつけていくためのものであるのと同時に、使えるものを上手に使いこなしながら経営戦略を立てる経営者にとっては、「道具」でもあるのだ。

先祖の物語

商業に関わる自営業者の家（商家）における「先祖」が、「〈死霊の祖霊化〉という日本人の祖霊観にかかわるテーゼ」(31)［村上　二〇〇〇、三二頁］とは異なるものとして存在していることがすでに村上忠喜によって指摘されている。村上はそれを「個別化される祖霊」と表現し、「諸事例が示す個性的な祖霊の成立には、（中略）文字を介した伝承の累積が大きくかかわっている。とともに、浮沈の激しい都市社会において、家業や家の安寧や発展を願う心意が、個性的な、ある意味でドラマティックな祖先像を創りあげてきたと想像される」［村上　二〇〇〇、三三頁］と述べた。

たしかに、柳川においても「個別化される祖霊」の存在を指摘することは可能である。だが、そのような祖霊観の原因を「文字を介した伝承の累積」「家業や家の安寧や発展を願う心意」に求めることは、当事者たちの積極的な選択の過程を度外視することになってしまう。すでに述べたように、家業経営者にとっての「先祖」は、多様な役割を担わされたものである。ここでは、より論を進めてそうした先祖とともに生きる人びとの実践として考えていきたい。

なによりも、個別化された先祖が、多くの場合語りとともにあることが注目される。先祖に関する語りは、店先や配達先などで顧客を相手になされることが多い。それは、「歴史」に関心を持っていると理解される傾向があった調査者である私に対しても同様で、それぞれの店で先祖に関する話を聞く機会がたびたびあった。

それは、店先での語りに限らず、先祖に対する顕彰活動という形で表現されることもある。ここで、洋品店の岡田本店がおこなった創業記念式典を事例として考えたい。

岡田家は、現在洋品店をしているが、近世から続く老舗である。岡田家は、延宝元年（一六七三）に始まったと伝えられている。創業者利助がどこからやってきたのか、どのような経緯で柳川にやってきたのかはわからない。二代目は利助を名乗ったが三代目以降はずっと利兵衛を襲名してきた。現在当主の恒一で九代目である。柳川の他の商家と同様、明治以降は襲名の慣行が廃れたが、先代の博までは、必ず亡くなる前までには「利兵衛」を名乗るようにしてきたため、恒一自身もそろそろ利兵衛を名乗ろうと考えているという。

岡田家は柳川藩においてずっと藩の御用達となっており、請負新田を拓いたこともあった。四代前の利兵衛のときには、伊能忠敬の測量隊を迎えており、『伊能忠敬測量日記』には、岡田利兵衛の名が見える。先代の博は養子で、近所にあった造り酒屋から養子に入った。

岡田博は、昭和五四年（一九七九）三月二四日に、創業三〇〇年と家業継承五〇年、株式会社岡田本店創立三〇周年を記念して式典をおこなった。問屋や得意先などにも声をかけ、盛大なものとなった。式典のなかでは代々の当主の遺品や古文書などが閲覧に供され、それぞれの当主のエピソードが語られた。現在でも残っている式典の招待状では、創業以来代々の当主に関する記述がなされている。

岡田本店に限らず「老舗」と見なされている店は、店と家の歴史や伝統について語る場を、意図的に設けている場合が多い。それは、長く続いてきた歴史を持つ店が、その歴史や伝統が経営上有利に働くことを大いに自覚しているからだといえる。

逆にいえば、町の人びとが「老舗」として認識している店と、「事実」としての店の創業年代がリンクしていないということも珍しくないということである。私がある日、ある人に「〇〇は、創業が〇〇年なのだそうですよ」と伝えたことで、「ああ、そうだったんですか、あそこも結構な老舗なんですね」と理解を変えたことがあった。すなわち、仮に「客観的には」創業以来の年数が長かったとしても、それを特段アピールしていない場合には、老舗とみなされないこともあるということだ。そのようなことからも明らかなように、店の連続性が認識されてはじめて、老舗は老舗と認識されることになるのである。

老舗は店の内側の論理によってつくられるものではなく、外側との交渉によってつくられるのだといえる。そのため、店が老舗であろうと望んだ場合、社会に対する系譜性のアピールを意識せざるをえないのである。

店の物語をつくる

店の歴史をアピールすることによって老舗がつくられるということを述べたが、そのアピールされるべき歴史が不明である場合や、曖昧さを逃れられない場合、もしくは望ましい程度の「古さ」を店がもたない場合には、店の人びとはさらに意図的な戦略をとる。具体的には、店の歴史を「つくり出す」という作業をする。

ここでは、本田醸造株式会社の例を考えたい。取り上げるのは、本田醸造という店の創業年についてである。本田醸造は、創業年を明治三年（一八七〇）としている。さまざまな広報においても明治三年が創業の年として明示されている。創業者は本田春吉で、春吉は慶応生まれの人物である。実際、本田家の蔵に残されている戸籍抄本(32)によれば、春吉は慶応三年（一八六七）生まれとなっている。

本田醸造の創業は、明治三年（一八七〇）、本田春吉によるものだということになっている。仮に本田醸造の創業が明治三年だとするならば、春吉はそのとき三歳である。春吉がその年に創業したというのは計算が合わない。

特筆すべきは、本田家の人びと自身、この創業年代のずれについて自覚的であることである。創業年代がおそらく「事実」とは違うのではないかという思いを抱きつつも、この創業年代をアピールしている。

柳川は、酒・醬油・味噌の醸造が盛んな土地である。特に、明治一桁代は多くの醸造家が創業を開始した時期なのだという。今でこそ明治時代に創業したといえばそれだけで「老舗」として別格として扱ってもらえるが、昭和四〇年代頃までは、明治初頭あるいはそれ以前に創業した醸造業者が多く存在していた。そのような中で、（おそらく実際の創業年代として妥当だと考えられる）明治半ばの創業というのは、比較的新しいものだといえる。相対的な評価において、「老舗」という評価は得にくい。そこで導き出されたのが、「明治三年」という時期であったのだろう。突飛なほど遠い過去の「神話」となってしまっては、逆にあやしさが生じてしまうが、明治初頭というのは妥当な時期であり、真実として語られる可能性を十分にもっている。そうであるからこそ、本田醸造創業の「明治三年」は、世間において受け入れられているのである。(33)

次に示すのは、飲食店「中西屋」の事例である。「中西屋」は、近世に創業した店として有名で、店の創業は、天和元年（一六八一）ということになっている。柳川のなかでは、もっとも古い店の部類に入る。

ところが実は、この店は創業の年代が不明なのである。創業者も不明である。天和元年を創業年としたのは、九代目が当主をしていた昭和五六年（一九八一）のことである。自分が九代目であることは聞かされていたため、一世代を三〇年だとして二七〇年、微調節して約三〇〇年ということで、ちょうど三〇〇年前の一六八一年＝天和元年というのが妥当だと考えられたのである。これは、計算して求めた創業年代を語るという行為である。そのことで、創業の物語の曖昧さが回避されているのである。

同様のケースは、先述の岡田家においても見られる。岡田本店は、昭和五四年（一九七九）に創業二〇〇年を迎えた。この「創業二〇〇年」について考えてみたい。

岡田家の初代が柳川に出てきた年は延宝元年（一六七三）だと伝わっているが、初代利助が商いをしていたかどうかは史料などで確認することはできないという。そこで岡田家が自主的に藩の古文書を参照したところ、さかのぼれる範囲でもっとも早くに岡田家が登場するのが、寛政二年（一七九〇）の絵図であることがわかった。

岡田家では、語りとしてしか記憶されていない初代ではなく、絵図に出てくる岡田利兵衛を創業者としてアピールすることとし、昭和五四年（一九七九）が寛政二年（一七九〇）から数えて約二〇〇年（実際には一八九年）だということで、昭和五四年（一九七九）を創業二〇〇年と決めた。そこから逆算して一七七九年、すなわち安永八年創業ということになったのである。

「創業は何年かわからないが、相当古い」という曖昧な説明に比べて「創業〇〇年と伝えられる」という表現は、説得力をもっている。語り手の選択と操作のもと、店の歴史は柔軟に「より真実らしい」歴史として語りなおされるのである。

なお、こうした「語りなおし」の事実が露呈することを避ける風潮は、あまりないようである。それはおそらく、「語りなおし」の多くが古さのみを競ってフィクションを紡いでいくようなものではなく、時期がある程度推定されつつも曖昧になっているものに、絶対年を与える作業であることによるものだろう。このことは、岡田家のように、実際はもっと古いことが推測されるのにもかかわらず、「確かである」ことを選んで、創業年を確定するということがおこなわれる原因ともなっている。

「創業〇〇年」という言い伝えは、ほとんどの場合口頭でのみ存在している。確かめようのないものであるということを知っているからこそ、積極的な「語りなおし」がおこなわれるのであるし、フランクに語られるのである。それでもなお「創業〇〇年」に老舗の人びとがこだわるのは、「わからないが相当に古いらしい」といういわば神話的な語りではなく、絶対年代で語られる確からしさのほうが、有利だということを知っているからである。

記憶喪失

これまで扱ってきたのは「わからないものをわかることとして語る」という過去とのつながりかたであったが、ここでは「忘れてしまう」「曖昧にしてしまう」という過去とのつながりかたについて考えたい。

さまざまな老舗をたずねると、創業年代や自分が何代目にあたるのかということや、創業以来代々の当主のエピソードなど、自らの店/家に関する過去についてたくさんのことを知っている老舗の人びとであるのにもかかわらず、当然知っていてもよいはずのことを「知らない」ことに少し驚くことがある。(34)

もっとも興味深いのは、創業以来の歴史について詳しい商家の人びとが、それ以前の歴史を全く「知らない」ことがしばしばあることである。創業者の没年月日を正確に記憶している人が、同じ人物の生年のみならず、生まれた土地や創業以前の経歴について、全く忘れてしまうということすらあるのである。

これをどう読み解くのか、多くの可能性を指摘することができるだろう。おそらく、「忘れたいから忘れる」「忘れなければならないから忘れる」「忘れたふりをする」など、さまざまな要因が絡み合って「忘れられて」しまうのだとしか言いようがないことも事実である。だがここでは、「なぜ」忘れてしまうのか、「なぜ」忘れたことになっているのか、ということを明らかにするのではなく、それが「老舗の伝統」のありかたにどのような影響を及ぼしているのかということに焦点を絞って論じたい。

他の地方の町場と同様で、柳川の老舗の多くは、周辺の農村出身者を創業者としていることが多いようである。先述の通り、創業者の出自は容易に忘れられてしまうものであるため、実数として数え上げることはできないが、断片的であっても「農村の次男坊だったと聞いている」程度の出自に関する語りを残している店は多い。

そこで注目されるべきは、柳川の人びとの農村観である。ここであげる事例は、創業者の出自について断片的に記憶している人の語りである。

［事例23　最初は全部カット］

サムライとかトンサン（殿様）ならよかばってん、「お百姓さんから出てきました」ち。貧しくてどうしようもなくて。「おしん」でしょうが。（中略）「お百姓さんやってましたが、食えなくなって町に出てきてから、がんばって商いを始めました。成功しました」ち話、誰も聞かん。そやけん、最初は全部カット。「商い始めました。成功しました」から（一九三〇年代生まれ）。

町に出て創業した時点で新たな家が創出されるのであり、それ以前のことがあえて語られないことについては特別な理由は必要ないかもしれない。そのようななかで、事例23は、その断絶に当事者が踏み込んで、積極的な意義を見出している例だといえる。少なくともこの語り手は、店の歴史を美談に変えるという積極的な意味づけを、創業前後の断絶に見出している。

老舗の人びとが自らの店の始まる以前について積極的に語るというのは、多くある事例ではない。また、ここに示したのは当事者の解釈であって、解釈の可能性のひとつにすぎない。とはいえ、「店の物語」は語る人びとによって店のために語りなおされ続け、つくられていく。その上で、消されてしまう過去もあるというのは、可能性としては理解しがたいことではないだろう。

「忘れてしまう」ことに関する事例で、暖簾分けに伴う本家・分家の問題がある。柳川は、町としての面積があまり大きくないためか、暖簾分けの事例がきわめて少ない。少数ながら存在する暖簾分けの事例をみると、いずれが本家でいずれが分かれた店であるのかが不明であったり、ふたつの店が同時に「本家」や「元祖」を名乗っていたりすることがある。

このことについては詳細を記述することはできないが、少なくとも世間の人びとからは「上手なやり方」として評価されている。すなわち、同じ町のなかで、本家と分家があったとしたら、店の評価は本家のほうが高くなってしまうに決まっている。このような限定的な環境のなかで「過去を忘れる」ことは、伝統にもとづく両者の評価を守っていくために有効な戦略となるのだという。

逆説的ではあるが、ここで述べたように正確な歴史を「忘却する」ことも、老舗の伝統をつくり出すための手続きとして重要性を帯びている。[35] 彼らは、さまざまな形で伝統を創出する方法を学び、新たに開発していく。その過程のひとつとして、「忘れる」という方法が選択されたのである。[36]

過去とつながる

これまで述べたものとは異なる少し特殊な方法で過去とつながり、過去とつながっていることをアピールする人びとがいる。そのような事例として、上村家寿味噌のことに触れておきたい。

上村家の寿味噌本舗は、明治二年（一八六九）の創業以来、代々味噌醸造業を営んできたが、昭和四五年（一九七〇）に味噌の醸造をやめている。そのため、「寿味噌本舗」は味噌屋ではない。現在は、かつての工場跡にて貸し店舗、貸ガレージ駐車場などを営んでいる。

上村によれば、醸造業を辞めたのには、スーパーマーケットなどの台頭による流通形態の変化や、袋詰め製品への移行コストなどの影響が大きかった。それらを考慮に入れると、すべての設備や製造・出荷プロセスを抜本的に見直す必要がある。そしてそれは、勝算の少ない賭けだった。寿味噌では早期に廃業することを選んだ。醸造をやめるのは仕方がないとは思ったが、それまで先祖から守ってきた名前が途絶えてしまうことを口惜しいと感じたという。そこで、「寿味噌本舗」という屋号だけを残しつつ、事業としては味噌醸造を廃業することにした。

その他の過去とのつながりかたとして、襲名の慣行があげられる。柳川の商家においても襲名の慣行があり、先代の死亡もしくは家業の相続と同時に、戸籍名を変更する襲名がおこなわれていた。ところが、第二次大戦後その習慣は急激に廃れてしまったといい、現在では、襲名を経験した者はほとんど残っていない。ただし、戸籍名には手を加えず名乗りだけ変える習慣は現在でも残っている。

すでに登場した岡田家では、代々「岡田利兵衛」を名乗ってきた。岡田利兵衛は、岡田本店三代目当主の名であり、岡田家の商いを拡大し、その後の岡田家繁栄の基礎を築いた者である。四代目が利兵衛を名乗ると、それ以降襲名が続いた。

明治以降、岡田家では当主の戸籍名は残したまま、名乗りだけを変えることになり、その後、現在まで続いている。先代の博の時期にはすでに柳川では襲名の慣行が廃れつつあったが、博は「利兵衛」の名にこだわった。たとえば、一九六〇年代後半に生まれた孫（恒一の長男）に「利兵衛」という名前をつけようとして家族から反対されることがあったという。

博は、すでに示したとおり、有名な造り酒屋の跡取り息子であった。この造り酒屋は岡田家から歩いて五分ほどの場所にあって、屋号が地名として残っているほどの豪商だった。その酒屋が廃業するのと同時に、跡取りになるはずだった博が養子に出されたのである。柳川において跡取りとして養子を迎える場合、近所の商家から迎えることはあまりなく、旧士族や、他所の町の商家から迎えることが多い。そのようななかで、ごく近所の、しかも名の知れた老舗の跡取りを養子として取ることは、不安要素となりうる。別の店の跡取りが岡田本店を相続したと考えられてしまっては、これまでの岡田家の歴史の正統性がゆらぐ。そこで博は、岡田家の当主として老舗の系譜に強くつながるために、すでに廃れていた慣行である名前の継承にこだわり、すでにあげたような記念式典を盛大におこなった。

なお、岡田家は、柳川の寺院に墓地を持っているが、そこには「岡田利兵衛之墓」が建てられている。岡田恒一によれば、「当主は利兵衛を襲名することではじめて「岡田利兵衛之墓」に入ることができる」のだという。[37]

2　老舗のつくりかた―伝統の創出―

ここまで、経営者が伝統を主張し、語り直すことで「老舗になる」実践について扱ってきた。柳川という地域の特徴としてたびたび述べたように、「伝統的」であることを売りとしつつ、実情はそのイメージが期待しているほどに古くはないというズレや、事業継承における養子相続の多さなどの特徴を当初から抱え込んでいるため、柳川の多くの店にとって老舗であるための要件は必ずしも十全に整っているわけではない。

そのような条件の中でなお、「老舗の伝統」の評価を揺るぎないものとして獲得していくために、まずは建物（店舗）や墓、仏壇など先祖の記憶装置など物質的な基礎を用いる。店舗・墓・仏壇に加え、諸々の記念品をふんだんに用いながら、店の伝統をアピールし、それが社会的に受け入れられることではじめて、老舗は老舗たりうるのである。

その一方で、アピールされるべき歴史＝伝統が不明である場合や、曖昧さを逃れられない場合、望ましいほどには「古さ」を持たないような場合、あるいは何かしらの理由が生じて不具合がある場合もある。そのようなケースでは、さらに意図的な形での歴史の活用がおこなわれる。それを「歴史をつくり出す」行為として、本節の後半では検討した。

そこで明らかになったのは、創業年代や店の歴史がたびたび語り直されたり、場合によっては創出されたりするような現象である。一方で、歴史や過去の経緯が意図的に忘却されるという記憶喪失の局面もある。創出と記憶喪失の両面において、歴史が当事者たちによる積極的な「活用」の対象であり、ただ客観的に存在しているだけのものではないということがわかった。「店の伝統」と「老舗の評価」は、店と外部の間の絶えざる交渉のなかで「つくられる」ものだと理解することができるのである。

分析の中ではこのような状況をあえて類型的に扱ったが、実際には店ごとに異なる実践がおこなわれている。むしろ、それぞれの店が独自の形式をもって自らの過去を語るということにその本質はあるのである。すでに述べたように、確固たるものとして「伝統」が存在していないからこそ、「伝統」の戦略的活用が可能になっている。

3　伝統が動き出す

さて、ここではさらに、別の視点から老舗の伝統を捉えなおしてみたい。いずれの事例においても、伝統を「つくる」ための実践は社会に対するアピールとしておこなわれていた。すなわち社会規範にしたがった実践だったのである。

本節で登場したケースの多くは、老舗の人びとの伝統に対する主体的な働きかけを示してはいたが、老舗の人びとがその効果までを見届けているわけではない。それを活用しようとする人びとにとっての伝統が、融通無碍で可塑的なものであることは、必ずしも伝統のすべてのプロセスにおいて自由がきくということを示してはいない。

そうだとするならば、「老舗の伝統」が老舗の人びとの管理のもとにあるとみなすことはできない。老舗による伝統の活用について、店が社会に対して働きかけ、社会が「評価」の形で反応するというような、企業と社会の間のコミュニケーションとしてみなしてしまいがちだが、おそらくそれは事態を単純化しすぎているだろう。

たとえば、このような事例がある。これから和菓子の売り上げを伸ばしていくことは容易ではない。そのため、商品の多様化を求めて洋菓子や創作菓子に手を出すという可能性はいくらでもある。ところがそのような新奇性のある商品に手を出そうとすると、決まって近所の顧客の反感を買うことになる。あるいは、クリスマスやハロウィンに合わせてセールをおこなおうとすると、同様に反感を買ってしまう。老舗の伝統と洋菓子やキリスト教行事は、それがすでに日本社会に浸透していることとは無関係に、馴染みの悪いものなのである(38)。少なくとも、このような事例では、伝統はすでにひとり歩きしているといえる。

このような視点でこれまで示した事例を読み返せば、伝統をつくり、管理しようとする人びとの思惑とは裏腹に、伝統が独立してふるまっているようにみえるのである。ある意味、ひとり歩きをはじめた伝統がその先どのようにふるまうかを管理することは誰にとっても不可能である。

さらに、何よりも興味深い点は、「それにもかかわらず」人びとが店の伝統を求めてやまないことである。柳川の人びとにとっても、過去や歴史は語り直されるもので、積極的に働きかけられる対象であるということはある程度共有されている。それでも人びとにとって伝統が陳腐化する様子は全くみられない。おそらくここに伝統と人びとの関係について読み解く手がかりがあると考えられる。

この問いはエピローグにおいても繰り返されることになるが、まずは以下で本章の分析と総括をしておきたい。

五　伝統の可塑性とアクセスの不確実性

本章では、柳川における経営戦略について、地位上昇のための諸行為、経営戦略としての伝統的商慣行、店の歴史／物語を「語る」行為について理解してきた。ここで本章の事例について分析を加えたい。

1　流動的な家業と突出した商家の不在

「城下町」としての成立にその起源をもつ柳川は、歴史的に辿ろうとすれば近世初期の田中吉政、立花宗茂の治世に遡ることができる。「目一丁字なき」立場から立身出世し、富豪になったのにもかかわらず、「晩年に及び家政修まらず。営業振はず遂に酒造業を他人に譲り一世を終」えたと評伝に述べられた諸藤弥平次の例のように、近世においても、地位の上昇と下降は頻繁に生じていたようである。そのようにもとより浮沈の激しかった柳川の町は、さらに廃藩置県と御用商人の特権剝奪という大きな出来事に際会して、大きな断絶を経験している。

さらに、近世において強烈に敷かれていた城下町の出店規制が明治以降に緩和されたことから、明治以降の柳川における商人たちの新陳代謝はよくも悪くも活性化されたといえる。一時的な酒造人の増加と廃業などは、規制緩和のひとつの現れであるとみることできる。

近代以降の柳川はといえば、明治三七年（一九〇四）にはすでに、柳川の町が奮っていないことが投書され、明治四四年（一九一一）には「調子に浮乗り易き商機を見るに鈍なる柳川商人の本色発揮」と揶揄されるような状況であった。北原白秋が「さながら水に浮いた灰色の柩である」とノスタルジックに表現したように、九州の他の城下町やその他の都市と比較して、大きな発展を経験せずに現在に至る。

このような条件が、浮沈の激しさと突出した商家の不在という特徴を柳川にもたらしている。これは他の二つのフィールドと比較した場合の柳川の特徴ともいうことができるだろう。また、大名家である立花家および旧家臣団の近代以降における存在感を示すことで明らかにしたように、突出した家業経営者である立花家の存在が、町のイニシアチブを握る商家の台頭を拒んだという面もあるといえる。だからこそ、柳川で「ダンナ」といわれている人たちは、あくまでも形式的な面が強く、実際に「政治家」とまでいわれた佐原におけるダンナとは似て非なるものであるというのが結論であった。公共性が高い部門に多くの寄付を出すと「ダンナ」と呼ばれるが、それは逆にいえば行為次第では容易に「ダンナになる」ことが可能であるということも示している。

柳川の「ダンナ」は、佐原の「ダンナ」と同じ名称で呼ばれる一群の富裕層であるが、歴史的に蓄積されたものであるというよりは、当人のみに許された一時的なものである事が多い。佐原のダンナが個人というよりは「家」あるいは「店」に付与された呼称であったことを考えることで、その条件の違いが浮き彫りになるのである。町内をはじめとする地縁に基づく関係が佐原や八幡と比較して強く働いているようにみえることも、そのような条件に起因していると考えられる。比較的強固な近隣組織がみられることも他の二つのフィールドと比較した場合の特徴であり、これは佐原のようなダンナ頼りの町内運営がもとより困難であったことを示していると見ることもできる。繰り返しとなるが、柳川の町場としての特徴は、その流動性の高さと浮沈の激しさにあると指摘しておきたい。

ところがそのような特徴があるからといって、家業の継続性や安定性、さらにはより漠然とした「伝統」のようなものと彼らが無縁であるとはいえない。むしろ、先に述べたような流動性や浮沈の激しさについて意識的であるからこそ、継続性や安定性、「伝統」に対する積極的な態度を見て取ることができる。

「伝統」が自明ではないような場合における「伝統」への志向は、本章の課題である、伝統の社会的拘束性と経済合理性の間の揺らぎという問題を考えるうえで重要である。なぜなら、彼らが「伝統的」であるようにふるまったり、「伝統」や「歴史=継続性」について言及したりする場合に、それが短期的にみれば「経済合理的」ではない（あるいはそのように見える）ことについて意識的であり、むしろ社会的、道徳的な意味を持っていることにおいて、意義を見出していることが多いからである。

第一章と第二章において二つの方向の間で揺らぐ人びとについて分析した際には、「伝統」や「変わらないこと」との関係の中で、人びとが過去を参照しつつ、商行為や経営戦略をおこなってきたことが浮き彫りになっていた。本章において重要な点は、地域における「伝統」の基盤が強くないのにもかかわらず、強い「伝統」への志向があることである。

以下では、経営戦略として伝統的商慣行が「活用」される例と、店の伝統・歴史が創出される例を中心に、そこに関わる「伝統」という問題について議論したい。

2　「伝統」の試行錯誤

「伝統的」な商慣行

佐原でもそうであったように、柳川でも商売における売り手と買い手の継続的な関係は重要である。しかし、佐原と異なる点は、売り手と買い手の関係が冠婚葬祭を含んだ儀礼レベルでのつながりには発展していないことである。あくまでも、商売のなかの関係で完結しているようなものとして、柳川の商慣行は捉えるべきである。

柳川における商売の形態を、「語らない／聞かない」商売として一般化した。それはいわゆる信用取引を旨とした

顧客関係で、「御用聞き」「配達」「ツケ」「カケ」というプロセスからなる。それは、

①店の側から価格の提示および商品の内容に関する説明がおこなわれない。

②店の意思により客ごとに値段を変えることもあり、価格交渉がおこなわれない。

③決済は月末もしくは盆暮れ払いなどのツケおよびカケで支払われることが多い。

④日用品・消耗品の商いにおいては注文の過程が省略されることがある。

という形態をもつ。

米穀商の事例では、品物を届けつつ、天気の話や見慣れない若者についての話をするのみで、顧客の側からの注文の過程は省かれている。口頭で金額が伝えられ、客は言われたとおりに支払いをする（事例7）。また、高額商品であったテレビについても、電器屋がテレビを突然置いていき、天気の話をしていく。一度も買うとは言っていないのにもかかわらず、そのままテレビを購入したことになってしまう（事例8）。商品の受け渡しと代金の支払いが長いスパンでおこなわれ、代金請求も明細を提示せずに、ツケやカケでおこなわれる。また、価格決定についても、客との間合いを絶妙に測りつつ、店側が価格を設定していく形式をとっている。

このような商売は、顧客と顧客以外を判別することを困難にさせるが、店の側としても、顧客とそれ以外を区別しないような形での接客をしている。

「伝統的」商慣行の選択

確かにこれらの顧客関係は、当事者たちが「伝統」と口にすることは少ない。だが、スーパーマーケットや量販店などによる新しい形式の商法と比較して、自らの実践が「従来の」形式によるものとは異なる「昔ながらの」論理で営まれる商法であることは知っている。そのため、ここでも以上のような「語らない／聞かない」商売を、「伝統的」

商法として位置づけておきたい。

このような商法は前近代的な慣習に由来しているとはいっても、城下町の近代史を検討してみると、ただ漫然と続けられてきたのではなく、陳列方式・定価販売を基本とする「近代的」な商法の導入が度々試みられつつ、それが失敗してきたという過去をもっている。

昭和初頭のできごととしては、昭和一一年（一九三六）に柳川に初めての百貨店が開店した頃に陳列方式が流行したのにもかかわらず、そのような商売が柳川には向かないと退けられ、「観念した」「あきらめた」（事例13）と言いつつ、伝統的商慣行へと回帰したという事例があげられる。

また、高度経済成長の時期以降になると、「定価」との関係で「値引き」をするというのが常態化し、値札が付けられた売り場と「特価品」は、珍しいものではなくなった。それにもかかわらず、「語らない／聞かない」商売は生き残った。場合によっては、陳列方式・定価販売を導入しつつも、「伝統的」な顧客関係を維持することで、「二重の顧客関係」を展開する者も登場した。

一九八〇年代以降には、「近代的」な商法を導入したり、「二重の顧客関係」を採用していたような店が、伝統的なものに回帰したり、「近代的」な部分を限りなく形骸化させるような試みがみられた。

このように見てくると、「田舎町」で商売を続けるための「戦略」の発見の歴史であったと考えることもできるだろう。確かに、「昔ながらのやりかた」に基づく商売が、「懐かしい」といわれて付加価値となることを利用するような商人も現れていて（事例15）、これを極めて「戦略的」な「伝統」の用いかただと称揚することすらできるかもしれない。

しかし、このような事例をただ集合的に捉えて、「地域の経済史」の成功例だとしてしまうことには不満が残る。

あえて個々の商人の営みとしてこれらの事象を捉え直すならば、また別の姿が見えてくるだろう。彼らは、時には「観念」したり、「あきらめ」たりしながら、あるいは戦略として再発見することで、「伝統的」商慣行を選択してきた。町全体でみれば戦略が選択され続けてきたが、店ごとの連続性はすでに失われている。

このような視点からは、彼らの選択は、社会的・経済的な状況や、世間からの欲求に翻弄され続けた結果であるとみなすこともできるのである。だからこそ、「老舗の知恵」や「伝統」を、純粋なものとして持ち上げすぎてはいけない。

柳川における「伝統的」商慣行の事例を、本章の課題に即して捉え直してみたい。実際の選択の局面において「伝統的」商慣行は、社会関係を逆手に取って継続的な顧客関係を導き出す、それなりの「合理的」側面を持ったものであり、「伝統的」な商法を選択することで「経済合理的」でもあるという状況を戦略的に導き出していたと見ることができる。この経営戦略的側面のみを見るならば、「揺らぎ」を見出すことは難しい。佐原や柳川における「揺らぎ」の大きな原因は、「伝統的」な方向と、「経済合理的」な方向が、近代化にともなって分離していってしまうことにあったことを考えるならば、柳川においては、その両者は今なお矛盾なく一致しているようにみえる。

だがしかし、すでに述べているように、流動性が高く、浮沈も激しい柳川という町が、「伝統的」な商法での商売をおこなっていることは、見ようによっては矛盾でもある。彼らは一見すると「伝統」をうまく使いこなしているようにみえるが、彼らの手で結果をコントロールできない以上、「賭け」でもある。柳川という町における「伝統」は、そのような賭けの結果でもあるのだ。そもそも町の構成員が流動的であるから、「伝統を守る」というような選択肢はほぼ存在していないに等しい。その場ごとに選択・創出されたものが、あとから「伝統的」なものとして読み直されるのである。

この状況は、佐原や八幡と比較してみると、とりわけ困難を伴っていることがわかる。佐原や八幡の場合、実際には絶対に間違いのない選択が実体として見えるわけではないが、少なくとも判断のための参照枠として歴史的に蓄積されてきた「伝統の維持」に対する信頼があった。常々、その「伝統」との距離において経営を判断することができたのである。ところが、柳川の場合は、そのような「伝統」が曖昧であり、さらに選択されてもすぐに使い物にならなくなってきたという事情がある。そのため、「伝統」はいつでも試行錯誤の末にあった。

あえて図式的にまとめるならば、柳川における「伝統」は、社会的な規範の欲求に沿いつつ「経済合理的」であることを成立させるための戦略である。すなわち、この「伝統」は、柳川の商人たちにとってかなり頼りがいのある、経営上の道しるべともいえるのである。しかし、その「伝統」は、実体としては曖昧であるために、試行錯誤の末に選び取られざるをえない。しかも、それがもたらす結果は未知数であるために、誰も確信を持てないようなものである。

その「伝統」が実際には可塑的で商人たちの実践によってもどうにでもなるものであり、かつ、結果は予測できないものであるため、「伝統」の明確な達成の仕方が、常に後追いの説明でしか成り立たないという問題がある。これを伝統へのアクセスが不確実性を持っている状況だと捉えたい。

これまで述べた「伝統」の可塑性とアクセスの不確実性についてより深く理解するために、柳川におけるそれぞれの店が歴史や伝統を語る局面に着目した。それは「老舗」をめぐる語りの実践として表れる。以下では、そのような事象について分析したい。

3　伝統の幻とつくられる店の物語

すでに検討したように、個々の商家の家業継承に着目した場合、養子相続の多さが目立つ。理由がどうであれ、実子が跡を取るほうが望ましいという意識があるにもかかわらず、養子による相続が増えることで「老舗」としての「正当性」が危ういものとなってしまうことは、当事者たちにとっても懸念すべき事態であるようだ。そのつきまとう「あやしさ」に自覚的な人びとは、連続性・系譜性のアピールを積極的におこなう。

そのアピールのもっとも基本的な形式は、建物（店舗）や墓、仏壇などの物質的な基礎を用いたものである。また、「先祖」とのつながりを主張することで、その物質的な基礎の効力はより強まる。さらには、店舗、墓、仏壇に加え、諸々の記念品をふんだんに用いながら、家／店の伝統を世間にアピールし、それが受け入れられることではじめて、老舗は老舗たりうるのである。

ところが、アピールの対象である歴史＝伝統が不明である場合、曖昧さを逃れられないような場合、世間が求めるほどには「古さ」を持たないような場合、あるいは何かしらの不具合がある場合には、さらに意図的な形での歴史の活用がおこなわれる。それを、「歴史をつくり出す」行為として検討した。

結果として、創業年代や店の歴史が語り直されたり、創出されたりするような現象を明らかにした。一方で、歴史や過去の経緯が忘却されるということもあり、創出と忘却の両面において、歴史が当事者たちによる積極的な「活用」の対象であることも分かった。歴史はただ客観的に存在しているだけのものではない。「店の伝統」と「老舗の評価」は、店と世間の相互交渉のなかで「つくられる」ものなのである。第一段階として、以上のような分析を提示しておきたい。

もちろん先述の通り、実際には店ごとに異なる実践がおこなわれて、むしろ、それぞれの店が独自の形式をもって自らの過去を語るということにその本質はあるということができる。「伝統」の戦略的活用が可能になっている背景には、確固たるものとして「伝統」が存在していないという柳川特有の事情があるのである。

伝統の戦略的利用／創出について、当事者たちは「老舗」「暖簾」との関連で語った。「老舗」の「暖簾」というのは、「安く買って高く売る」「薄利多売」などの商いによる持続が不可能であることの自覚に基づくものであり、その意味では伝統的商慣行の採用と同じ流れの中に位置づけることができる。これも、社会的な規範などの評価を逆手にとりつつ、経営上有利な方向に運んでいこうとする行為である。その際に「伝統の老舗」の「暖簾」が道具的に利用されていると考えることができる。

このような実践には、前項で述べたような、伝統的商慣行と類似の困難が生じる。前項では「「伝統」が実際には可塑的で商人たちの実践によってもどうにでもなるものであり、かつ、結果は予測できないものであるため、「伝統」の明確な達成の仕方が、常に後追いの説明でしか成り立たない」という困難について述べたが、「伝統の語り」によってアピールしたところで、世間の人びとは思いもしないところで評価を変えるかもしれない。店と世間の人びとは利害関係を共有しておらず、その非対称性は解消されることはない。

実際には確固たるものとしての客観的な「歴史」や「伝統」が存在していないか、あったとしても薄弱であるという状況の中で戦略的につくり出している「伝統」であるが、それを語る側の自由で主体的な活用の範囲は限定的なものにとどまってしまう。さらには、場合によってはそれに縛られてしまうという逆の効果も生み出してしまうのである。そのため、結局は「伝統的」方向と「経済合理的」方向の完全一致は理想でしかなく、揺らぎは解消されない。

おわりに

この章で分析した内容を改めて整理したい。流動性と浮沈の激しさの面から規定することができる柳川という町の特徴によって、あるいは「田舎町」という自覚によって、定価販売や陳列方式、もしくは「安く買って高く売る」「薄利多売」を旨とするような「近代的」商法によって商売を持続的なものとしておこなうことには最初から困難が生じている。実際にそのような商売が可能であるかという「事実」は別として、少なくともその困難さは町のなかで共有されている。ところが、その場合に佐原や近江八幡の老舗のように、長期にわたって蓄積してきた商法を参照枠として商売の戦略を立てるためには、その歴史や伝統の根拠は薄弱である。

そのような状況をなかば逆手に取る形でおこなわれるのが、歴史や伝統を可塑的なものとして語り直す実践である。柳川の商人たちにとって、このような伝統は、商売上の戦略のための道具として扱われているのである。それは、世間からの適切な評価を受けるという社会的文脈を逆手に取りつつ、「経済合理的」な方向へと向かうことを意図したものである。

佐原や近江八幡において伝統と「経済合理的」方向の分離という力が、不可抗力として生じていたことを考えあわせれば、柳川における実践は、歴史や伝統を可塑的なものとして「戦略的」に「活用」することで、より積極的に社会的な欲求にこたえつつも「経済合理的」であるという、両者を重ねあわせていくようなものであるようにみえる。ところが、そこには「伝統」へのアクセスが不確実性を避けられないという問題が立ちはだかる。柳川の商人たちは、「伝統」を活用すればいい（あるいは「伝統」を活用せざるをえない）ことはわかっている。しかし活用した「伝統」が意図通りに働くかどうかはそれを受け入れる世間の側に委ねられており、可塑的であるからこそ確信を持てず、さらにはその可塑性に拘束されてしまうのである。このような条件から、揺らぎは解消されないのである。

第二章までの議論では、「伝統的」「経済合理的」という二つの対立軸を所与のものとすることはできず、時代状況によっては、その両者が一致している状況や、両者をあえて一致させていくような積極的な試みを見出してきた。「揺れる」人びとの揺らぎの理由のひとつとして、このように両者が別のベクトルを持ちながらも、間の距離が一定でないことが明らかになった。本章でもこのような前提を持ちつつ、流動性の高い町場の日々の実践を読み解くことで、積極的に「伝統」を創出し、活用することで「間の距離」を一致させていくような行為を理解しようとした。それでもなお、伝統へのアクセスが不確実であるせいで、一致は理想に過ぎないことが知られるのであった。

これまで論じてきた第一章から第三章までの議論で、本書の課題に答えるための事例の提示と分析を達成できたと考えられる。次のエピローグでは、第一章以降の議論を振り返り、結論を導き出したい。

注

(1) 柳河地区は、保加町、本船津町、新船津町、鍛冶屋町、上町、新町、東魚屋町、出来町、細工町、恵美須町、旭町、隅町、横山町、曙町、小道具町、北長柄町、南長柄町、椿原町、京町、八軒町、常磐町、中町、辻町、片原町、八百屋町、西魚屋町、糀屋町、材木町、蟹町、元町からなる。城内地区は、一新町、本町、柳町、本城町、袋町、坂本町、奥州町、城南町、城隅町、宮永町、新外町、茂庵町、鬼童町からなる。沖端地区は、筑紫町、稲荷町、沖端町、矢留町、矢留本町からなる。

(2) 柳川市役所調べ。

(3) 平成一七年(二〇〇五)三月二一日合併時点における、旧柳川市のデータ。商工会議所が概算したものである。旧柳川市は柳河地区、城内地区、沖端地区のほかに旧農村部を含むため、調査地区単独でのデータは不明。ただし、商工業者の多くは調査地域のものである。なお、旧柳川市域の現在の人口は、四万四七人(一万三三八三世帯)である。

(4) なお、本節を執筆するにあたり参照した文献は数多いが、基本的には[渡辺　一九五七、甲木　一九八五]を参照している。

(5) 弥平次が開いた「弥平次開」の名は地名に残っているが、その他にも「紅粉屋開」「釜屋開」「豊後屋開」などの地名があり、それらは柳川城下の商人たちが開いていった干拓地の名残である。

（6）この時期の現象として、城下町において酒造業が一時期大流行したということがあげられる。武松豊所蔵の明治五年における「酒造人書上」には、城下において二〇軒を超える酒造家が存在していたことを明らかにしている。しかし、明治二〇年の同様の「書上」では、わずか五軒となっている。このことも、酒造株の規制緩和によるものと考えられる。

（7）『柳川新報』については、柳川古文書館にて閲覧。

（8）ダンナは、「ブゲンシャ」と呼ばれることもあるが、「ダンナ」のほうがより一般的に聞かれる呼称であるため、本章においては「ダンナ」の呼称を採用した。なお、ダンナは集合的に呼ばれる場合、「ダンナ衆」となる。

（9）以下、適宜「商工会議所」と略称する。

（10）同様の内容は、会の公式ウェブサイト（http://www.yanagawa-cci.or.jp/）にも掲載されている（平成二四年〈二〇一二〉五月一〇日閲覧）。

（11）立花家については実名にて記述。

（12）「トンサン」という呼び方は、立花家の長男を指すこともあるし、現在「御花」の社長をしている弟のほうを指すこともある。また、立花家全体のことを「トンサン」ということもある。

（13）特に、吉田孫一郎、大村務、十時一郎は、そのなかでも社会的地位と財産、徳行を兼ね備えた「旧藩士の長者」として、重要な役割を果たした［柳川市史編集委員会　二〇一〇］。

（14）戦前とは比較にはならないが、現在でも町の人からみると立花家は特別な存在であるようだ。たとえば私が柳川調査を始めてすぐ、町の市役所の職員に、「もう御花のトンサンには会われました？　あの人ですよ、とにかく柳川で何かするなら。トンサンなんですから」と言われ、驚いた経験がある。また、「御花」社長の妻が八代城主の松井家の娘で、松井家を通じて熊本藩の細川家と婚姻関係にあることなども、立花家を「一般とは少し違う」と思わせる要素のひとつになっているようである。

（15）岩本通弥は、町場においては本来的に地縁関係が希薄で、親族の繋がりが重要となる傾向を指摘している［岩本　一九八一］が、柳川の事例を見る限り、それは町場に特有の現象というよりは、当地の町の経済規模や流動性、家業との関連から考えるべきだろう。

(16)　たとえば、観光客が買いに訪れる可能性のある海産加工品店や、客の側で量販店を避ける傾向にある宝石店や時計店などは、その性質上、長期安定的な関係の顧客に加えて新しい客が多かったり、必ずしも「顔が見える」関係ではない範囲にまで商圏が広がっていたりする。

(17)　本節では人びとの語りを多く掲載している。基本的にはICレコーダーを用いて録音したものを書き起こしているが、多くは店先で録音したため雑音が多く、一部を補っているものもある。

(18)　これは、岩本通弥が論じたような、「懐かしさ」を惹起するエピソードとして流通しているものに限りなく近い［岩本二〇〇六］。農村に限らず、「田舎の」「下町的な」町場の風景は、フォークロリズムの格好の題材となる。

(19)　この眼鏡店は、柳川の町のなかにある本店と、郊外の中型店舗である支店の二つをもっているが、支店に関する顧客のデータを得ることはできなかった。実際の客の入りや売り上げは、支店のほうがはるかに多いものとみられる。郊外の支店は大きな駐車場を持ち、広域の顧客をあてにすることができるためである。これは先述の「二重の顧客関係」と見なすことができるものであるが、町の本店を残すことには経営者自身、非常に強いこだわりをもっている。

(20)　ただし、私は調査中に眼鏡の調子が悪くなり、修理をしてもらったことがあった。そこで支払いをしようとすると、Bは、「塚ちゃん、よかよ」と言って、代金を受けとらなかった。この場合、私をどのような位置づけとして扱うことができるか、非常に難しい。

(21)　録音をしなかったため、直後に私の記憶から書き起こしている。

(22)　この時期「町に農家の客が増えた」という回想もあり興味深い。所得水準の向上は、商圏の拡大を招いたのだ。

(23)　これは「伝統」が客体化されていることであり、フォークロリズム的状況だといえる。

(24)　特に若い経営者の中には、四年制大学で経済学、経営学、商学などを学んだ者も多く、それらの知識を経験的にと同時に、「科学的に」知りうる状況にある。

(25)　たとえばここで、ある商家が店を辞めるときの話を事例としてあげたい。これはすでに店をたたんでしまったある元経営者の話である。

［事例16　店をたたむとき］

私もね、店がうまくいってるときは、それまで、親父までの先祖がやってきたとおりにね、やっとればうまくいくと思ってましたよね。うちも老舗の暖簾でやってきて、お客さんからの信用もあって。だから、おたくが今言ったような商売（これまで述べた「伝統的」な商いの形態）で、それが一番ち。（中略）心細かですよね。（中略）うちはそれでつぶれましたよね。呆気なかったですよ、だって、前の日まで普通に店やって、それで「畳みます」ち。

経営の難しさを彼は「心細い」と表現した。経営が傾きつつあるなか、それでも暖簾を守らざるをえない状況のなかで苦しみ、それでも救いは見えずに店は破綻してしまったのである。

（26）「長子相続と選定相続を併用する」という状況が何を示すのかは、岩本通弥が指摘しているとおり理解しがたい［岩本一九八五］。長子相続というのが、長子が必ず跡をとるという意味ならば、選定相続が選択肢にある時点で（長子相続との併用ではなく）選定相続といわざるをえない。

（27）日本においては実子相続へのこだわりが少ないという指摘はこれまでもなされており［竹田　一九五七］、商家においてはさらにそれが極端であるという文脈である。

（28）八幡の豪商がそうであったように、大きな商家においても、奉公人に跡を継がせるかどうかは、家例によるとみるべきである。ただし、全国的にみれば、実子に跡を継がせないという家訓をもつ商家も存在している。たとえば、天明三年（一七八三）創業とされている日本橋の紙卸業の中村庄八家は「養子に相続させること」という家訓をもっており、実際に近世以来実践されてきた［帝国データバンク史料館・産業調査部編　二〇〇九］。

（29）ただし、事例22のように、それぞれの代に複数男子がいた場合、経営者としての適性をみて、後継者を選定するということもある。実際、上村家ではこれまで長男が跡継ぎとなったことがない。上村家のように一定以上の経営規模がある商家の場合は、経営者として適合的な人物を後継者とすることに強い関心を示すのかもしれない。いずれにせよ、「なぜ」養子が多くなるのかということに、客観的なデータから唯一の解答を示すことは困難である。ここで扱っているのも、柳川の人びとの理解の蓋然性についての検討にすぎず、解答を示せたとはいえない。

（30）「記憶装置」は、民俗学のみならず死者の慰霊や顕彰をめぐる議論において、頻繁に使われる表現であるが、民俗学の文脈については［小松　二〇〇〇］を参照。

(31)「死者の霊は、ある一定期間以上の祭祀を経たあと、徐々に個性を失い、「ご先祖様」といった祖霊一般の中にとけ込んでいくという考え方」［村上　二〇〇〇、三三一頁］のことである。

(32) 私はそのコピーを閲覧した。

(33) 本田家は春吉が生まれた慶応年間よりも前から柳川に住んでおり、全く無根拠というわけではないことも、この物語が受け入れられる要因となっているだろう。

(34)「当然」というのは私にとっての当然であり、柳川の人びとにとっての当然ではない。

(35) 特定の事象を社会的な企てとして忘却すること（社会的記憶喪失）の重要性については、多方面から指摘され、東南アジアなど民族誌が蓄積されている［Carsten 1995］。川田牧人はそのような蓄積のうえで、「過去の知識を忘却することによって現在の状況に何らかの影響を及ぼしうる力を発生させる」［川田　二〇〇三、五五頁］ことへの着目を促している。

(36) ここで述べた「忘れられた過去」は、実際に忘れられてしまったのか、忘れたことにしているのか、私には判別できなかった。これは、部外者として立ち入ることの限界であろう。だが、その真実を知ることができないのは私に限ったことではなく、その店に関わる世間の人びとにとっても同じことである。ここではそれが実際に忘れられているのか、それとも忘れたことにしているのか、ということを問うのではなく、「わからない」こととして語られるという事実があるということから出発して、それが世間においてどのように受け入れられているかを考えたのである。

(37) 恒一はまだ利兵衛を名乗っていないが、店の経営を長男に譲るのを期に襲名をして、利兵衛を名乗ることとしている。

(38) 具体的には以下のような語りである。「仮にうちでクリスマスとか、ハロウィンとか、アメリカ風の飾り物をつけたら、お客さんは「あれ」と思うわけですよね。正月飾りとか、雛人形にさげもん（柳川地方の民芸品でもある雛飾り）とか、それならば「あー、よかね」ってなるわけです。だから、最初戻ってきて店継いだときは、柳川の人たち、なんて保守的なんだろうって思いましたよ。ずいぶんなれましたけど。（中略）うちがお菓子屋だとして、やっぱり、ケーキだシュークリームだ、なんだって出したら、お客さん引いちゃうわけですよ。それはもう、すごく痛いですよね。これまではいいかもしれないけど（中略）これから、饅頭、きんつば、団子、そんなの食べないでしょ。でも、お客さんは嫌な顔する。だって、最近はお爺さんお婆さんもケーキだってパンだって、食べるでしょ。でも、嫌な顔する。「あんたらも食うのに、そりゃないだろ」って思いますよね」。

ふたたび老舗の伝統へ——エピローグ

伝統は、ただの当たり前ではなく、課題としてみなされなければならない。実際、フォークロア研究における伝統のもっとも主要な課題は、それが十分に課題としてみなされてこなかったことである。

［Oring 2012, p. 239］

一　老舗のジレンマ——商人たちの「揺らぎ」——

老舗の伝統について、商売や経営の実践のみに目を向けるのではなく、彼らが結ぶ外部との関係、ローカルな文脈における社会規範や道徳、あるいは儀礼的な実践にまで目を向けることで理解してきた。

第一章では、「売る―買う」関係、ダンナ衆、祭礼時の商取引という三つのトピックすべてにおいて、特に近現代の文脈における大きな変化を扱った。三つに共通するのは、伝統を活かし、伝統に沿って動くということと、「経済合理的」に動くという二つのありかたが、必ずしも正反対のものとして設定されるべきではないということであった。

しかし、すべてのパターンにおいて両者が一致しているとは限らない。外形としての社会関係に比して、伝統が道徳や社会規範のような形で及ぼす力は根強く、変化しにくいため、そこにずれが生じる。

ここでいう道徳や社会規範は、明文化されたものでも、制裁を伴ったものでもなかった。もちろん、誰かが直接的に要求してくるものでもない。そのため、「こうすべき」「仕方がない」などの説明を伴いながらおこなわれる「伝統的」なふるまいは、「実体」としての「社会」の欲求そのものであるというよりは、それぞれの商人がそれぞれに読み込んで選択されたものだといえる。このようなしくみで、伝統は、道徳や社会規範という形式をとることで、拘束性を発揮していたのである。

第二章では、家ごとの家業の継承の実態および、それらの近現代における動向を扱った。近世以来、家業としての経営形態の維持、すなわち「家」と「経営」が互いに齟齬なく結びついている状況が、伝統に照らして望ましい状況だと考えられる傾向があるため、基本的には家と家業（経営）を結びつけていくような意志がある。

反面、近代以降の様々な状況においては、不可逆的な自然の流れにおいても、自発的なものとしても、家と店は分離へと向かう。そして、その分離の過程は単純ではなく、逆方向に見えるような統合への動きが同時並行的に生じることがある。

これは、家と家業を分離させていくことが経済合理的で、家と家業を結びつけていくことが伝統に照らして望ましく、社会規範や道徳に沿っているという前提があるということができるのだが、より詳細にみれば、両者を分離していくことが「経済合理的」であるかどうかは、伝統のアピールが経営戦略のうえで有利に働くことの有意義さと比較した場合に瞭然としたものではなくなる。また、伝統的であることが望ましいことであるかどうかは必ずしも明らかではない。この残された思うままにならない可能性が、経営者たちに不確実性の中での判断を余儀なくさせていたのである。

第三章では、柳川における伝統的商慣行の展開や、町の人びとが歴史・伝統をどのように用いているのかということについて扱った。流動性と浮沈の激しさが際立っている柳川という町の特徴によって、あるいは「田舎町」という自覚によって、「近代的」商法のもとで商売を持続することは最初からあきらめられていた。その一方で、佐原や八幡の老舗の実践のように、長期にわたって蓄積してきた商法を参照枠として商売の戦略を立てるのには、その歴史や伝統の根拠があまりに薄弱である。

そのような状況でおこなわれるのが、歴史や伝統を可塑的なものとして語り直す実践であった。伝統が商売上の戦略のための道具として扱われているのである。それは、世間からの適切な評価を受けるという社会的文脈を逆手に取ることで、「経済合理的」な方向へと向かうことを意図したものであった。

柳川における実践について、歴史や伝統を可塑的なものとして「戦略的」に「活用」することで、社会的な欲求にこたえつつも「経済合理的」であることを達成するという、両者を重ねあわせていくようなものであるとすでに述べた。ところが、その先には「伝統」へのアクセスが不確実性を避けられないという問題が生じていた。柳川の商人たちは、「伝統」の活用に価値があることをよく知っている。しかし活用した「伝統」が意図通りに働くかどうかは受け入れる世間の側に委ねられている。結果として、可塑的であるからこそ確信を持てず、さらにはその可塑性に拘束されてしまうのである。このような条件から、揺らぎは解消されなかった。

いずれのフィールドにおいても、人びとは伝統と「経済合理的」な判断の間で揺れていた。それはいわば老舗の人びとが最初から抱え込んでいるジレンマであるともいえる。プロローグで述べたように、老舗が老舗である以上、一定の価値を含んだ「伝統」と縁を切ることは難しい。実際、伝統にはポジティブな面が多くあることは事実で、実際、老舗の人びとはただ受け身で伝統を引き受けるというよりは、より積極的にそれを活用し、場合によっては「創出」しようとしていた。

その一方で、伝統は規範や道徳などと結びつきながら、拘束性を発揮していた。この伝統が発揮する社会的拘束性と、「経済合理的」な方向性の間で、老舗の人びとは揺れ動くのである。

これまでの議論をふまえて、プロローグでは触れなかったいくつかのことがらについて、付け加えておきたい。

プロローグでは、「伝統とそれがもたらす社会的拘束性のみを重視するのでもなく、「経済合理的な人びと」を所与の人間像として設定するのでもなく、その両者の間を絶えず揺れ動くものとして人びとの思考や行為を理解しようとする」という宣言をした。この方針の採用は、老舗の人びとと伝統の関係について理解するうえで、非常に有効なものとなった。

しかし、この二分法的解釈の前提の一部は早くも、問い直されなければならないものとなってしまった。二つの方向性は必ずしも対立するものではなかったのである。佐原における伝統的商慣行は、二つが重なることを前提としておこなわれていたものであり、八幡や柳川においては、積極的な戦略のもとで、両者を重ねるための努力をみることができた。当事者たちにとっても選択は二者択一のものとして目の前に存在しているわけではないのである。すなわち、二分法を採用したとしても、二つの距離は常に一定ではなく、時代や状況によって近づいたり離れたりすれば、場合によっては重なることもあるのである。

もう一つは、伝統がもつ社会的拘束性の強さである。二分法的理解を前提とすると、伝統とそれがもたらす社会的拘束性に対して、それを逆方向に仕向けるような力が同じ力として働いていることを想定してしまいがちである。しかし、実際には、老舗が老舗である以上、さらには、それがローカルな文脈において展開される商売である以上、伝統の社会的拘束性が存在しないという状況は想定しにくい。このことを考えれば、二つのベクトルの関係は、拮抗している状況ではなく、常に伝統の社会的拘束性が若干強まっている状況を想定しておくべきだろう。

しかし当然、老舗の人びとを伝統に対して従順な、受け身の人びととして設定してしまうことはできない。本書においてたびたび言及してきたように、彼らは伝統に沿いつつ、活用することを強く志向している。それでも、それが実際の商売にとって無意味であったり、利益を出すことと相反してしまったりすることが往々にしてあり、そのことが人びとを葛藤に導いてしまうことが度々生じていたのである。

プロローグで述べたように、揺らぎの前提となる二つの方向性はあくまでも研究者が設定する分析的なものである。しかし、「伝統」「経済合理的」のいずれかを前提としたり、両者の混淆を前提としたりするのではなく、一度二つに切り分けて考え、その間の揺らぎとして考えることで、人びとの実態と彼らが生きる世界を明らかにすることができる。特に、共時的な実践の分析に加えて歴史的なダイナミズムを理解しようとする場合に、有用な枠組みとなるだろう。

この「揺らぎ」という視点は、商業をよりマクロな政治経済的状況との関連で理解するうえでも有用なものとなる。基本的には地域的な文脈において老舗の伝統を理解することを目指したために、本書ではマクロな政治経済的状況を詳細に分析することはしなかったが、三つのフィールドのいずれにおいても、市場経済や政治的な状況がもたらす、時に暴力的な不可抗力の影響がみられた。そのような力が地域に否応なしに及ぶ状況において、伝統がもたらす社会的拘束性との齟齬は、「揺らぎ」の大きな要因となっていた。「揺らぎ」という視点から商業や経営戦略を理解することは、地域におけるミクロな実践を、マクロな政治経済を含めて理解することに他ならないのである。

二　伝統は働きかける

社会的拘束性ということを考えた場合に、改めて考慮にいれておかなければならないのは、ここで効力を発揮しているのはあくまでも伝統であって、歴史的事実そのものではないということである。本書の事例で示したように、伝統はいつでも、その場その時の文脈で理解され、価値づけられるものであったり、あるいは、積極的に創出されたものであったりした。その意味において伝統は、可塑的なものだと理解することができる。

しかし、積極的な活用のもとにあることと、当事者たちの自由になるものであるということは同義ではない。(1)伝統は、当事者たちが「活用」し、「創出」し続けてきたものであるとはいえ、その拘束性から自由になることは難しいのである。人びとが日々伝統を積極的につくりかえているのにもかかわらず、そして、それをある程度共有しているのにもかかわらず、伝統が陳腐化することはないようにみえる。

本書で登場した事例の多くは、伝統に対する老舗の人びとの主体的な働きかけを示していたが、老舗の人びとがその効果までを見届けているわけではなかった。人びとにとっての伝統が、つくりかえ可能で可塑的なものであるということは、伝統のすべてのプロセスにおいて自由がきくということを示しているのではない。そのため、「老舗の伝統」が、老舗の人びとの管理のもとにあるとみなすことはできない。「伝統」の「活用」というと、店が社会に対して働きかけ、社会が「評価」の形で反応するという形でなされる、企業と社会の間のコミュニケーションとしてみなしてしまいがちだが、事態はそんなに単純なものではない。

このような視点でエスノグラフィーを読み返せば、伝統をつくり、管理しようとする人びとの思惑とは裏腹に、伝統が独立してふるまっているようにみえる。ある意味、ひとり歩きをはじめた伝統が、その先どのようにふるまうかを管理することは誰にとっても不可能である。伝統は、人びとの積極的な働きかけによって再生産されていく。そのような形で人びとが息を吹き込んだ伝統がどのような結果をもたらすかは、老舗の当事者にとっても知ることができないものなのである。

ここで思い起こされるのは、プロローグにおいて触れたエリオット・オーリングの視点である。オーリングは、人びとが伝統を主体的に創出し活用していくことができる一方で、伝統が、個人や集団の理解を超えた力として働くことがあると述べていた［Oring 2012］。いずれかではなく、その両方の視点が重要なのだと。

このような議論を踏まえた上で今一度、「老舗の伝統」について考えてみたい。すでに指摘したように、老舗にとって「伝統」は、「事実」とは異なる次元で戦略的に語られるものである。それはいわば人びとによる主体的で創造的な「活用」「創出」の結果であると見なすことが可能である。

だが一方、伝統が人びとに働きかけ、場合によっては拘束としてふるまうことについても理解するようにつとめなければならない。伝統が人びとにとって変更可能なものであるということは、それが人びとの手の内にあって自由がきくものであるということを直接示してはいない。伝統は人びとが手を加えていくことが可能な可塑的なものであるけれども、それが人びとの手を離れてふるまい、働きかけ、場合によっては拘束性を発揮することについても、考慮のうちに入れておかなければならないだろう。

伝統は、人びとが創り出すものであるのと同時に、自ら人びとに働きかけてくるものなのである。

三　想像された社会と「やわらかい拘束性」

1　想像された社会

本書で幾度となく触れてきたように、本書のあらゆる事例において「社会的拘束性」は重要なキーワードとしてあらわれていた。「拘束性」については「伝統は働きかける」というアイデアを示すことで理解することができただろう。もうひとつ重要なのは「社会的」のほうである。

逆説的な表現となるが、この「社会的」拘束性は多くの場合において、実体としての「社会」における人間関係そのものではなく、「社会」の秩序とは直接的に結びつかないものであることが多かった。確かに、伝統をめぐる実践は、個人の内面に留まるものではなく、常に「全体」が意識されたものであった。本書の事例において度々登場した「美学」としか言いようのない価値観にしたがった行為ですらも、単純に内面の満足ではなく、世間の価値判断を前提としたものであった。すなわち、「伝統が働きかける」というレトリックを用いたが、現実的には、伝統が単体で直接働きかけるというよりは、「社会」あるいは「全体」からの力として拘束性を発揮していたといえる。しかし、それは明文化されたルールや、制裁を伴ったものではないがゆえに、社会的な欲求を当事者たちが想像して理解し、行動していたにすぎなかったのである。

想像されたものであるからこそ、老舗の人びとの実践が期待した通りの結果を生むとは限らず、いわば、見えないものとのコミュニケーションに過ぎないものとなる。老舗の人びとが「世間」といったり「社会」といったりするものは、あくまでも想像上のものであり、想像上のものである以上、実際の反応が予期したとおりにはならないこともあるし、実体としての「人間関係の維持」「秩序」を再生産するというような目的がなくても成立しうる。このような「想像」された「世間」あるいは「社会」を、「想像された社会」としておきたい。すなわち、「伝統」自体が働きかけてくるものであるのと同時に、「想像された社会」が働きかけてくるものであると理解することができる(2)。

以上の議論をまとめると以下のようになる。伝統は社会的拘束性をもって働きかけてくるが、その伝統は可塑的なものであるという前提をもっている。さらに、この社会的拘束性を発揮する主体は、想像された全体でもある。

このようにみてくると、伝統も社会的拘束性も、極めて曖昧で姿を摑みにくいものにみえる。たしかに、この曖昧で姿を摑みにくいという性質が、それらを理解するうえでの要点だといえよう。しかし、この姿の摑みにくさは、伝統や社会的拘束性が脆弱であるということを指し示すわけではない。本書が明らかにしてきたのは、それでもなお老舗の経営戦略が、「伝統」に沿いつつ、想像された全体に対して訴えることでしか成立しえないという事実であった。訴えかける相手が「想像された社会」という全体でしかないという状況によって、商人たちは不確実性の中での選択を余儀なくさせていたのである。

2 やわらかい拘束性

ここまでで明らかになったのは、本書が老舗の商行為や経営から明らかにしたのは、伝統は自ら社会的拘束性を発揮して働きかけてくるが、その伝統は可塑的なものであるという前提であり、さらに、この社会的拘束性が、「想像された社会」を通じて働いてくるということであった(3)。

このような視点は、プロローグで述べたような、伝統と人びとの関係をめぐる議論へと敷衍することができる。このような視点に、「やわらかい拘束性」という名前を与えたい。「やわらかい」というのは、先で述べたように、拘束性が脆弱であることを示してはいない。むしろ、曖昧で姿を摑みにくいものであるのにもかかわらず、それを無視して生活することができないような性質を示すものである。

これまで、伝統は、以下のように捉えられがちであった。一方の立場においては、「基層」のようなものとして本質化して語られるか、人びとが内面化していることを所与の前提としてしまう。もう一方の立場は、それに対する批判として登場した。それは、人びとが歴史、伝統あるいは民俗を積極的に「客体化」し「創出」することで、政治的・経済的な目的のために利用したり、アイデンティティ確立や集団維持のために利用したりするような状況に対す

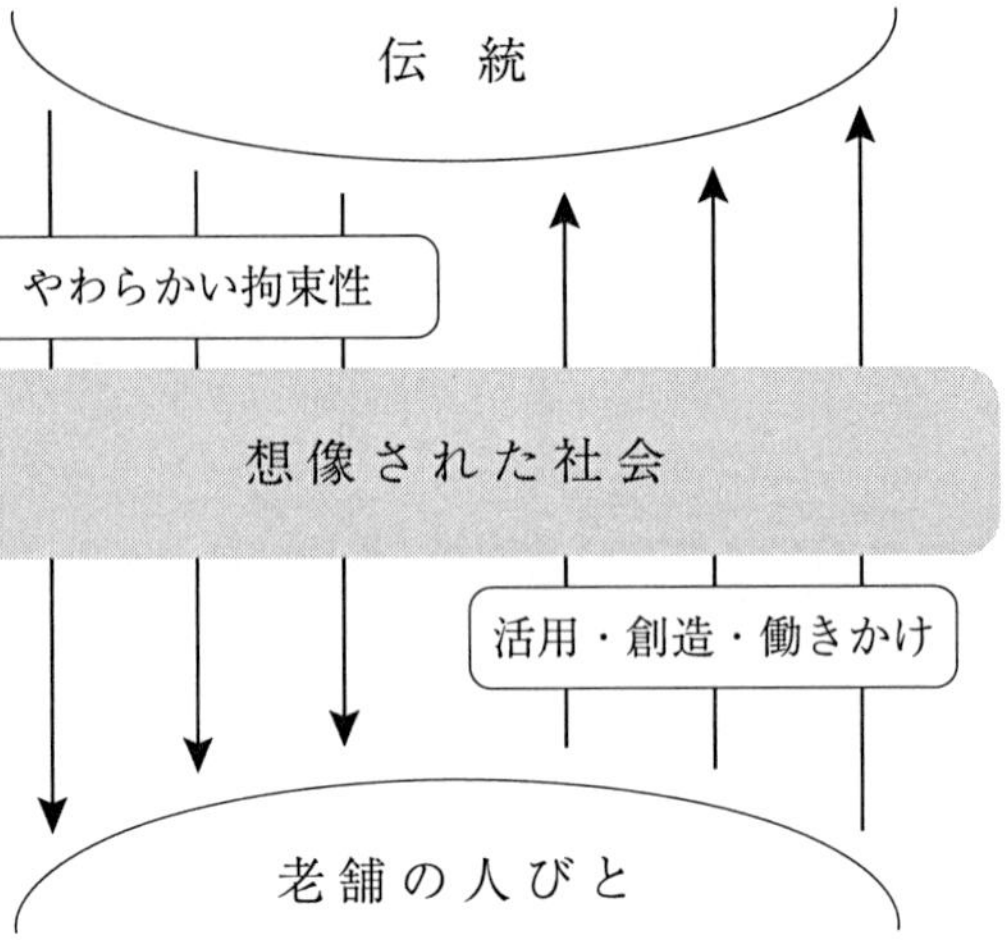

図4　やわらかい拘束性と想像された社会

る関心であった。このような視点は、基本的には伝統や民俗を「活用する」人びとという人間中心的な視点を前提としている。

それに対して本書では、人びとが伝統を「客体化」し「創出」するような局面に着目しつつも、「客体化」し「創出」する人びとにとってさえ、伝統が自由にはならないことを明らかにした。このような形で伝統と人間、あるいは伝統と社会の関係を理解するのが、「やわらかい拘束性」あるいは、「想像された社会」という見方である。これらの視点を図示すると、図4のようになる。

このような立場は、プロローグで言及したような民俗学の近年の動向を相対化するのにも役立つ。プロローグでは、「主体性」や「創造性」などをキーワードとして、人間中心主義的な視点へと移行しつつある近年の民俗学の動向を理解した。もちろん、本書の立場も基本的にはそのような視点を継承しており、重なっている部分も多い。しかし、そのような視点のみでは、モノやコトを操作的に扱う人びとというのが前提として肥大化してしまい、歴史や伝統的なものが、人間にとって意のままにならないようなものとして、人びとに働きかけてくるような側面を理解することはできない。(4)

しかし、本書が提示した立場においては、「主体」か「客体」かというような二分法ではない形で歴史や伝統を理解していくことができる。伝統は、所与の実体として人びとに先立つ超越的なものとして外在しているものではない。(5)

当然、伝統と日々対面する人びとは、伝統に対してただ受身でいるのでもない。だが、半分は常に人びとの手の内にあって人びとの直接的な操作が可能なものでありつつも、完全な操作が可能なわけではなく、それ自体が人びとに働きかけてくるのである。

伝統のやわらかさと力強さを同時に想像すること。本書のエスノグラフィーはそれを私たちに伝えてくれているのである。

四　残された可能性の断片―伝統と対決すること、伝統をかわすこと―

ところで、もし、人びとによってつくられつつ、自ら働きかけてくるものとしての伝統が、人びとにとって抑圧として働いてしまうときに、それを抜け出ていく可能性はないのだろうか。伝統はやわらかいけれども力強い。その力強さはどうすることもできないものなのだろうか。

それについて、完全な回答を示すことは難しい。しかし、可能性の断片として、いくつかのエピソードに触れておきたい。

思い出すのは、第一章で触れた、佐原屋の例である。本書の議論ではうまくふまえられなかった事例ではあるが、重要な論点をそこから見出すことが可能である。昭和四二年（一九六七）、佐原屋は完全に倒産する。「佐原屋潰れたって馬鹿にされ」ながらも、佐原屋は再起を目指した。「老舗格」の佐原屋は店をたたみ、当主の佐藤は横浜のカメラ屋にいったん就職した。さらに、広大な屋敷地の半分以上を売却し、醬油の醸造もやめた。そうして雌伏したのちに、今度は佃煮屋として再起したのだ。

そのうち、人間って図々しくなるじゃないですか。いろんな、痛めつけられたり。そういう経験をすると、だんだん図々しくなるんだよね。もう、銀行から借金してても屁とも思わなくなっちゃうし。(中略)人間っていうのは、その現時点での生き様ってのは隠すもんじゃないですよ。どうってことないもの。(中略)だから、その時の生き様がね、どうであれ、正しく生きてんだったらそれでいいじゃない。誰にどう知れようと。それがいいと思うんだよな。

これまでまったく付き合いのなかった顧客を開拓していくうえで役に立ったのは、老舗の伝統や暖簾などではなかった。佐藤が採用したのは、取引先の担当者の趣味(釣り、スキー、射撃など)にとことん付き合い、商機を見つけていくというものだった。いわば泥臭いやり方である。そこにあるのは、老舗の伝統や社会的な評価をあえて無視して、「図々しく」なった姿だった。

もうひとつのエピソードは以下のようなものだ。

Aは、ある町(6)の老舗の薬屋だった。戦前には駅前通りに洋館風のビルを建て、町でも有数の店として営業していた。しかし、戦後経営はままならなくなって、莫大な負債を抱えたまま、昭和四六年(一九七一)に倒産する。町の人びとは、「あのAがつぶれた」と噂をし、Aの栄光は過去のものとなった。

ところが、Aは再起を目指す。まずは三階建てのビルから薬屋としては撤退し、薬屋としてはいったん廃業した。そして、ビルをテナントビルにして人に貸すことにした。そして、家賃収入から少しずつ負債を減らしていったのである。この戦略は功を奏して、昭和六〇年(一九八五)には、隣町の病院の脇に、小さな調剤薬局を開店することができた。店の規模は昔通りとはいかないし、昔日の面影はないけれども、Aは今、幸せだという。

いったん看板を下ろすのは大変ですけどね、そうでないと大変なんですよね。だから皆さんは潰れたように言いますけども、いったん看板をおろして、借家用にして、かれこれまとめてこうしたから、ここにいたるんだろうと思うんですけどね。人は潰れたって言うかもしれないし、昔はお金があったっていうかもしれないし。でも、来たとき（店を継いだとき）よりいい生活してると思いますけどね。

いったん閉めるっていうのは次のために閉めたらいいと判断するからするんですよね。けど、そりゃしないほうがいいですよ。そのまま、間口はそのままにしといて、大きくよみがえったほうがいいのはわかってるけども。（中略）だれからも後ろ指さされず、それはそれでいちばんいいですけども、でも、何かアクシデントがあったときは、自分のほうにどう見切りつけるかですよね。

ここであげた二つの例は、「老舗の伝統」をあえてかわし、あるいは対決して、幸いなことに再起をなしとげた例である。このように起死回生をはたしたケースに出会うことは極めてまれなことで、一般化することはできないだろう。それに、伝統から抜け出てしまうことは、ひとつの重大な道しるべを失うことでもある。

また、彼らが伝統から完全に自由になれたかといえば、そうでもなさそうである。二つの店のいずれにおいても、店をたたんだり、土地を手放したりするときに、逡巡し、店の歴史に思いをはせていた。その点においては、伝統と対決し、伝統をかわしていくことは、部分的に可能性をもっているにすぎない。

しかし、伝統の力強さを理解しておくのと同時に、それが絶対的なものではないということを私たちは知っておくべきだろう。店が順調ではなくなってしまったときには、伝統は重みとなって老舗にのしかかってくるかもしれない。しかし、それに対して人びとはいつでも無力なわけではない。たとえわずかであっても、伝統と対決したり、伝統を少しだけかわしたりする可能性が、そこには胚胎しているのである。

五　伝統とともに生きる

最後に、プロローグで述べたことについてもう一度触れておきたい。

ここまで議論を進めてくれば、プロローグの冒頭で述べたような、老舗の伝統がよいものか悪いものか、というような単純化された二者択一が、そもそもほとんど意味のないものであることを理解できるだろう。なによりも重要なのは、老舗の人びとの視点から、伝統を生きるということがどういうことなのかを理解することなのである。

だが、老舗が伝統と強く結びついているものであり、その伝統が社会的な評価と無関係ではいられない以上、世間の人たちは、これからも老舗にたいしてさまざまな視線を投げかけ続けるにちがいない。それは、老舗が老舗である以上、引き受けなければならない宿命であるかのようにもみえる。

世間は、老舗に対していつでも温かいわけではない。ときにその伝統を高く評価し、ときに批判の目をむけながら、私たちを含む世間は、老舗と日々接触する。老舗の人びとの日々の実践の一方で、世間は外側から老舗の伝統をつくりあげているのである。

町を歩けば、創業の年の入った暖簾や看板をたびたび目にする。老舗の人びとは、私たちのすぐ近くで、伝統とともに生きているのである。さまざまなことを引き受けたうけでなお伝統を生きる老舗の人びとの姿は、人びとと伝統がどのような関係を結ぶのかということについても、私たちに多くのことを教えてくれる。

老舗の暖簾の内側で人びとは何をし、何を思うのか。そして、その暖簾の内と外で何が交わされているのか。それは決して、遠い世界についての問いではないのである。

注

（1）クロード・レヴィ＝ストロースが『野性の思考』でブリコラージュというアイデアを提示した際、人びとの器用仕事《ブリコラージュ》の柔軟さを主張するのと同時に、それが完全な自由のもとにあるのではなく、一定の拘束性を持つことへの注意を忘れなかったことを思い浮かべたい。レヴィ＝ストロースはそれを「事前拘束」の語を使って説明した［レヴィ＝ストロース　一九六二（一九七六）、出口　二〇一〇］。

（2）「想像」が社会の構成そのものといかに関わるかということについては、チャールズ・テイラーによる「社会的想像」の議論がある［テイラー　二〇〇四（二〇一一）］。

（3）「可塑性（プラスティシテ）」について考察したカトリーヌ・マラブーによれば、柔軟性（フレキシビリテ）も可塑性も、硬直性の対義語ではあるが、「可塑性」が形を与えつつ形を受けとるという点でしなやかさと堅さの両方を含み込んでいる一方で、「柔軟性」には、形の変わりやすさや形を受けとる力という意味しか含まれていない。その上で、「可塑性」が「柔軟性」に置き換えられてしまいやすいことについて強く警告している［マラブー　一九九六（二〇〇五）・二〇〇四（二〇〇五）］。本書においてはマラブーがヘーゲルを用いておこなったような「可塑性」に関する思弁的な考察には深入りしないが、あえて西洋語の訳語で表現するならば、「柔軟性」ではなく「可塑性」という意味合いにおいて「やわらかい」という表現を用いている。

（4）柳田国男は『先祖の話』のなかで「伝統という語を、今はかりに使っているが、これは何だかただ受身の考え方、または解し方だけのような感じを与える。ここにいう伝統はそれ以上に、身に附け実行に移し、働きかけまたは見せ示し、学ばせ覚えさせて次の代に伝えようとしていたものであり、あるいはそういう外部に顕われたものからでも、耳と目とによって存在をたしかめられるものであった」［柳田　一九四六（一九九〇）、三五―三六頁］と述べた。柳田がすでに乗り越えようとしていたように、伝統と人びとの関係をただ受身のものとして理解するだけでは、先祖返りの誹りを免れないだろう。本書が、伝統について受動的な面と能動的な面の両方をふまえて、新しい視点を提示していることを改めて強調しておきたい。

（5）おのずとここで、プロローグであげたようなデュルケムの議論を相対化する結果となった。

（6）第一章から第三章で扱ったフィールドのうちのひとつである。

参考文献一覧（初出以外の文献を使用した場合、（　）に使用した文献の出版年を記した）

［日本語文献］

赤松宗旦　一九三八『利根川図志』岩波書店
朝日新聞編　二〇一一『日本の百年企業』朝日新聞出版
足立重和　二〇一〇『郡上八幡伝統を生きる―地域社会の語りとリアリティ―』新曜社
足立政男　一九七四『老舗の家訓と家業経営』広池学園事業部
有賀喜左衛門　一九四三（一九六六）「日本家族制度と小作制度」『有賀喜左衛門著作集』第一巻・第二巻、未来社
飯塚好　二〇〇五「佐原祭礼の変遷と周辺の都市祭礼」『国立歴史民俗博物館研究報告』一二四
石井寛治　二〇〇三『日本流通史』有斐閣
石井淳蔵　一九九六『商人家族と市場社会―もうひとつの消費社会論―』有斐閣
伊藤唯真　一九七一「屋敷ボトケについて」『日本民俗学』七五
林慶澤　一九九八『日本の地方都市における商家の家業と社会的関係―千葉県佐原市の事例分析―』東京大学大学院総合文化研究科博士論文
李英珠　二〇〇六「老舗の語り」新谷尚紀・岩本通弥編『都市の暮らしの民俗学二　都市の光と闇』吉川弘文館
岩崎尚人・神田良　一九九六「欧米長期存続企業の研究―『ウェッジウッド』―」『成城大学経済研究』一三四
岩本通弥　一九八一「鴬の社会史―城下町古河の社会と民俗―」『日本民俗学』一三四
岩本通弥　一九八五「商家の仕組みと営み―商人の日常的世界」『日本民俗文化大系』一一（都市と田舎―マチの生活文化）、講談社
岩本通弥　二〇〇六「都市憧憬とフォークロリズム」新谷尚紀・岩本通弥編『都市の暮らしの民俗学一　都市とふるさと』吉川弘文館

岩本通弥　二〇〇八「可視化される習俗―民力涵養運動期における「国民儀礼」の創出―」『国立歴史民俗博物館研究報告』一四一

岩本通弥編　二〇〇七『ふるさと資源化と民俗学』吉川弘文館

上村雅洋　一九八五「近江商人西川伝右衛門家の松前経営」『滋賀大学経済学部附属史料館研究紀要』一八

上村雅洋　一九八六「近江商人岡田弥三右衛門家の経営」『滋賀大学経済学部附属史料館研究紀要』一九

上村雅洋　二〇〇〇『近江商人の経営史』清文堂出版

ウェンガー、エティエンヌ・リチャード・マクダーモット・ウィリアム・M・スナイダー　二〇〇二『コミュニティ・オブ・プラクティス―ナレッジ社会の新たな知識形態の実践―』（野村泰彦監修、櫻井祐子訳）翔泳社

内田隆三　一九九〇『ミシェル・フーコー―主体の系譜学―』講談社

宇野功一　二〇〇五a「近世在郷町における祭礼の成立と展開」『国立歴史民俗博物館研究報告』一二四

宇野功一　二〇〇五b「近代都市祭礼における神輿巡行と山車巡行の分離過程―千葉県佐原市新宿の諏訪祭礼を例に―」『国立歴史民俗博物館研究報告』一二四

江南良三　一九八九『近江商人列伝』サンライズ出版

江南良三　一九九〇『続・近江商人列伝』サンライズ出版

近江八幡市史編纂委員会編　二〇〇四『近江八幡の歴史第一巻　街道と町なみ』近江八幡市

近江八幡市史編纂委員会編　二〇一二『近江八幡の歴史第五巻　商人と商い』近江八幡市

近江八幡市役所　一九四〇（一九六九）『滋賀県八幡町史』清文堂出版

太田好信　一九九三「文化の客体化―観光をとおした文化とアイデンティティの創造―」『民族学研究』五七―四

小笠原尚宏　二〇〇五「山車祭りにおける神輿渡御の変容―佐原市本宿の祇園祭を事例にして―」『国立歴史民俗博物館研究報告』一二四

小川さやか　二〇一一『都市を生きぬくための狡知―タンザニアの零細商人マチンガの民族誌―』世界思想社

小田博志　二〇一〇『エスノグラフィー入門―〈現場〉を質的研究する―』春秋社

柏木亨介　二〇〇八「寄合における総意形成の仕組み—個人的思考から社会集団的発想への展開—」『日本民俗学』二五四
柏木亨介　二〇〇九「和歌森太郎の伝承論における社会規範概念」『史境』五九
甲木清　一九八五『柳川の歴史と文化』柳川の歴史と文化刊行会
加藤敬太　二〇〇八「老舗企業研究の新たな展開に向けて—経営戦略論における解釈的アプローチから—」『企業家研究』五
加藤敬太　二〇〇九「老舗企業の長期存続プロセスと戦略転換—清洲桜醸造における組織変動と組織学習—」『企業家研究』六
門田岳久　二〇一〇「消費／消費社会から捉えなおす日常への視角—人・物・商品の社会的プロセス—」『日本民俗学』二六二
門田岳久　二〇一三『巡礼ツーリズムの民族誌—消費される宗教経験—』森話社
川田牧人　二〇〇三『祈りと祀りの日常知—フィリピン・ビサヤ地方バンタヤン島民族誌—』九州大学出版会
川村邦光　二〇〇六『幻視する近代空間—迷信・病気・座敷牢、あるいは歴史の記憶—』青弓社
神田良・岩崎尚人　一九九六『老舗の教え』日本能率協会マネジメントセンター
北原白秋　一九一一（一九九七）『思ひ出』東雲堂書店
ギデンズ、アンソニー　一九九四（一九九七）「ポスト伝統社会に生きること」ウルリッヒ・ベック・アンソニー・ギデンズ・スコット・ラッシュ『再帰的近代化—近現代の社会秩序における政治、伝統、美的原理—』（松尾精文・小幡正敏・叶堂隆三訳）而立書房
金賢貞　二〇一三『「創られた伝統」と生きる—地方社会のアンデンティティー—』青弓社
河野眞　二〇一二『フォークロリズムから見た今日の民俗文化』創土社
京都府　一九七〇『老舗と家訓』京都府
クンダ、ギデオン　一九九二（二〇〇五）『洗脳するマネジメント—企業文化を操作せよ—』日経ＢＰ社
小島一仁　一九八五「幕末の佐原村」『香取民衆史』四
小林康正　一九九五「伝承の解剖学—その二重性をめぐって—」福島真人編『身体の構築学—社会的学習過程としての身体技法—』ひつじ書房
小松和彦　二〇〇〇「「たましい」という名の記憶装置」小松和彦編『記憶する民俗社会』人文書院

酒井右二　二〇〇〇「町場の諸相」『千葉県の歴史』山川出版社
坂田博美　二〇〇六『商人家族のエスノグラフィー―零細小売商における顧客関係と家族従業―』関西学院大学出版会
佐藤郁哉　二〇一〇「組織エスノグラフィーの源流―ホーソン実験から組織エスノグラフィー再評価の動向まで―」金井壽宏・佐藤郁哉・ギデオン・クンダ・ジョン・ヴァン＝マーネン『組織エスノグラフィー』有斐閣
佐原市　一九六六『佐原市史』佐原市
篠原徹　二〇一〇「民俗学における流行と不易」『日本民俗学』二六二
渋谷隆一編　一九九一『都道府県別資産家地主総覧―滋賀編・和歌山編―』日本図書センター
末永國紀　一九九七『近代近江商人経営史論』有斐閣
菅豊　一九九二「本当に民俗誌に可能性はあるのか？」『民俗誌』論・試行と展望』筑波大学歴史・人類学系民俗学研究室
菅豊　二〇〇八「環境民俗学は所有と利用をどう考えるか？」山泰幸・川田牧人・古川彰編『環境民俗学―新しいフィールド学へ―』昭和堂
鈴木ゆり子　一九九二「関東における醬油醸造業の展開―下総国佐原村伊能茂左衛門家を中心に―」吉田伸之・高橋直助編『商人と流通―近世から近代へ―』山川出版社
清宮良造　二〇〇三『定本佐原の大祭山車まつり』NPOまちおこし佐原の大祭振興協会
曽根秀一　二〇一〇「老舗企業と地元企業との相互依存関係について―老舗宮大工企業を中心に―」『地域学研究』四〇―三
高村直助　一九九六『会社の誕生』吉川弘文館
竹田聴洲　一九五七『祖先崇拝―民俗と歴史―』平楽寺書店
千葉県佐原市教育委員会編　二〇〇一『佐原山車祭調査報告書』千葉県佐原市教育委員会
千葉県史料研究財団編　二〇〇一『千葉県の歴史　資料編　近現代五』千葉県
千葉県立房総のむら編　一九九二『佐原市本宿の歴史と民俗』町並みに関する調査報告書第一集
千葉徳爾　一九六六「生業の民俗について」『日本民俗学会報』四七
千葉県内務部編　一九一八『千葉県物産販路要覧』千葉町

帝国データバンク史料館・産業調査部編　二〇〇九『百年続く企業の条件―老舗は変化を恐れない―』朝日新聞出版
テイラー、チャールズ　二〇〇四（二〇一一）『近代―想像された社会の系譜―』（上野成利訳）岩波書店
出口顯　二〇一〇「仮面の声」『現代思想』三八―一
デュルケム、エミール　一八九五（一九七八）『社会学的方法の規準』（宮島喬訳）岩波書店
東京都編　一九九五『江戸東京問屋史料商事慣例調』東京都
中西聡　二〇〇九「場所請負人から巨大漁業家へ―近江国八幡・住吉屋西川家の事例―」『海の富豪の資本主義―北前船と日本の産業化―』名古屋大学出版会
中野卓　一九六四『商家同族団の研究―暖簾をめぐる家研究―』未来社
中野等　二〇〇七『柳川の歴史三　筑後国主田中吉政・忠政』柳川市
中埜喜雄　一九七六『大阪町人相続の研究』嵯峨野書院
西川長次　一九八八「近江商人と別家について」『近江商人その心の系譜』近江八幡市立郷土資料館・近江八幡観光協会
西川四〇〇年社史編纂委員会編　一九六六『西川四〇〇年史』西川四〇〇年社史編纂委員会
西坂靖　二〇〇六『三井越後屋奉公人の研究』東京大学出版会
日本経済新聞社編　二〇一〇『二〇〇〇年企業』日本経済新聞出版社
ノイズ、ドロシー　二〇一一「伝統のプロセスにおける拘束性と自由」（小長谷英代・平山美雪訳）『現代民俗学研究』三
間宏　一九六三『日本的経営の系譜』日本能率協会
初田亨　一九九三『百貨店の誕生』三省堂
林玲子・天野雅敏編　二〇〇五『日本の味醤油の歴史』吉川弘文館
伴道夫　一九七八『伴氏家史』私家版
福島真人編　一九九五『身体の構築学―社会的学習過程としての身体技法―』ひつじ書房
福田アジオ　一九六七「村落史における近隣と系譜」『地方史研究』一七―三
フーコー、ミシェル　一九七五（一九七七）『監獄の誕生―監視と処罰―』新潮社

渕上清二　二〇〇五『近江商人の金融活動と滋賀金融小史』サンライズ出版
文化庁文化財部　二〇〇四「佐原の山車行事（重要無形民俗文化財の指定）」『月刊文化財』四八六
ブルデュ、ピエール　一九八〇（一九八八）『実践感覚　一』（今村仁司・港道隆訳）みすず書房
ホブズボウム、エリック・テレンス・レンジャー編　一九八三（一九九二）『創られた伝統』（前川啓治・梶原景昭他訳）紀伊國屋書店
松岡憲司編　二〇一三『事業承継と地域産業の発展―京都老舗企業の伝統と革新―』新評論
松田素二　二〇〇九『日常人類学宣言！　―生活世界の深層へ／から―』世界思想社
松本通晴　一九七七「京都「老舗」研究―その予備的考察―」『社会科学』二三
松本通晴　一九七九「地方「老舗」資料」『評論・社会科学』一六
松本通晴・山本正和　一九七八「都市「老舗」資料」『社会科学』二四
マラブー、カトリーヌ　一九九六（二〇〇五）『ヘーゲルの未来―可塑性・時間性・弁証法―』未来社
マラブー、カトリーヌ　二〇〇四（二〇〇五）『わたしたちの脳をどうするか―ニューロサイエンスとグローバル資本主義―』（桑田光平・増田文一朗訳）春秋社
宮本又郎　二〇一〇『日本企業経営史研究―人と制度と戦略と―』有斐閣
宮本又次　一九八一「老舗の特色と強み」大阪商工会議所編著『商いは永続とみつけたり―老舗二〇五社のヒト・モノ・カネづくり―』ダイヤモンド社
村上忠喜　二〇〇〇「みやこのフォークロア―都市民俗学の今後―」八木透編『フィールドから学ぶ民俗学―関西の地域と伝承―』昭和堂
室井康成　二〇一〇『柳田国男の民俗学構想』森話社
室井康成　二〇一一「柳田国男と「事大主義」―同時代の言説空間における意味の特質―」『国立歴史民俗博物館研究報告』一六五
本谷るり　二〇〇三「経営戦略に対する包括的アプローチ―老舗企業A社のケース―」『大分大学経済論集』五五―二

本谷るり　二〇〇四「老舗企業の地域密着性」『関西国際大学地域研究所叢書』一
本谷るり　二〇〇五「老舗企業の加齢と存続」『関西国際大学地域研究所叢書』二
森淳一　一九九〇「暖簾企業の企業者活動」『上武大学経営情報学部紀要』三
森淳一　一九九一「老舗の経営理念」『同志社商学』四二—四・五
柳川市史編集委員会　二〇〇一『柳川市史史料編Ⅰ　地誌』柳川市
柳川市史編集委員会　二〇一〇『柳川市史別編　図説立花家記』柳川市
柳田国男　一九二九（一九九〇）「東北と郷土研究」『柳田国男全集』二七　筑摩書房
柳田国男　一九二九（一九九一）「都市と農村」『柳田国男全集』二九　筑摩書房
柳田国男　一九四六（一九九〇）「先祖の話」『柳田国男全集』一三　筑摩書房
山崎豊子　一九五七『暖簾』創元社
横澤利昌　二〇〇八「老舗（長寿）企業の研究（序論）」『アジア研究所紀要』三五
横澤利昌編　二〇一二『老舗企業の研究—一〇〇年企業に学ぶ革新と創造の連続—（改訂新版）』生産性出版
冷泉貴実子　一九八七『冷泉家の年中行事』朝日新聞社
レイヴ、ジーン・エティエンヌ・ウェンガー　一九九一（一九九三）『状況に埋め込まれた学習—正統的周辺参加—』（佐伯胖訳）産業図書
レヴィ＝ストロース、クロード　一九六二（一九七六）『野性の思考』（大橋保夫訳）みすず書房
和歌森太郎　一九四八（一九八一）「民俗学の歴史哲学」『和歌森太郎著作集』一〇、弘文堂
ワグナー、ロイ　一九七五（二〇〇〇）『文化のインベンション』（山﨑美恵・谷口佳子訳）玉川大学出版部
渡辺村男　一九五七『旧柳川藩志』福岡県柳川・山門・三池教育会

［英語文献］

Ben-Amos, Dan. 1984. The Seven Strands of Tradition: Varieties in Its Meaning in American Folklore Studies. *Journal of Folklore Research* 21 (2/3). pp. 97–131.

Bronner, Simon J. 2011 *Explaining Traditions: Folk Behavior in Modern Culture*. Lexington: The University Press of Kentucky.

Carsten, Janet. 1995. The Politics of Forgetting: Migration, Kinship and Memory on the Peripher of the Southeast Asian State. *The Journal of the Royal Anthropological Institute* 1 (2). pp. 317–335.

Glassie, Henry. 1995 (2003). Tradition. Burt Feintuch. ed. *Eight Words for the Study of Expressive Culture*. Urbana: University of Illinois Press. pp. 176–197.

Graeber, David. 2001 *Toward an Anthropological Theory of Value*. New York: Palgrave.

Iwasaki, Naoto and Makoto Kanda. 1996. Sustainability of the Japanese Old Established Companies. *Seijo Daigaku Keizai Kenkyu* 132. pp. 1–31.

Noyes, Dorothy. 2009. Tradition: There Traditions. *Journal of Folklore Research* 46 (3). pp. 233–268.

Oring, Elliott. 2012. *Just Folklore: Analysis, Interpretation, Critique*. Los Angeles: Cantilever Press.

Whittington, Richard. 1996. Strategy as Practice. *Long Range Planning* 29 (5). pp. 731–735.

あとがき

佐原で育った私にとって、老舗は近くて遠い存在だった。生家の隣は、かつて米穀商を営んだ老舗のとても古い店舗で、店の奥のほうに階段のような簞笥のような、妙なものがあるのが幼な心に気にかかっていた（それを箱階段と呼ぶことについては、かなり後になって知った）。その隣の家も、角の材木屋も、江戸時代から商売をしてきた老舗であった。

私が生まれた本川岸という町内は、名前の通り川沿いに河岸として開けた町内で、生家の近所には、江戸時代からずっと商売を続けてきた店が珍しくない。今思えば少し興味深いことであるが、子どもの頃から、家が商売をしていて「〇〇屋」という店の屋号があだ名になっている友人がいても、特に違和感をもつこともなかった。

一方、塚原家は、私の祖父・塚原省吾が昭和二八年（一九五三）に創業したガラス店である。創業者である祖父は茨城県の生まれで、奉公先から独立するときに新規開拓として佐原に出店した。まったく身寄りのない土地で商売を始め、一代で商売を軌道に乗せたという経緯からすれば、老舗というよりは、新興の経営者にあたる。幼い頃から聞かされてきたのは、新たに商売を始めることの困難さであり、祖父一代の創業物語であった。そのような生家の状況もあって、何代も前の自分の先祖が、同じ場所（場合によっては同じ建物）に住んで商売をしていた、というのがどのような実感をもったものであるのか、なかなか想像がつかなかった。

すぐ近くにあって親しいのにもかかわらず、何も知らない遠い存在であるという私と老舗の関わりが、老舗研究の動機となったのだと、今振り返って考えている。そのような意味では、私の生まれ育った環境が、本書のゆりかごとなったといえる。

そのような関心を前提として私はまず、老舗の人びとの視点から、伝統を生きるということがどういうことなのかを理解することを目指した。それが本書に結実する、私の最初のプロジェクトとなったのである。

その作業から明らかになったのは、人びとが日々伝統をつくり出していく積極的な実践と、その一方で柔らかいけれども力強い伝統の社会的拘束性であった。もちろん、本書が提示しえた老舗の伝統をめぐる視点にも限界はある。エピローグの最後で触れた二つの例が示しているように、人びとが伝統と対決したり、伝統を少しだけかわしたりする可能性についても考慮しなければならない。このような可能性を含み込みながら、改めて老舗の伝統について捉え直していくことは今後の課題として残されている。

とはいえ、本書において導き出された伝統の理解は、老舗をめぐる問題に限らず、人びとと伝統の関係についての新たな視点を拓くことができると信じている。本書の視点と枠組みを鍛えていくことで、より普遍的な問いへと接続していくことは、私の次の大きな仕事となっていくだろう。

本書は、平成二四年度に筑波大学に提出した博士論文『老舗の民俗学的研究―家業経営における社会的拘束性と伝統―』に大幅に加筆・修正をしたものである。審査の過程では主査の古家信平先生はじめ、副査の徳丸亞木先生、中西僚太郎先生（以上、筑波大学）、風間計博先生（京都大学）のご指導をいただいた。

学位論文としての成果であるのと同時に、本書は今年ちょうど三〇歳を迎えた私が、二〇代を通じて調査し考えてきた成果である。

もっとも古いデータは、古家先生の学部生対象のゼミの課題として実施した、佐原における調査のデータであるから、一〇年ほど前のものになる。以来、古家先生には学部から大学院にかけての指導教員として、その後は博士論文の主査として、お世話になり続けている。古家先生から民俗学の魅力を教えていただいたからこそ、今の私があるのだと心から感じている。いつも思いつきで動いてしまう私を暖かく見守ってくださる古家先生に、何よりも御礼を申し上げる。

また、日本学術振興会特別研究員としての受け入れ教員であり、現在の上司でもある菅豊先生（東京大学）に感謝を申し上げたい。狭い視野で物事を考えてしまいがちだった私は、菅先生から学際的・国際的な研究の魅力を学んだ。いただいた学恩を血肉にできているか心許ないが、常に先を目指して走り続ける菅先生に、少しでも追いついていけるよう、これからも精進していく所存である。

私は卒業論文から一貫して老舗の問題に取り組んできたため、それぞれの時期でいただいた指導は本書の随所に織り込まれている。筑波大学のゼミ等でご指導をいただいた真野俊和先生、徳丸亞木先生、中込睦子先生、中野泰先生に感謝したい。諸先生方のご指導に加えて、筑波大学民俗学研究室・文化人類学研究室の院生諸氏には、公私にわたって研究の相談相手になっていただいた。皆さんにいただいたコメントや質問によって、本書を書き上げることができた。この場を借りて謝意を述べると同時に、今後のご指導を改めてお願いしたい。

本書のフィールドである三つの町でも、多くの方々にお世話になっている。いつも行き当たりばったりの私は、卒業論文で佐原の調査をした後、思いつきに近い形で西日本の二つの町に赴いた。経済的にあまり余裕がないなかでのフィールドワークとなったため、かなり長期間にわたって調査をさせていただいた人たちのご自宅に泊めていただくことになった。

泊めていただいたお宅の子どもたちに遊び相手になってもらったことも、土地の言葉やさまざまなルールを学ぶうえでとても役に立った。その意味において、子どもたちは私の先生でもあった。もう「子ども」とはいえない年齢になった彼ら／彼女らを含め、フィールドの皆さんに感謝したい。恩返しをしようと思ってフィールドに赴くたびに、逆にもてなしていただくばかりで、負債は蓄積し続けている。いつの日か恩返しができればと考えているが、それはいつのことになるだろうか。

学位論文の執筆を終えたあとも継続して三つの町には通っているが、本書で記述した内容が、急速に過去のものになりつつあるのを感じる。それぞれの町がどのように変わっていくのか、これからも見つめていきたい。

老舗に関する研究書である本書を、出版界でも有数の老舗（安政四年創業）である吉川弘文館から出版できることは、私にとって無上の喜びである。草稿の段階から細かく指摘をいただき、書籍の形にまとめてくださった同社の石津輝真氏、大熊啓太氏に謝意を表したい。

最後に、私事にわたるが、家族に感謝の気持ちを記すことをお許しいただきたい。私の不安定かつ先の見えない進路に、最大の理解と支援を与えてくれた両親、兄、妹に。そして、私の研究のゆりかごを用意してくれた祖父母に、感謝を捧げる。

二〇一四年六月　佐原にて

塚原伸治

［付記］

本書の研究の一部は、二〇〇八年度〜二〇一〇年度および二〇一一年度〜二〇一三年度科学研究費補助金（特別研究員奨励費）の交付を受けて実施されたものである。また、出版に際しては、二〇一四年度科学研究費補助金（研究成果公開促進費）の交付を受けた。

初出一覧

本書の各章は以下の論文の記述を一部含んでいる。ただし、収録にあたっては、全体の議論に合わせて大幅に加筆・修正のうえ、再構成している。

プロローグ　書き下ろし

第一章

「マチにおける「売る―買う」関係―商いをめぐる二つの縁―」『日本民俗学』二五四、二〇一一年

「豪商の衰退と年齢組織の成立―近現代におけるダンナの動態をめぐって―」『史境』六二、二〇〇八年

「現金の生々しさと「ふさわしくない」取引―手形の利用からみる伝統経済の美学―」『比較民俗研究』二六、二〇一一年

第二章

「「家族／経営」という困難―「伝統」がもたらす不調和と揺らぎをめぐって―」『東洋文化』九三、二〇一二年

第三章

「経営戦略としての「伝統」―地方都市小売業における伝統的商慣行の選択―」『現代民俗学研究』二、二〇一〇年

「"家"的逻辑和经营体的逻辑―日本家业继承中的纠葛―」*Chinese Journal of Applied Anthropology*（『華人應用

人類學刊』）一（二）、二〇一二年
「伝統をつくり、伝統がふるまう―老舗の過去をめぐる実践―」『〈人〉に向きあう民俗学』森話社、二〇一四年
エピローグ　書き下ろし

索　　引

・主要語句を中心としており，必ずしも網羅的ではない．また，主要語句であっても全編にわたり頻出する語は省略した．
・西洋人名については基本的に姓で採録し，名を括弧で補った．

あ　行

か　行

さ　行

た　行

な　行

は　行

ま　行

や　行

ら　行

わ　行

著者略歴
一九八四年　千葉県生まれ
二〇一一年　筑波大学大学院博士課程人文社会科学研究科歴史・人類学専攻退学
現在　東京大学大学院総合文化研究科准教授、博士（文学）
〔主要著書〕
『〈人〉に向きあう民俗学』（共著）森話社、二〇一四年
『「二〇世紀民俗学」を乗り越える—私たちは福田アジオとの討論から何を学ぶか？—』（共著）岩田書院、二〇一二年
『モノとメディアの人類学』（共著）ナカニシヤ出版、二〇二一年

老舗の伝統と〈近代〉
家業経営のエスノグラフィー

二〇一四年（平成二十六）十月一日　第一刷発行
二〇二三年（令和　五　）五月十日　第二刷発行

著　者　塚《つか》原《はら》伸《しん》治《じ》

発行者　吉川道郎

発行所　株式会社　吉川弘文館
郵便番号一一三—〇〇三三
東京都文京区本郷七丁目二番八号
電話〇三—三八一三—九一五一〈代〉
振替口座〇〇一〇〇—五—二四四番
http://www.yoshikawa-k.co.jp/

組版＝株式会社 理想社
印刷・製本＝株式会社 デジタルパブリッシングサービス
装幀＝岸　顯樹郎

ISBN978-4-642-08197-9